Claus Köhler / Der Geldkreislauf

Volkswirtschaftliche Schriften

Herausgegeben von Dr. J. Broermann, Berlin

Heft 63

Der Geldkreislauf

Geldtheoretische Thesen im Spiegel der Empirie

Von

Dr. Claus Köhler

Privatdozent an der Technischen Universität Berlin

DUNCKER & HUMBLOT / BERLIN

Gedruckt 1962 bei Berliner Buchdruckerei Union GmbH., Berlin SW 61
Printed in Germany

Inhaltsverzeichnis

* = Empirische Untersuchungen

Einleitung

Die vorliegende Arbeit beschäftigt sich mit der monetären Analyse des Wirtschaftsverlaufs und einiger sich daraus ergebender Probleme für die Geldversorgung. Bei dieser rein monetären Darstellung sollte man sich stets bewußt bleiben, daß die Wurzeln, Ursachen und Antriebskräfte des wirtschaftlichen Wachstums überwiegend auf güterseitigem Gebiet liegen, wobei allerdings ein solches güterseitiges Wachstum bei gleichzeitig angestrebter ständiger Vollbeschäftigung nicht ohne eine angemessene Geldversorgung in einer arbeitsteiligen Wirtschaft denkbar ist. Dabei ist die Versorgung der Wirtschaft mit Geld aber keineswegs nur ein technischer Vorgang, der den güterseitigen Wachstumsprozeß begleitet und widerspiegelt, sondern mit einer Änderung der Geldversorgung wird die den wirtschaftlichen Fortschritt bestimmende Beschäftigung, Investitionstätigkeit und Einkommensbildung beeinflußt[1].

Wirtschaftliche Abläufe können sowohl von der monetären Seite wie von der Güterseite her analysiert werden. Beide Wege haben Vorteile und Nachteile. Wenn hier die monetäre Analyse gewählt wurde, so insbesondere deshalb, um die Auswirkungen der sich relativ rasch verändernden Einflüsse während des Konjunkturverlaufs zeigen zu können und weil sich hierzu die Werkzeuge der Geldtheorie besonders eignen. Demgegenüber können mit dem theoretischen Handwerkszeug einer güterseitigen Analyse hauptsächlich strukturelle und somit tendenziell langfristige Probleme untersucht werden[2].

Die Problematik der Geldversorgung läßt sich in drei Fragen zusammenfassen:

Woher kommt das Geld?

Wodurch werden die Geldströme ausgelöst?

Wohin fließt das Geld?

---

[1] Die Abhängigkeit der güterseitigen Entwicklung von den monetären Vorgängen sieht z. B. *Lerner*, Abba, P.: „The economics of control", New York, 1952, S. 72, folgendermaßen: „Employment is determined by investment, which is determined by liquidity preference and the supply of money."

[2] Vgl. hierzu *Kurihara*, Kenneth, K.: „Monetary Theory and Public Policy", London, 1951, S. 6: „Monetary theory is essentially a short-run analysis, for it is in short periods that monetary factors make their influence felt most and the value of money and the flow of income fluctuate significantly. As such, monetary theory is an indispensable supplement to the traditional long-run analysis. But it is obviously inadequate in explaining the long-run behavior of the economic based largely on such „real" factors as technilogical, institutional, and structural changes."

Es ist das Ziel dieser Arbeit, Antworten auf die ersten beiden Fragen zu finden und Probleme, die sich hieraus ergeben, darzustellen. Dabei wird neben den theoretischen Untersuchungen besonderer Wert auch auf die empirische Analyse gelegt. Denn es ist denkbar, daß bei der Gegenüberstellung mit der tatsächlichen Entwicklung weitere rein theoretische Überlegungen angeregt werden. Einen solchen Weg zu gehen, empfahl sich angesichts des in der Wirtschaftspolitik und Wirtschaftspraxis wachsenden Wunsches nach empirischen Darstellungen von theoretischen Zusammenhängen der modernen Wirtschaftsforschung. Ein besonderes Anliegen dieser Arbeit ist es, sowohl die theoretische Analyse wie die empirische Darstellung in den Gesamtzusammenhang eines in sich geschlossenen monetären Systems — eines Geldkreislaufes — zu stellen, um dadurch die Interdependenzen der verschiedenen monetären Erscheinungen deutlich herausarbeiten zu können.

Solche Kreislaufbetrachtungen sind heute schon Allgemeingut geworden. Man begegnet ihnen am häufigsten in den sogenannten volkswirtschaftlichen Gesamtrechnungen, die die verschiedenen Seiten des wirtschaftlichen Prozesses — Entstehung, Verteilung und Verwendung des Sozialprodukts — in einem geschlossenen System, d. h. unter Zugrundelegung einer bestimmten theoretischen Konzeption, wiedergeben. Allerdings werden in diesen Betrachtungen nicht die vielen, die gesamtwirtschaftlichen Vorgänge begleitenden Geldströme sichtbar gemacht. In den letzten Jahren wurde in einigen Ländern der Versuch unternommen, nun auch diese Geldbewegungen unter Zugrundelegung einer einheitlichen Konzeption in der Wirtschaft zu verfolgen und statistisch festzuhalten. Es lag nahe, daß solche Untersuchungen sich eng an das Schema der volkswirtschaftlichen Gesamtrechnung anlehnten[3]. Sinn und Ziel ist es, die volkswirtschaftliche Gesamtrechnung, die hauptsächlich güterseitige Vorgänge wiedergibt, durch eine Geldstromrechnung zu ergänzen.

---

[3] Bei diesen Untersuchungen kam es den Autoren allerdings weniger auf die rein monetäre Analyse als vielmehr vor allem darauf an, die Zusammenhänge zwischen dem Geldkreislauf in der Wirtschaft und den güterseitigen Veränderungen in einem geschlossenen Modell darzulegen: „Es muß also zuerst einmal überhaupt gezeigt werden, in welchem Zusammenhang die Kasse, in der sich das ‚umlaufende' Geld befindet, mit den Umsatzgrößen steht." (*Peter*, Hans: „Einführung in die politische Ökonomie", Stuttgart und Köln, 1950, S. 139). Vgl. hierzu u. a. die theoretischen Arbeiten von: *Amberg*, Josef: „Die Politik der schweizerischen Nationalbank", Winterthur, 1954; *Binder*, Paul: „Die Geldkapitalbildung", Tübingen, 1952; *Föhl*, Carl: „Geldschöpfung im Wirtschaftskreislauf", Berlin, 1955; *Forstmann*, Albrecht: „Geld und Kredit", Teil II, Göttingen, 1952; *Halm*, George, N.: „Geld, Außenhandel und Beschäftigung", München, 1957; *Lütolf*, Franz: „Theorie der monetären Kreislaufsphären", Bern, 1952; *Mueller*, F. W.: „Money and Banking", New York, Toronto, London, 1951; *Musgrave*, R. A.: „Money, Liquidity and the Valuation of Assets" in: „Money, Trade and Eco-

Die Quantifizierung monetärer Vorgänge in der Wirtschaft betraf also hauptsächlich alle die Transaktionen, die in der Frage „Wohin fließt das Geld?“ zusammengefaßt sind[4]. Dagegen ist es die Aufgabe der vorliegenden Arbeit, die Entstehung der Geldströme und die sich dabei ergebenden Rückwirkungen auf die Wirtschaft — insbesondere auf das Geld- und Kreditwesen — darzustellen[5].

Für die Beantwortung dieser Fragen und die Lösung der damit zusammenhängenden Probleme erwies sich folgender Weg der Analyse als zweckmäßig:

---

nomic Growth — in honor of John Henry Williams“, New York, 1951, S. 216 ff.; *Stucken,* Rudolf: „Geld und Kredit“, Tübingen, 1957; *Wagemann,* Ernst: „Wo kommt das viele Geld her?“, Düsseldorf, 1940.

Untersuchungen über den Geldkreislauf wurden zuerst in den Vereinigten Staaten vorgenommen. Fast zu gleicher Zeit erschienen dort zwei Arbeiten, die eine bei der Federal Reserve Bank, New York, (*Gervy,* George: „The Development of Bank Debets and Clearings and their Use in Economic Analysis“, Washington, 1952) und die andere beim National Bureau of Economic Research Inc. in New York (*Copeland,* Morris, A.: „A Study of Money Flows in the United States, New York, 1952).

Nach Vervollkommnung der diesen Rechnungen zugrunde liegenden Modelle sind in letzter Zeit in den USA und in Deutschland grundlegende Aufsätze erschienen, die die Geldstromrechnung in Beziehung zu den bestehenden Kontensystemen der Gesamtrechnungen behandeln: Board of Governors of the Federal Reserve System:„A Flow-of-Funds System of National Account, Annual Estimates, 1939—1954“, in: Federal Reserve Bulletin, October 1955, S. 1085 ff.; *Grünig,* Ferdinand: „Die Geldvermögensrechnung im Rahmen der volkswirtschaftlichen Gesamtrechnung für die Bundesrepublik, Methodik und Ergebnisse für 1950—1954 mit Zahlenanhang.“ in: Vierteljahreshefte des Deutschen Instituts für Wirtschaftsforschung, Berlin, Jahrgang 1955, S. 224 ff.; Bank deutscher Länder: „Die Vermögensbildung und ihre Finanzierung“ erstmals in: Monatsberichte der BdL, September 1955, S. 37 ff., und monetäre „Gesamtanalyse“ erstmals in: Monatsbericht Oktober 1957, S. 13 ff.

Vgl. ferner die theoretischen Arbeiten von: *Bos,* H. C.: „A discussion on methods of monetary analysis and norms for monetary policy“, Schiedam, 1956; *Holtrop,* N. W.: „Über die Deutung monetärer Erscheinungen“ in: Weltwirtschaftliches Archiv, Bd. II, 1957, S. 242 ff.; *Kolms,* Heinz: „Vollbeschäftigung und ihre Mittel in neueren Veröffentlichungen“ in: Jahrbuch für Sozialwissenschaft, Band 1/1950, Göttingen, 1950, S. 309 ff.; *Kolms,* Heinz: „Volkswirtschaftliche Gesamtrechnungen, Nationalbudgets und ökonometrische Gesamtmodelle“ in: Weltwirtschaftliches Archiv, Bd. 71 (1953 II), S. 182 ff.; *Tinbergen,* J.: „Prognose der niederländischen Wirtschaftslage für das Jahr 1954“ in: Zeitschrift für die gesamte Staatswissenschaft, Bd. 110 (1954), S. 577 ff.; *Tinbergen,* J.: „On the Theory of Economic Policy“, sec. ed., Amsterdam, 1955.

4 Die Untersuchung der letzten Frage eines Problemkomplexes vor der Lösung der vorangehenden ist in einem geschlossenen System möglich. „Da der geschlossene Geldkreislauf ohne Anfang und ohne Ende ist, kann die Betrachtung an jedem beliebigen Punkte desselben begonnen werden. Wir wollen jene Stelle des Stromkreises wählen, wo der Geldstrom dem Ende des umlaufenden Güterstromes gegenübertritt, d. h. also das in die Verfügung des letzten Verbrauchers eingehende Realeinkommen bezahlt.“ (*Kraus,* Otto: „Kreislauf und Entwicklung der Volkswirtschaft“, Berlin, 1953).

5 Man neigt oft dazu, Arbeiten, die sich mit Gesamtanalysen beschäftigen, als Teil der „modernen“ Nationalökonomie zu betrachten. Sofern man eine

Das für den Produktionsprozeß notwendige Geld soll auf seinem Weg von der Notenbank über die Kreditinstitute bis zur Bereitstellung an Nichtbanken verfolgt werden. Hierbei wird in der Darstellung, entsprechend den Vorgängen in der Wirklichkeit, zwischen folgenden Geschäftsbeziehungen unterschieden: Notenbank mit Kreditinstituten, Notenbank mit Nichtbanken, Kreditinstitute mit Nichtbanken und den Geschäftsbeziehungen der Kreditinstitute untereinander.

Die Notenbank ist hierbei die Quelle des Geldstromes. Sie stellt den Banken Zentralbankgeld (Noten, Scheidemünzen und Guthaben)[6] zur Verfügung und ermöglicht somit den Kreditinstituten die Gewährung von Krediten. Dadurch kann die Wirtschaft neben Zentralbankgeld auch noch mit Giralgeld versorgt werden. In diesem Zusammenhang wird vor allem zu zeigen sein, daß der Umfang des von der Notenbank in die Wirtschaft und zu den Banken fließenden Zentralbankgeldstroms keinesfalls von der Notenbank beliebig bestimmt werden kann, sondern einer Automatik unterliegt, die durch güterseitige Vorgänge in Gang gesetzt wird. Eine eventuell von der Notenbank versuchte Änderung des Umfanges des Zentralbankgeldstroms stößt ferner auf das Hindernis unterschiedlicher Elastizität in der Nachfrage nach Zentralbankgeld. Es liegt nahe, daß im Abschnitt über die Geldversorgung der Kreditinstitute insbesondere das Problem der Giralgeldschöpfung angeschnitten wird. Außerdem soll die Aussagefähigkeit des Kreditschöpfungsmultiplikators im Hinblick auf die tatsächliche Entwicklung und unter Berücksichtigung der hier gewonnenen Ergebnisse untersucht werden.

---

solche Feststellung auf die Literatur der letzten 20 Jahre bezieht, ist sie sicher falsch. Zwar sind nur wenig quantifizierende Arbeiten in früheren Jahrzehnten durchgeführt worden, einige sind aber vorhanden. Zu ihnen gehört das Werk von J. J. O. *Lahn* (Pseudonym für Nikolaus *Johannsen* — vgl. Ad. Weber: „Allgemeine Volkswirtschaftslehre", Duncker & Humblot, Berlin, 1953, S. 496) „Der Kreislauf des Geldes und Mechanismus des Sozial-Lebens", Puttkammer und Mühlbrecht, Berlin, 1903. In diesem von Adolph *Wagner* eingeleiteten Buch sind viele auch heute als aktuell zu bezeichnende Probleme — Geldzirkulation, Inflation und Umlaufsmittel, Geldvolumen und Geschäftsvolumen usw. — in einem geschlossenen System unter Zugrundelegung des Geldwesens in den USA dargestellt. Offenbar war aber die Zeit damals — mangels entsprechender statistischer Unterlagen — für solche Arbeiten noch nicht aufnahmefähig. Vgl. auch die Besprechung der Lahn'schen Arbeit durch Hans W. *Schnack* in dem Aufsatz „Die Depressionstheorie bei N. A. J. *Johannsen* und J. M. *Keynes*" in „Jahrbücher für Sozialwissenschaft," Bd. II, 1951, S. 132 ff.

[6] Es ist vielfach üblich, als Zentralbankgeld nur die Noten und die Guthaben bei der Notenbank zu bezeichnen, da Scheidemünzen auf Bestellung der Notenbank durch den Staat hergestellt und von der Notenbank käuflich erworben werden müssen, also nicht wie Banknoten oder Guthaben geschöpft werden können. Da jedoch die umlaufenden Scheidemünzen einen Teil der Geldversorgung bilden, ist es für diese Arbeit notwendig, die Scheidemünzen mit in den Rahmen der Betrachtung zu ziehen. In den dieser Arbeit zugrunde liegenden Bilanzen über die Geldversorgung wurde daher der Umlauf an Scheidemünzen passiviert und eine entsprechende Münzgutschrift den Positionen der Öffentlichen Hand auf der Aktivseite hinzugefügt.

Nachdem die Geldversorgung durch die Notenbank und durch die Kreditinstitute dargestellt wurde, soll aufgezeigt werden, wodurch bei den Kreditinstituten ein Mangel oder Überfluß an Zentralbankgeld entsteht und wie solche Ungleichgewichte ausgeglichen werden. Mangel oder Überfluß an Zentralbankgeld äußert sich bei den Banken in einem Zurückbleiben oder Vorauseilen der von Nichtbanken zufließenden Mittel gegenüber den an Nichtbanken bereitgestellten Geldern. Die dabei entstehende Differenz wird in dieser Arbeit als Liquiditätssaldo und die zu ihrer Beseitigung vorgenommenen Transaktionen werden als Liquiditätsausgleich bezeichnet.

Die in den einzelnen Abschnitten über die Geldversorgung durch Notenbank und Kreditinstitute, über die Liquiditätssalden und über den Liquiditätsausgleich behandelten Probleme werden schließlich in einer Gesamtanalyse zusammengefaßt. Der hierbei entstehende geschlossene Geldkreislauf ermöglicht auch noch eine Darstellung des Problems der Liquiditätsneigung.

Das eigentliche Ziel der Arbeit, Antworten auf die Fragen zu geben „Woher kommt das Geld?“ und „Wodurch werden die Geldströme ausgelöst?“ ist mit dieser Zusammenfassung erreicht. Es lag in dieser Zielsetzung begründet, daß dabei ausschließlich quantitative Geldprobleme angesprochen wurden. Es erschien aber zweckmäßig, zur Vervollständigung des Gesamtbildes in einem Anhang auch auf ein qualitatives Geldproblem einzugehen, und zwar auf die unterschiedlichen Fristen im Mittelaufkommen einerseits und in der Geldnachfrage andererseits und auf die sich daraus ergebenden Fragen für die Investitionsfinanzierung. Besonderer Wert wurde auch hier auf die Darstellung der tatsächlichen Entwicklung gelegt; gerade dabei ergaben sich infolge der Bilanzierungsgewohnheiten der Banken größere Schwierigkeiten.

Die einzelnen Abschnitte dieser Arbeit gliedern sich jeweils in einen allgemeinen — theoretischen — und einen empirischen Teil, in dem die gewonnenen Erkenntnisse anhand der Entwicklung in Deutschland von 1949 bis 1960 verifiziert werden. Die Gegenüberstellung von theoretischen Thesen und tatsächlicher Entwicklung soll das Verständnis für die angeschnittenen Probleme erleichtern.

Als Materialquelle für die empirischen Abschnitte dienten hauptsächlich das „Statistische Handbuch der Bank deutscher Länder 1948—1954“ sowie die bankenstatistischen Angaben in den Monatsberichten der Bank deutscher Länder und der Deutschen Bundesbank.

Das Manuskript dieser Arbeit wurde bereits 1956 geschrieben. Die empirischen Teile sind später ergänzt worden, und zwar bis einschließlich 1960. Nach 1956 erschienene Literatur konnte nur teilweise berücksichtigt werden.

1. Die Geldversorgung durch die Notenbank

a) Die Ursachen des Zentralbankgeldstromes

Die Notenbank als originäre Liquiditätsquelle einer Volkswirtschaft hat die Aufgabe, den Kreditinstituten, der sonstigen privaten Wirtschaft und der Öffentlichen Hand Zentralbankgeld zur Verfügung zu stellen. Dabei kommt es darauf an, daß der Umfang dieser Geldversorgung so reguliert wird, daß die den Nichtbanken direkt zufließenden Geldströme und das den Kreditinstituten gewährte Zentralbankgeld, mit dessen Hilfe die Banken ein Vielfaches an Giralgeld schaffen können, ausreichend sind, um einen Sozialproduktanstieg und Vollbeschäftigung zu sichern[7]. Diese Aufgabenstellung bedeutet jedoch nicht, daß die Notenbank allein für das Erreichen dieser Ziele verantwortlich ist. Dieses hieße, die Einflußnahme der Zentralbank beträchtlich überschätzen. Vielmehr wird eine dem möglichen Wirtschaftswachstum angepaßte Versorgung der Banken und Nichtbanken mit Zentralbankgeld nur dann zu dem erwünschten Sozialproduktanstieg führen, wenn diese Geldversorgung von einer sinnvollen Wirtschafts- und Fiskalpolitik begleitet wird[8]. Eine solche Abstimmung der Kreditpolitik mit der übrigen Wirtschaftspolitik ist allein schon deshalb unerläßlich, da die Geldversorgung mit Zentralbankgeld nur zu einem geringen Teil autonom von der Notenbank selbst durchgeführt werden kann. Denn der Strom von Zentralbankgeld in die Wirtschaft oder seine Neutralisierung wird weitgehend von güterseitigen Vorgängen in der privaten Sphäre und von Finanztransaktionen der Öffentlichen Hand bestimmt. Diese Vorgänge sind die eigentliche „Dekkung" des Zentralbankgeldstromes. Sie spiegeln sich in den Notenbankbilanzen in Veränderungen des Gold- und Devisenbestandes, der Wechsel- und Schatzwechselbestände sowie in anderen Positionen wider. In ihrer Entwicklung geben diese Bestandsveränderungen also nicht nur

---

[7] *Coulborn,* W. A. L.: „A Discussion of Money", London, New York, Toronto, 1950, S. 275: „Put in the briefest way, the external job of a Central Bank is to regulate the value of its currency unit on the foreign exchange; and the internal job is to secure full employment and maximum output. Those may be called the main ideas, for, indeed, realities are much more complicated than that."

[8] In einigen Ländern ist diese Abstimmung zwischen Notenbank und dem Finanzministerium durch enge organisatorische Verbindung beider Ressorts — z. B. in Großbritannien mit dem Schatzamt — von vornherein gesichert, so daß in diesen Fällen nur noch die Abstimmung mit der sonstigen Wirtschaftspolitik erforderlich ist.

einen Einblick in die monetären Entstehungsgründe des Zentralbankgeldstromes, sondern auch in den wirtschaftlichen Wachstumsprozeß selbst.

Grundsätzlich wird der von der Notenbank ausgehende Geldstrom in einer Volkswirtschaft von fünf Faktoren bestimmt, und zwar durch:

1. das Auslandsgeschäft der Wirtschaft,
2. die Mittelbereitstellung an die Öffentliche Hand,
3. Direktkredite an die Wirtschaft,
4. Das Wertpapiergeschäft des Noteninstituts und
5. die Refinanzierung der Kreditinstitute.

Zu 1: Das Auslandsgeschäft der Volkswirtschaft, das als Differenz aller Devisenzuflüsse und Devisenabflüsse erfaßt wird, spiegelt das Ergebnis der Waren-, Dienstleistungs-, Kredit- und Kapitalbeziehungen der Volkswirtschaft mit dem Ausland wider. Überschüsse im Auslandsgeschäft, d. h. eine Zunahme an Gold und Devisen, lassen die Geldmenge ansteigen, denn die erzielten Devisenerlöse werden durch die Begünstigten, da sie zinslos sind und in der eigenen Volkswirtschaft für Zahlungen nicht verwendet werden können, über die Kreditinstitute der Notenbank angeboten. Diese ist zum Ankauf verpflichtet, wenn ein freier Devisenmarkt mit schwankenden Wechselkursen nicht existiert, und muß dem Begünstigten den Gegenwert in inländischem Geld zur Verfügung stellen. Umgekehrt bewirkt ein Devisendefizit, daß Geld aus der Wirtschaft herausgezogen wird und über die Kreditinstitute zur Notenbank fließt. Nur in dem extremen Fall, der in keinem Staat gegenwärtig verwirklicht ist, daß sich die Notenbank jeder Intervention zur Beeinflussung des Wechselkurses enthält, berührt das Auslandsgeschäft die Geldmenge nicht. Denn dann wäre ja infolge des sich frei auswirkenden Marktmechanismus das Devisenangebot immer wertgleich der Devisennachfrage. Die Gutschriften in inländischer Währung zu Gunsten der Devisenbesitzer wären dann stets ebenso hoch wie die Lastschriften der Nachfragenden. Die Position Auslandsgeschäft als Differenz von Devisenzugängen und Devisenabgängen würde stets den Wert null haben.

Zu 2: Die auf haushaltswirtschaftlichen Vorgängen der Öffentlichen Hand beruhende Mittelbereitstellung wird technisch durch Diskontierung von Schatzwechseln, Schatzanweisungen oder durch Inanspruchnahme von Kassenvorschüssen[9] bei der Notenbank ausgelöst. Der Umfang der öffentlichen Verschuldung gegenüber dem Noteninstitut ist allerdings im

---

[9] Kassenvorschüsse an die Öffentliche Hand dienen der Überbrückung von vorübergehenden Kassendefiziten und werden meist nur für wenige Tage gewährt. Ihre Veränderungen lassen nur in geringem Umfang Rückschlüsse auf güter- oder finanzseitige Transaktionen zu.

allgemeinen gesetzlich limitiert. In der Veränderung der Mittelbereitstellung an die Öffentliche Hand kommt die jeweilige Kassenlage zum Ausdruck. Eine Zunahme der öffentlichen Schuld gegenüber dem Noteninstitut deutet darauf hin, daß unter Umständen infolge verlangsamten Wirtschaftswachstums die öffentlichen Einnahmen nicht so schnell wachsen wie die Ausgaben oder daß bewußt durch eine vorzeitige Ausgabe von Mitteln zusätzliche Einkommen und damit zusätzliche Nachfrage geschaffen werden sollen. Andererseits drückt sich eine stärkere Belebung der Umsätze in der Wirtschaft als zum Zeitpunkt der Erstellung des Haushaltsplanes erwartet oder der spätere Ausgleich eines vorübergehenden Einnahmeausfalls der Öffentlichen Hand in einer Abnahme der Verschuldung aus. Dämpfende Wirkungen auf die Nachfrage und eine Abschwächung expansiver Tendenzen sind dabei wahrscheinlich.

Diese allgemeinen Feststellungen, daß ein angespannter öffentlicher Haushalt in einer Zunahme der öffentlichen Schuld gegenüber der Notenbank zum Ausdruck kommt und ein Haushalt, der Überschüsse abwirft, eine abnehmende Verschuldung bei der Zentralbank zur Folge hat, gelten im Hinblick auf die hier zugrunde liegenden Notenbankpositionen für die gesamte Kassengebarung der Öffentlichen Hand. Es sollte dabei nicht übersehen werden, daß unter dem Begriff der öffentlichen Verschuldung bei der Notenbank recht komplexe Positionen subsummiert sind. Man hat hierunter nämlich nicht nur die Kreditaufnahme des jeweiligen Staates, sondern auch die seiner Gebietskörperschaften (Länder und Gemeinden) sowie anderer autonomer oder halbautonomer öffentlicher Organe[10] (Sozialversicherung, Lastenausgleichsfonds usw.) zu verstehen. Es ist also durchaus denkbar, daß einer defizitären Entwicklung des Staatshaushaltes und der Länderhaushalte mit gleichzeitig steigender Verschuldung bei der Notenbank Überschüsse der Gemeinden, Sozialversicherungsträger usw. gegenüberstehen, die die Bruttoverschuldung des Staates kompensieren. Ein vollständiges Bild über die ökonomischen Hintergründe von Veränderungen der Positionen „Bruttoverschuldung der Öffentlichen Hand" wird man daher erst gewinnen, wenn man eine detaillierte Analyse ihrer Bestandteile vorgenommen hat.

Zu 3: Der Vollständigkeit halber soll hier noch ein weiterer Bestimmungsgrund des Geldstroms von und zur Notenbank angeführt werden, der auf direkten Geschäftsverbindungen der Zentralbank mit Nichtbanken beruht: die Direktkredite der Notenbank an die Wirtschaft (außer-

---

[10] *Mann,* F. K.: „Finanztheorie und Finanzsoziologie", Göttingen, 1959, S. 24. Mann bezeichnet diese autonomen und halbautonomen Organe als „intermediäre Finanzgewalten" (S. 25 f.). Vgl. auch *Terhalle,* F.: „Die Finanzwirtschaft des Staates und der Gemeinden", Berlin, 1948, S. 23 f.

halb Banken). Hierbei handelt es sich um Kredite, die die Notenbank unmittelbar, d. h. ohne Zwischenschaltung von Kreditinstituten, der Wirtschaft (außerhalb Banken) gewährt. In Notenbanksystemen, deren Instrumentarium den neuesten theoretischen Erkenntnissen angepaßt ist, tritt diese Geschäftstätigkeit immer stärker in den Hintergrund bzw. wird — wie seit einiger Zeit in Deutschland — überhaupt nicht mehr ausgeübt[11]. Denn es sollte nicht die Aufgabe der Notenbank sein, die private Wirtschaft (außerhalb Banken) mit Geld zu versorgen. Dies ist vielmehr Angelegenheit der Kreditinstitute. Die Notenbank hat nur darüber zu befinden, ob es aus allgemeinen wirtschaftlichen Gründen zweckmäßig ist, den Kreditinstituten ausreichende Mittel zur Verfügung zu stellen, damit sie den Kreditbedarf der Nichtbanken decken können, oder ob sie die Mittelbereitstellung durch kreditpolitische Eingriffe erschweren soll.

Zu 4: Den bisher angeführten Ursachen für einen Geldstrom von und zur Notenbank liegen eindeutig güterseitige Veränderungen zugrunde. Völlig unabhängig von diesen güterseitigen Vorgängen sind dagegen die Geldströme, die durch Wertpapierankäufe oder -verkäufe der Notenbank ausgelöst werden. Das Wertpapiergeschäft der Zentralbank ist ein reines kredit- und liquiditätspolitisches Mittel (Offenmarktpolitik), mit dessen Hilfe die tendenzielle Entwicklung der Geldmärkte beeinflußt werden kann. Es vergrößert oder verkleinert direkt den von und zur Notenbank fließenden Geldstrom. Am umfangreichsten sind dabei im allgemeinen die Käufe und Verkäufe von kurzfristigen und mittelfristigen Wertpapieren, insbesondere von Schatzwechseln, sowie von unverzinslichen und verzinslichen Schatzanweisungen. Offenmarktoperationen mit langfristigen Wertpapieren (Anleihen, Obligationen und andere zum amtlichen Börsenhandel zugelassene Schuldverschreibungen) treten dagegen in den Hintergrund[12]. Charakteristisch für alle Offenmarktoperationen ist, daß es sich dabei um von der Notenbank aus kreditpolitischen Gründen gewollte Veränderungen der Aktivseite ihrer Bilanz handelt.

Zu 5: Von dem fünften Bestimmungsgrund der Geldströme von und zur Notenbank — der Refinanzierung der Kreditinstitute — läßt sich weder sagen, daß er ein Spiegelbild güterseitiger Vorgänge sei, noch könnte man behaupten, daß er von güterseitigen Einflüssen völlig unab-

---

[11] Seit Inkrafttreten des Bundesbankgesetzes ab 1. 8. 1957 sind direkte Kreditgeschäfte mit der Wirtschaft den Landeszentralbanken nicht mehr gestattet. Davor waren sie in Deutschland nur den Landeszentralbanken im französischen Besatzungsgebiet (Baden-Württemberg und Rheinland-Pfalz) erlaubt.

[12] Offenmarktoperationen mit Aktien sind der Zentralbank dagegen nicht gestattet. Vgl. Gesetz über die Deutsche Bundesbank v. 26. 7. 1957 (BGBl. I 1957 S. 745 ff.) § 21.

hängig wäre. Zweckmäßiger ist es, die Refinanzierung als eine Ausgleichstransaktion anzusehen, mit deren Hilfe jener Betrag von der Notenbank zur Verfügung gestellt wird, der unter Berücksichtigung der sonstigen Geldströme (Kreditgewährung an die Öffentliche Hand oder Gold- und Devisenzustrom) zur Deckung des Zentralbankgeldbedarfs noch notwendig ist. Wird infolge eines Kassenüberschusses der öffentlichen Haushalte oder einer Verringerung der Gold- und Devisenreserven Zentralbankgeld aus der Wirtschaft entzogen, so kann es, wenn es für die Sicherung des kontinuierlichen Wirtschaftswachstums erforderlich ist, auf dem Wege der Refinanzierung ersetzt werden. Umgekehrt ist es den Banken möglich, ein Zuviel an Zentralbankgeld dadurch auf seinen notwendigen Umfang zurückzuführen, daß die Kreditinstitute dieses überflüssige Zentralbankgeld dazu benutzen, ihre Verschuldung bei der Notenbank (Refinanzierung) abzubauen.

Eine gewisse Verbindung mit güterseitigen Vorgängen liegt bei der Refinanzierung darin, daß sie vor allem durch Rediskontierung von Handelswechseln vorgenommen wird[13], also von Papieren, die mit dem Produktions- und Verteilungsprozeß entstanden sind. Man ist daher nur allzu gern geneigt, bei einer wertenden Betrachtung dieser Form der Entstehung von Zentralbankgeld den Vorzug zu geben, da die „Deckung" durch einen Handelswechsel eher für die Stabilität der Währung garantiere als Schatzwechsel oder Devisen. Auf die Art der Deckung aber kommt es nicht an, sondern vielmehr auf die Größe des Zentralbankgeldstromes, der sich insgesamt in die Wirtschaft ergießt. Dieser Strom muß gerade so umfangreich gehalten werden, daß in einer wachsenden Wirtschaft der zusätzliche Bedarf an Noten und Münzen befriedigt werden kann und darüber hinaus ausreichende Beträge vorhanden sind, mit denen die Kreditinstitute ihr Kreditvolumen entsprechend dem möglichen realen Aufschwungstempo ausdehnen können. Aus welcher der fünf Quellen aber dieses Geld fließt, ist nicht entscheidend.

Als Ausgleichstransaktion hat die Refinanzierung jedoch noch immer eine gegenüber den anderen Quellen besondere Bedeutung. Da sie es den Banken ermöglicht, Zentralbankgeld zu beschaffen, mit dessen Hilfe sie ein Mehrfaches an Giralgeld schaffen können, haben sich die Notenbanken bei der Refinanzierung ein kreditpolitisches Interventionsrecht gesichert: Die Rediskontkontingente. Wenn andere kreditpolitische Eingriffe keine Einschränkung des Rückgriffs der Kreditinstitute auf die Notenbank bewirken sollten, so ist es der Zentralbank möglich, durch

---

[13] Außerdem refinanzieren sich die Kreditinstitute durch Aufnahme von Lombardkrediten oder — gegenwärtig in Deutschland — durch den zeitweisen Verkauf von Ausgleichsforderungen. Diese Transaktionen dienen aber nur der Überbrückung eines kurzfristigen Kassendefizits oder eines Liquiditätsengpasses und stehen direkt in keinem Zusammenhang mit güterseitigen Veränderungen.

Festsetzung von Rediskontkontingenten die Refinanzierung jeder Bank auf einen bestimmten Umfang zu beschränken.

b) Automatismus führt nicht zum Gleichgewicht

Die Summe der Veränderungen aller Faktoren, durch die ein Zentralbankgeldstrom ausgelöst wird, ist gleich der quantitativen Veränderung des Zentralbankgeldes bei den Kreditinstituten und den Nichtbanken. Dabei ergibt sich die Frage, ob denn überhaupt kreditpolitische Eingriffe zur Regulierung des Zentralbankgeldstromes erforderlich sind. Denn es wurde ja bereits gezeigt, daß im Verlauf des Wirtschaftsprozesses von selbst, d. h. gleichsam automatisch, mit der wachsenden Wirtschaft neues Zentralbankgeld geschaffen wird. Es wäre also denkbar, daß die durch güterseitige Daten ausgelöste Automatik[14] der Geldversorgung bei Enthalten jeden Eingriffs die Kaufkraft des Geldes stabil hält.

Im Wirtschaftsverlauf ist dies nicht der Fall. Wie wenig Gewähr für eine angemessene automatische Geldversorgung besteht, wird schon allein dadurch deutlich, daß von den drei Bestimmungsgründen für die Veränderung von Zentralbankgeld, die auf güterseitigen Vorgängen beruhen — Verschuldung oder Entschuldung der Öffentlichen Hand, Zunahme oder Abnahme der Devisenreserven und Refinanzierung der Kreditinstitute[15] —, allein zwei auf partielle Ungleichgewichte im Wirtschaftsverlauf zurückgehen, nämlich auf ein Zahlungsbilanzungleichgewicht und unausgeglichene öffentliche Kassen. Je größer diese Ungleichgewichte sind, um so stärker ist der Einfluß, der auf die Zentralbankgeldmenge ausgeht. Bei einem sehr starken Außenhandelsüberschuß oder einem hohen Kassendefizit der Öffentlichen Hand kann der geschilderte Automatismus also durchaus zu einer überhöhten Geldversorgung führen und damit die Preisstabilität gefährden. Umgekehrt können ein anhaltendes Außenhandelsdefizit oder hohe Kassenüberschüsse der Öffentlichen Hand so viel Zentralbankgeld aus der Wirtschaft entziehen, daß das Postulat der Vollbeschäftigung nicht erfüllt werden kann. Allein schon aus diesen Gründen — stets auftretender partieller Ungleichgewichte mit der Folge einer dem gleichmäßigen Wirtschaftswachstum

[14] Die Automatik der Geldversorgung durch die Notenbank wurde bereits durch Tocke und Fullarton erkannt (Banking-Theorie), deren Schlußfolgerungen, daß eine solche Automatik inflatorische und deflatorische Tendenzen vermeide, jedoch unzutreffend waren. Vgl. auch: *De Kock,* M. H.: „Central Banking“, London, New York, 1950, S. 40 f.; *Kruse,* Alfred: „Geschichte der volkswirtschaftlichen Theorien“, München, 1948, S. 70 f.; *Miksch,* Leonhard: „Die Geldschöpfung in der Gleichgewichtstheorie“ in: Ordo-Jahrbuch, Band 2 (1949), S. 318; *Röpke,* Wilhelm: „Die Lehre von der Wirtschaft“, Erlenbach-Zürich, 1949, S. 132 ff.

[15] Direktgeschäfte der Notenbank mit der Wirtschaft haben keine größere Bedeutung mehr.

nicht mehr angepaßten Geldversorgung durch die Zentralbank — ist ein ausreichendes kreditpolitisches Instrumentarium zur Beeinflussung des güterseitig ausgelösten Automatismus der Geldversorgung dringend notwendig.

Man könnte nun aus dieser Erkenntnis die Forderung ableiten, daß stets für einen Ausgleich der Zahlungsbilanz und auch stets für ein Kassengleichgewicht der öffentlichen Haushalte gesorgt werden müßte, um kreditpolitische Eingriffe möglichst zu vermeiden. Denn solche Gleichgewichte würden bedeuten, daß der Gold- und Devisenbestand sowie die Differenz zwischen Schulden und Guthaben der Öffentlichen Hand bei der Zentralbank unverändert blieben. Die Versorgung der Wirtschaft mit Zentralbankgeld würde dann nur auf dem Wege der Refinanzierung vor sich gehen, und nur dann ergäbe sich auch ein Zusammenhang der Geldversorgung mit dem Wirtschaftswachstum, und zwar nähme die Geldversorgung mit dem Wirtschaftsaufschwung kontinuierlich zu. Zwar wird der größte Teil des Geldbedarfes der Wirtschaft mit dem von Kreditinstituten geschaffenen Giralgeld oder durch Geldsurrogate (Wechsel usw.) gedeckt, jedoch ist zur Schaffung dieses Giralgeldes und zur Bezahlung bestimmter Aufwendungen (Löhne, Gehälter usw.) Zentralbankgeld erforderlich, das in diesem Fall durch Refinanzierung beschafft werden müßte. Bei einem Gleichgewicht der Zahlungsbilanz und ausgeglichenen öffentlichen Kassen löst also ein kontinuierliches Wachstum stets eine dem Wachstumstempo angepaßte Versorgung mit Zentralbankgeld aus.

Auch bei diesen monetären Voraussetzungen ist ein gleichgewichtiges Wachstum aber noch keinesfalls gewährleistet. Denn die geschilderte automatische Versorgung der Wirtschaft mit Geld sichert zwar den Einkommensentstehungsprozeß, bestimmt jedoch nicht die Verwendung der Einkommen, die für das zukünftige Wachstum sowie für die Preisstabilität entscheidend ist. Denn die Geldversorgung hat keinen Einfluß darauf, wieviel vom Einkommen investiert und wieviel verbraucht wird, sowie — nicht zuletzt auch — wieviel vom Gesamteinkommen „versickert“. Versickern bedeutet hier, in welchem Umfang infolge des Verhaltens von Investoren und Konsumenten von der vorhandenen Kaufkraft im Verlaufe des Einkommensverwendungsprozesses zur Notenbank zurückfließt oder bei Kreditinstituten im Nostrogeschäft Anlage findet, d. h. wieviel von dem geschaffenen Einkommen aus der Nichtbankensphäre ausscheidet und somit als kaufkräftige Nachfrage neutralisiert wird[16]. Im Wirtschaftsablauf dürfte nur selten zwischen der

---

[16] Es würde mißverständlich sein, diese Beträge als Ersparnisbildung zu bezeichnen oder sie sogar einem Nichtverbrauch in der Gesamtwirtschaft (vgl. A. *Paulsen:* „Neue Wirtschaftslehre“, 3. Aufl., Berlin, 1954, S. 65 ff.) gleichzusetzen. Denn die aus der Konsumentensphäre ausscheidenden Ein-

tatsächlichen Nachfrage und dem Angebot insgesamt sowie auf der Konsumgüterseite und der Investitionsgüterseite im einzelnen völlige Übereinstimmung bestehen. Kurzfristige Abweichungen sind immer vorhanden; sie schlagen sich in zeitweiligen Gewinnschwankungen der Unternehmen nieder und/oder beeinflussen die Preise. Größere Schwankungen können aber nicht ohne Einfluß auf die tendenzielle Entwicklung der Wirtschaft bleiben. Selbst bei einer automatischen Versorgung der Wirtschaft mit Zentralbankgeld nur auf dem Wege der Refinanzierung ist ein gleichgewichtiges Wachstum nicht von vornherein gesichert. Auch in diesem Fall muß der Versuch gemacht werden, mit Hilfe der Kreditpolitik die wirtschaftliche Entwicklung in die gewünschten Bahnen zu lenken. Ob dies jedoch die Kreditpolitik allein vermag, ist zumindest sehr fraglich. Oft werden derart umfangreiche Einflüsse auf die Geldströme erforderlich, daß Ungleichgewichte in der öffentlichen Kassenhaltung oder in den Zahlungsbilanzen erwünscht wären. Ein solches notwendiges Zusammenspiel aller Faktoren, die zur Veränderung der Zentralbankgeldmenge beitragen können, ist nur bei genauer Abstimmung von Kreditpolitik, Fiskalpolitik und Wirtschaftspolitik zu erreichen[17].

c) Unterschiedliche Elastizität der Nachfrage nach Zentralbankgeld

Die Feststellung, daß die durch güterseitige Vorgänge ausgelöste Automatik der Geldversorung nicht zu einem gleichgewichtigen Wachstum zu führen braucht, wirft die Frage auf, ob eventuell ein auf Ungleichgewichten beruhender Geldzufluß oder ein Geldentzug inflatorische oder deflatorische Gefahren bildet. Das braucht nicht der Fall zu sein. Denn eine solche These würde voraussetzen, daß eine Zunahme von Zentralbankgeld stets eine inflatorische und eine Verringerung von Zentralbankgeld stets eine deflatorische Bewegung auslöst. Oft sind solche keinesfalls zutreffenden Thesen noch einfacher formuliert und schließen nur die Veränderungen des Zahlungsmittelumlaufs als Symptom der Erkrankung des Geldwesens ein. Obwohl die moderne Wirtschaftstheorie ausreichende Hinweise gegeben hat, daß inflatorische und deflatorische Prozesse verwickeltere Ursachen haben als allein die Zunahme oder Abnahme von Zentralbankgeld, hält sich diese These sehr hart-

---

kommensbestandteile werden ja zu einem Teil durch Kreditschöpfung dem Einkommenskreislauf wieder zugeführt. Versickerte Beträge sind aber sowohl aus der Verbrauchs- wie auch aus der Investitionssphäre ausgeschieden und neutralisiert worden.

17 *Levis*, W. Arthur: „The Principles of Economic Planning", London, 1949, S. 41: „The circulation of money determines the level of prices and employment in a country, and fluctuations in the level of monetary circulation determine whether that country shall suffer to be left to the control of private enterprise; that has long been agreed, and in every modern country the government itself controls the supply of money and seeks to influence the demand."

näckig. Zwar können inflatorische Vorgänge infolge von Haushaltsdefiziten oder Außenhandelsüberschüssen entstehen, aber nicht deshalb, weil dann mehr Zentralbankgeld in den Umlauf kommt, sondern weil bei gegebenem oder steigendem Einkommen bestimmte Gruppen in der Wirtschaft — in diesem Falle die Öffentliche Hand oder das Ausland — relativ mehr vom Sozialprodukt beanspruchen als vorher. Die Nachfrage der Konsumenten trifft also — bei unveränderter Sparneigung — auf ein im Verhältnis zum Einkommen geringeres Warenangebot mit der Folge steigender Preise. Der Deflationsprozeß wird umgekehrt dadurch eingeleitet, daß das Ausland relativ mehr Leistungen zur Verfügung stellt, als es selbst beansprucht oder die Öffentliche Hand ihre Anforderungen an das Sozialprodukt einschränkt. Sollte im Falle des inflatorischen Prozesses eine zusätzliche Zentralbankgeldmenge frei werden oder im deflatorischen Prozeß verlorengehen, so kann dadurch der Fortgang der Entwicklung beschleunigt werden; er wird von diesen monetären Veränderungen wohl aber kaum selbst bestimmt.

Bei dieser These einer Zentralbankgeldinflation wird außerdem vorausgesetzt, daß eine Ausdehnung einer Position auf der Aktivseite der Notenbankbilanz durch Verschuldung des Fiskus oder durch Gold- und Devisenzufluß auch zu einer Ausdehnung einer Position auf der Passivseite, also der Zentralbankgeldmenge, führen muß. Diese für die These der Zentralbankgeldinflation vielleicht wichtigste Voraussetzung ist aber allen Erfahrungen nach nicht haltbar.

Am ehesten kommt man den hier bestehenden Zusammenhängen näher, wenn man die Verhaltensweisen der Besitzer von Zentralbankgeld betrachtet. Besitzer von Zentralbankgeld sind:

a) Private Haushalte
b) Private Wirtschaftsunternehmen (außer Banken)
c) Die Öffentliche Hand und
d) Kreditinstitute.

Zu a): Das Motiv, das private Haushalte veranlaßt, Noten und Münzen zu halten, liegt in der Notwendigkeit, einen Teil ihrer Umsätze, insbesondere ihre Konsumausgaben, bar abzuwickeln. Die privaten Haushalte werden aber kaum wesentlich über den Umfang der dafür notwendigen Beträge hinaus Bargeld in ihren Kassen oder Portemonnaies halten. Überschüssige Gelder werden im allgemeinen auf zinsbringende Bankkonten (z. B. Sparkonten) eingezahlt.

Zu b): Sichtkonten bei den Notenbanken ermöglichen den privaten Wirtschaftsunternehmen (außer Banken) einen verhältnismäßig raschen Überweisungsverkehr. Da die Konten bei der Zentralbank aber immer zinslos sind, werden die Bestände — vom window-dressing an den Bilanzstichtagen abgesehen — die vorgeschriebenen Mindestbeträge nicht übersteigen.

Zu c): Auch die Öffentliche Hand hebt die ihr meist zu den Steuerterminen zufließenden Gelder, soweit ihr dazu gesetzlich die Möglichkeit gegeben ist, rasch wieder ab, um sie verzinslich anzulegen.

Zu d): Die Kreditinstitute schließlich halten bei der Notenbank Einlagen allein deshalb, weil ihre Verbindlichkeiten in einem bestimmten Umfang in Zentralbankgeld gedeckt sein müssen, um stets den an sie gestellten Zahlungsanforderungen genügen zu können. Die Banken verfügen daher immer bei der Zentralbank über eine gewisse Mindestreserve[18]. Da diese Mindestreservehaltung die Rentabilität der Banken belastet, sind auch sie bestrebt, kein zu großes Guthaben bei der Notenbank zu unterhalten.

Man kommt also zu dem Ergebnis, daß die Kreise, die Zentralbankgeld halten oder über Zentralbankkonten verfügen, freiwillig ihre Guthaben nicht erhöhen. Die Bereitschaft, diese Guthaben zu verringern, ist dagegen vorhanden. Man kann das auch anders ausdrücken: Bei Zunahme eines Aktivpostens der Notenbankbilanz ist die Elastizität der Zentralbankgeldmenge minimal, bei Abnahme einer Aktivposition dagegen sehr groß. Bei einem kontraktiven Prozeß ist also die Bereitschaft gegeben, mit dem Schrumpfen der Gold- und Devisenreserven oder der öffentlichen Verschuldung auch die Zentralbankgeldmenge zu verringern. Wie steht das mit der Inflationsthese im Einklang? Welcher Besitzer von Zentralbankgeld ist bereit, bei einem Zustrom von Gold und Devisen oder einer zusätzlichen Verschuldung der Öffentlichen Hand oder wachsender Refinanzierung mehr Zentralbankgeld zinslos aufzunehmen? Was aus den Verhaltensweisen der Zentralbankgeldbesitzer schon hervorgeht, wird auch im Wirtschaftsverlauf bestätigt. Niemand ist bereit, seine Zentralbankguthaben freiwillig zu erhöhen.

Was nun bei der Zunahme einer Position auf der Aktivseite der Notenbankbilanz geschieht, hängt weitgehend von den unterschiedlichen Elastizitätsgraden der anderen Positionen ab. Nach den Beobachtungen, die bisher gemacht werden konnten, ist es möglich, bei den hier unterschiedenen Notenbankpositionen folgende Reihenfolge von Elastizitätsgraden vorläufig festzulegen:

Größter Elastizitätsgrad:

Die Refinanzierung der Kreditinstitute

Es folgen dann:

Wertpapiergeschäfte der Zentralbank

Außenhandelsgeschäfte (Veränderungen der Bestände an Gold und Devisen)

Verschuldung der Öffentlichen Hand

---

[18] Die Mindestreservehaltung ist in verschiedenen Ländern — so in Deutschland — gesetzliche Pflicht.

Guthaben der Öffentlichen Hand
Guthaben der Kreditinstitute und der übrigen Wirtschaft

Geringster Elastizitätsgrad:
Zahlungsmittelumlauf

Ein zunehmender Gold- und Devisenstrom z. B. wird also kaum den Zahlungsmittelumlauf erhöhen; denn das ist die unelastischste Größe. Die zu den Banken und in die übrige Wirtschaft fließenden Gold- und Devisenbeträge werden vielmehr zuerst von den Banken dazu benutzt, ihre Refinanzierung abzubauen und, wenn dies geschehen ist, Wertpapiere von der Zentralbank zu erwerben. Das gleiche gilt, wenn z. B. die Verschuldung der Öffentlichen Hand steigt. Auch hier werden die zusätzlichen Gelder von den Banken erst einmal zum Abbau der Refinanzierung und zum Wertpapiererwerb benutzt. Die höhere Inanspruchnahme des Sozialprodukts durch den Fiskus mit unter Umständen steigenden Preisen als Folge kann es außerdem lohnender erscheinen lassen, Waren im Ausland einzukaufen. Ferner kann dadurch der Absatz in das Ausland erschwert werden. Von einer bestimmten Höhe der öffentlichen Verschuldung an nehmen also nicht nur die Refinanzierung der Kreditinstitute und die Wertpapierbestände bei der Notenbank ab, sondern werden dann auch die Gold- und Devisenreserven beeinflußt.

Man wird also nicht ohne weiteres annehmen können, daß die Zunahme einer Position auf der Aktivseite der Notenbankbilanz unbedingt zu einer Zunahme der Zentralbankgeldmenge führen muß. Wahrscheinlicher ist ein Aktivtausch, in diesem Falle also die Abnahme einer anderen Position auf der Aktivseite. Erst bei lange anhaltendem Zustrom von Zentralbankgeld durch Außenhandelsüberschuß oder Haushaltsdefizite und wenn alle anderen Aktivpositionen bereits auf fast null abgesunken sind — im Falle einer Devisenschwemme also keine nennenswerte Verschuldung der Öffentlichen Hand oder der Banken bei der Notenbank mehr besteht —, wird die Zentralbankgeldmenge steigen müssen, und zwar auch nicht der Zahlungsmittelumlauf, sondern die Einlagen der Öffentlichen Hand und der Kreditinstitute.

Immer wieder zeigt sich, daß der Zahlungsmittelumlauf, der ja nur der technischen Zahlungsabwicklung in der Wirtschaft dient, die von den ökonomischen Vorgängen im Außenhandel oder im Haushalt unabhängig ist, am allerwenigsten berührt wird. Die Wirtschaft und die Kreditinstitute haben stets Möglichkeiten, ihr „Zuvielgeld" verzinslich unterzubringen: die Wirtschaft bei den Banken und die Banken am Geldmarkt, der immer etwas mehr geben wird als null Prozent. Es ist nicht ausgeschlossen, daß das „Zuvielgeld" schließlich auf den Zentralbankkonten der Öffentlichen Hand landet. Ihr Elastizitätsgrad scheint jedenfalls höher zu sein als der der Bankeneinlagen und des Zahlungsmittelumlaufs. Das liegt einmal daran, daß der Prozeß einer Geldschwemme meist auch einen starken Einkommenszuwachs widerspiegelt und die Steuereinnahmen stärker ansteigen läßt. Zum anderen liegt es daran, daß die Öffentliche Hand aus Gründen der Tradition oder, z. B. in Deutschland, kraft Gesetz ihre Einlagen bei der Zentralbank hält.

Die Zunahme an Zentralbankgeld infolge wachsender öffentlicher Einlagen wird man nicht uneingeschränkt als inflatorisch bezeichnen können. Man kann vielmehr darin auch eine Neutralisierung des auf der Aktivseite der Notenbankbilanz sich abspielenden expansiven Prozesses sehen und kommt mit dieser Deutung den Einflüssen wachsender öffentlicher Einlagen beim Zentralbankinstitut wohl auch am nächsten.

Die Zentralbank hat überdies auch ein kreditpolitisches Instrument in der Hand — nämlich die Offenmarktpolitik —, um den hier geschilderten Tendenzen noch Nachdruck zu verleihen. Sie kann nämlich jede Aktivposition, sofern sie handelbar ist, und das ist insbesondere bei den Schuldtiteln der Öffentlichen Hand der Fall, am Offenen-Markt verkaufen und damit von sich aus eine aus irgendeiner Quelle stammende Geldschwemme zu neutralisieren versuchen. Bei der Beurteilung von Veränderungen im Status der Notenbank sind diese Offenmarktoperationen zu berücksichtigen.

d) Die Geburt der D-Mark

Bevor die Entwicklung der Geldströme aus dem Zentralbanksystem in Westdeutschland nach der Währungsreform und ihre güter- und finanzseitigen Ursachen betrachtet werden, soll vor allem zur Illustrierung der Größenordnungen, denen sich Reich und Bund gegenüber sahen, der Geldstrom vor Beendigung des Krieges dem am Währungsstichtag gegenübergestellt werden[19]. Ende 1944 betrug die Zentralbankgeldmenge im Reichsgebiet rund 66 Mrd. RM. Die in der nachstehenden Tabelle wiedergegebenen Bestimmungsfaktoren dieser Geldmenge lassen nicht ohne weiteres das kriegswirtschaftlich bedingte Anschwellen des Zentralbankgeldstromes erkennen, denn die ausgewiesene Verschuldung der Öffentlichen Hand gegenüber der Reichsbank betrug nicht einmal ganz 3 Mrd. RM, von denen sogar fast 2 Mrd. RM auf Münzgutschriften entfielen, die den Gegenwert des Münzumlaufes repräsentierten. Als wichtigster Gegenposten der umfangreichen Geldmenge erscheint in der Reichsbankbilanz ein hoher Bestand an Inlandswechseln, der grundsätzlich auf dem Wege der Refinanzierung von Handelswechseln durch Kreditinstitute entsteht. Im allgemeinen beinhaltet eine solche Verschuldung der Kreditinstitute eine Erweiterung des konsumfähigen

[19] Die letzte Reichsbankbilanz, die heute verfügbar ist, datiert vom 31. 12. 1944. Ein historischer Überblick über die Kriegsfinanzierung, den Zusammenbruch und die Währungsreform findet sich bei *Stucken*, R.: „Deutsche Geld- und Kreditpolitik 1914—1953“, 2. Aufl., Tübingen, 1953, S. 147 ff.

Sozialproduktes, die durch Geldschöpfung finanziert ist. Nach 1933 diskontierte die Reichsbank aber daneben auch Wechsel, die nicht nur von Privaten, sondern von besonderen, vom Staat beauftragten Institutionen akzeptiert wurden. Während diese Rediskontierungen anfangs noch in erster Linie der Verbesserung der Beschäftigtenlage dienten (Arbeitsbeschaffungswechsel), wurden sie ab 1935 auch für die Rüstungsfinanzierung eingesetzt (Mefo-Wechsel)[20]. Gegen Ende des Krieges befanden

Tabelle 1: **Die Geldversorgung der Reichsbank gegen Kriegsende und die der Bank deutscher Länder am Tage der Währungsreform**

	Reichsbank 31. 12. 1944 Mrd. RM	BdL 21. 6. 1948 Mrd. DM
1. Auslandsaktiva	0,08	—
2. Mittelbereitstellung an die Öffentliche Hand	2,88	5,43
Kredite	(0,97)	(—)
Münzgutschriften	(1,91)	(—)
Ausgleichsforderungen	(—)	(5,43)
3. Wertpapiere	0,05	—
4. Refinanzierung	63,41	—
Inlandswechsel	(63,30)	
Lombardkredite	(0,11)	(—)
		(—)
Geschäftsvolumen	66,42	
		5,43
5. Einlagen der Öffentlichen Hand		1,09
6. Einlagen der Wirtschaft	13,54	—
7. Einlagen der Kreditinstitute		2,39
8. Zahlungsmittelumlauf	52,01	1,85
9. Sonstige Positionen (netto)	0,87	0,10
Geschäftsvolumen	66,42	5,43

Zusammengestellt aus der Bilanz der Deutschen Reichsbank vom 31. 12. 1944 (in: „Der Volkswirt“, Nr. 50/1953, S. 19) und der DM-Eröffnungsbilanz der Bank deutscher Länder v. 21. Juni 1948 (in: Geschäftsbericht der Bank deutscher Länder für die Jahre 1948/49, Frankfurt, 1950, S. 80 f.).

---

20 Vgl. *Stuebel*, H.: „Die Finanzierung der Aufrüstung im Dritten Reich“ in: Europa-Archiv, 6. Jahrgang (1951), S. 4128 ff.; *Frei*, R.: „Die theoretischen Grundlagen der deutschen Währungspolitik unter dem Nationalsozialismus“, Bern, 1947.

sich neben privaten Handelswechseln auch diese halbstaatlichen Finanzierungspapiere im Bestand der Reichsbank. Ihr Anteil an den ausgewiesenen Inlandswechseln dürfte aber gering gewesen sein. Der Bedarf an Zentralbankgeld für die Kriegsfinanzierung wurde ab 1939 nämlich überwiegend durch Schatzwechsel sowie durch unverzinsliche und verzinsliche Schatzanweisungen gedeckt. Aber auch diese Papiere wurden von der Reichsbank, ohne besonders kenntlich gemacht worden zu sein, zusammen mit echten Handelswechseln ausgewiesen. Der umfangreiche Bestand an Inlandswechseln ist in diesem Falle also nicht der Ausdruck einer starken privaten Wirtschaftstätigkeit, sondern Ergebnis der Kriegsfinanzierung und stellt — wenn auch äußerlich nicht erkennbar — zum großen Teil eine echte Verschuldung des Staates gegenüber der Reichsbank dar.

Der im Laufe der Kriegsjahre gegenüber dem konsumfähigen Sozialprodukt infolge der Kriegsfinanzierung sich bildende Geldüberhang wurde am 21. Juni 1948 durch eine Währungsreform beseitigt. An diesem Tage wurde die Zentralbankgeldmenge, die infolge der hohen finanziellen Ansprüche in den letzten Kriegsmonaten und infolge des zusätzlichen Umlaufes an Besatzungsgeld noch erheblich über die Ende 1944 ausgewiesenen 66 Mrd. RM hinausgegangen war, auf administrativem Wege für ungültig erklärt und durch 5 Mrd. DM neues Geld ersetzt. Es handelte sich bei dieser Geldmenge am Tage der Währungsreform allerdings nur um die Ausgabe der ersten Rate der sogenannten Kopfbeträge, der Erstausstattung der Öffentlichen Hand und um Beträge, die vorerst den Landeszentralbanken gutgeschrieben wurden und später der weiteren Ausstattung von Wirtschaftsunternehmen und Privaten mit Geld dienen sollten. Nach vorläufigem Abschluß der Geldversorgung der Wirtschaft in der Währungsreform befanden sich im dritten Vierteljahr 1948 rund 5 Mrd. DM neuer Noten im Umlauf; gleichzeitig waren in Höhe von ungefähr 3 Mrd. DM Zentralbankguthaben entstanden. Diese Geldmenge war durch sogenannte Ausgleichsforderungen gedeckt, die eine Schuldübernahme der Öffentlichen Hand darstellen.

e) Die Geldversorgung der deutschen Wirtschaft nach der Währungsreform durch Refinanzierung

Dem Zentralbanksystem in Westdeutschland fiel in den darauf folgenden Monaten und Jahren die Aufgabe zu, den wirtschaftlichen Aufschwung durch eine ausreichende Geldversorgung zu erleichtern, die Kaufkraft des neuen Geldes stabil zu halten und die DM zu einer anerkannten Währung im internationalen Handel zu machen. In der Entwicklung des Geld- und Kreditwesens Westdeutschlands sind bis Ende 1960 zwei Phasen zu unterscheiden. Die erste reicht von der Währungsreform bis in das Jahr 1951 und ist durch eine relativ hohe Refinanzierung der Kreditinstitute beim Zentralbanksystem als Folge des raschen Wiederaufbaus der Wirtschaft, ferner durch feste Geldmärkte und relativ teuren Kredit gekennzeichnet. In der anschließenden zweiten Phase wird die Geldversorgung von den anhaltenden Außenhandelsüberschüssen bestimmt. Obwohl der Geldbedarf der Wirtschaft und der Kreditinstitute infolge des schnell steigenden Sozialproduktes rasch zunahm, führten diese Außenhandelsüberschüsse zu einer fühlbaren Verflüssigung, zu tendenziellen Zinssenkungen und einem Abbau der Verschuldung der Kreditinstitute gegenüber dem Zentralbanksystem.

Wenn im folgenden diese Entwicklung an den vom Zentralbanksystem abgeflossenen Geldströmen dargestellt wird, soll die Verschuldung der Öffentlichen Hand auf Grund der Erstausstattung der Wirtschaft mit Geld in der Währungsreform (Ausgleichsforderungen), die man als langfristige Kreditgewährung der Notenbank bezeichnen kann, mitberücksichtigt werden. (Bei der Deutschen Bundesbank werden die Ausgleichsforderungen allerdings nicht auf das Kreditlimit der Öffentlichen Hand angerechnet.) Eine weitere Position „Ausgleichsforderungen" findet sich bei der Refinanzierung. Hierbei handelt es sich um eine Liquiditätshilfe des Zentralbanksystems an die Kreditinstitute, die sachlich eine Verschuldung der Banken gegenüber dem Noteninstitut bedeutet und die vom Zentralbanksystem unter bestimmten Voraussetzungen den Kreditinstituten gewährt wird[21].

Mit der wirtschaftlichen Tätigkeit im Bundesgebiet und mit zunehmendem Sozialprodukt ist der vom Zentralbanksystem in Umlauf gesetzte Geldstrom ständig gestiegen. Banken und die übrige Wirtschaft — alle ohne wesentliche eigene Mittel — mußten in den ersten Jahren nach der Währungsreform vor allem durch Diskontierung von Handelswechseln (übrige Wirtschaft bei Kreditinstituten), durch sonstige Kreditnahme und durch Refinanzierung (Kreditinstitute beim Zentralbanksystem) die notwendigen Mittel für den Wiederaufbau und für die Erweiterung der Produktion beschaffen. In den Jahren 1949 und 1950 bildete daher die Refinanzierung der Geschäftsbanken den wesentlichen Faktor der Geldversorgung durch das Zentralbanksystem. Ihre Zunahme beruhte neben dem Bedarf an flüssigen Mitteln der Wirtschaft für den Aufbau der Produktion auch auf der durch den Passivsaldo im Außenhandel hervorgerufenen Nachfrage nach Geld — zum Ausgleich der durch höhere Einfuhren eingetretenen Liquiditätsverluste.

---

[21] Das Gesetz über die Deutsche Bundesbank vom 26. 7. 1957 (BGBl. I S. 747 ff.) gibt der Notenbank die Möglichkeit (§ 24 Abs. 1 u. 2), Ausgleichsforderungen anzukaufen und gegen Ausgleichsforderungen ungeachtet der Beschränkungen des § 19 Nr. 3 (längstens 3 Monate) Darlehn zu gewähren, soweit und solange es zur Aufrechterhaltung der Zahlungsbereitschaft des Verpfänders erforderlich ist.

Entsprechend der Bedeutung des Wechselkreditgeschäftes hatten die Rediskontierungen durch Handelswechsel den größten Anteil an der zunehmenden Nettoverschuldung der Banken gegenüber der Notenbank. Darüber hinaus nahm das Zentralbanksystem den Kreditinstituten Ausgleichsforderungen ab, die diesen in der Währungsreform zugesprochen worden waren. Diese Ankäufe bildeten eine Liquiditätshilfe für stark in Anspruch genommene Banken und dienten — ebenso wie der Ankauf von Wechseln und Akzepten — dem Aufbau des Kreditvolumens und damit der Deckung des Geldbedarfs der übrigen Wirtschaft. Die Inanspruchnahme des Zentralbanksystems durch Kreditinstitute mit Lombardkredit trat entsprechend dem Charakter dieses Kredites als nur sehr kurzfristige Liquiditätshilfe bei vorübergehender Kassenenge in den Hintergrund.

Der Rückgriff der Kreditinstitute auf die Bundesbank hätte 1949 und 1950 noch größer sein müssen, wenn nicht in diesen beiden Jahren sich die Öffentliche Hand recht beachtlich bei der Notenbank verschuldet hätte und auf diesem Wege ebenfalls Zentralbankgeld zu den Kreditinstituten und in die übrige Wirtschaft geflossen wäre. Die Ursachen dieser mit Schatzwechseln durchgeführten Verschuldung lag in den mannigfaltigen Aufgaben, die die Öffentliche Hand zu bewältigen hatte, wozu ihr jedoch in dieser Zeit allgemeinen Geldmangels die Kassenmittel fehlten.

Der Entstehung neuen Zentralbankgeldes auf dem Wege der Refinanzierung und der öffentlichen Verschuldung stand aber — vor allem 1949 — auch ein Geldentzug aus dem Auslandsgeschäft gegenüber, der die Folge des in den ersten Jahren relativ hohen Einfuhrbedarfes bei gleichzeitig nur geringer Exportkraft war. Die entstehenden Passivsalden im Außenhandel bedeuteten, daß mehr Geld zur Bezahlung der Einfuhren aus der Wirtschaft abfloß als für die exportierten Waren gutgeschrieben wurde. Auch 1950 überstieg die Einfuhr die Ausfuhr, jedoch hatte sich das Defizit bereits etwas verringert. Die hemmenden Wirkungen des Passivsaldos auf den Geldstrom waren damit vermindert.

Während im Jahre 1949 die Geldversorgung vornehmlich auf den geschilderten güterseitigen Einflüssen beruhte — die Notenbank erleichterte die Geldversorgung nur indirekt durch zweimalige Diskontsenkung —, intervenierte sie 1950, wenn auch nur in geringem Umfang, direkt durch den Ankauf von Wertpapieren, also durch Offenmarkt-Operationen. Für eine Offenmarkt-Politik ist Voraussetzung, daß die Notenbank über einen ausreichenden Bestand an Wertpapieren verfügt, um nötigenfalls durch Verkauf dieser Papiere den Geldstrom zu verringern. Die Gelegenheit, eine derartige Reserve zu schaffen, ergab sich mit den ersten größeren Emissionen im Jahre 1950 (Bundesbahnanleihe). Abgesehen von dem relativ geringen Angebot an Wertpapieren am offenen Markt war auch die wirtschaftliche Situation seit Mitte 1950, die durch stärkere Preissteigerungen gekennzeichnet war, nicht geeignet, größere Käufe vorzunehmen, da dadurch der Geldstrom noch weiter angeschwollen wäre. Die daher nur in geringem Umfang vom Zentralbanksystem angekauften Wertpapiere ließen den Bestand bis Mai 1951 auf 0,37 Mrd. DM ansteigen; dies war bis Ende des Berichtszeitraums das umfangreichste Portefeuille, da in den folgenden Jahren die Tendenzen, den Geldstrom zu verringern, überwogen und weitere Ankäufe daher unterblieben. Eigentlich erforderliche Offenmarkt-Verkäufe konnten nur in begrenztem Umfang durchgeführt werden, da der unzureichende Wertpapierbestand sie nicht erlaubte[22].

f) Außenhandelsüberschüsse nach 1951 die ergiebigste Quelle der Geldversorgung

In den folgenden Jahren hielt das sofort nach der Währungsreform einsetzende starke Wirtschaftswachstum — wenn auch mit unterschiedlichem Tempo — an. Die industrielle Produktion z. B., die im Jahre 1950 bereits wieder den Vorkriegsstand des Jahres 1936 erreicht hatte, lag Ende 1960 um mehr als das zweieinhalbfache, in einigen Zweigen sogar schon um das drei- bis vierfache darüber. Diese Entwicklung hätte vermuten lassen, daß auch die für diesen Wachstumsprozeß notwendigen zusätzlichen Geldströme aus dem Zentralbanksystem weiterhin in erster Linie durch die wachsende Verschuldung der Banken bei der Notenbank (Refinanzierung) bestimmt worden wären. Dies war jedoch nicht der Fall, da im Frühjahr 1951 ein Umschwung in der Außenhandelsposition Westdeutschlands eintrat, der bis zum Ende der Berichtszeit (1960) die Geldversorgung des Zentralbanksystems entscheidend beeinflußte.

Dieser Umschwung in der Außenhandelsposition Westdeutschlands ist auf mehrere Faktoren zurückzuführen; sie alle hatten größeren oder geringeren Einfluß auf die Geldströme des Zentralbanksystems. Nachdem der allererste Bedarf der Wirtschaft für den Wiederaufbau nicht zuletzt durch umfangreiche Einfuhren gedeckt war, begann die Bundesrepublik ihre Exportkraft durch neue Investitionen, damit verbundene höhere Produktivität und bei gleichzeitig relativ stabilem Lohnniveau wesentlich zu erhöhen. Auch die restriktive Kreditpolitik der Jahre 1950/1951 wirkte sich auf die Ausfuhr günstig aus. Bereits Ende 1950 konnte Westdeutschland die notwendigen Einfuhren aus eigener Leistung bezahlen. Ein erheblicher Teil der in den Jahren seit 1951 gebildeten Überschüsse und das dadurch bedingte Anwachsen der Gold- und Devisenreserven

[22] Erst seit Frühjahr 1955 besteht für das Zentralbanksystem die Möglichkeit, seine Ausgleichsforderungen in Schatzwechsel oder Schatzanweisungen umzutauschen und am offenen Markt anzubieten. Dies ist auch in erheblichem Umfang in den folgenden Jahren geschehen.

sind jedoch vorwiegend auf außerhalb der wirtschaftlichen Tätigkeit Westdeutschlands zu suchende Ursachen — insbesondere auf die internationale Preisentwicklung — zurückzuführen[23].

Ausgelost wurden diese Preisbewegungen auf den Weltmärkten Ende 1950 mit Ausbruch des Korea-Konfliktes, der durch zunehmende Rüstungsproduktion in der Welt eine stärkere Nachfrage nach Rohstoffen und Fertigerzeugnissen zur Folge hatte und zu einer Preishausse führte, in deren Verlauf sich die Einfuhrwaren in Deutschland (Rohstoffe) vorerst stärker verteuerten als die Ausfuhrgüter (Fertigwaren). Obwohl diese Preisbewegungen schon im Frühjahr 1951 ihr Ende fanden, ergab sich noch für das gesamte Jahr 1951 gegenüber dem Jahre 1950 eine Verschlechterung des Austauschverhältnisses. Der Passivsaldo im Waren- und Dienstleistungsverkehr für das gesamte Jahr 1951 wäre demnach noch größer geworden als in den Vorjahren, wenn nicht ebenfalls als Folge der politischen Situation die Nachfrage nach deutschen Erzeugnissen zugenommen hätte. Westdeutschland konnte 1951 den Kreis seiner ausländischen Absatzmärkte erweitern und seine Stellung im internationalen Handel festigen. Infolge stärkerer Nachfrage des Auslandes und restriktiver inländischer Konjunkturmaßnahmen (Entliberalisierung, Zollerhöhung usw.[24]) konnte im Jahre 1951 ein Überschuß im Außenhandel von 1,5 Mrd. DM erzielt werden, der bei Preisstabilität auf dem Weltmarkt um 13 vH größer gewesen wäre.

Durch den Rückgang der Rohstoffpreise am Weltmarkt ab Frühjahr 1951 fielen die Einfuhrpreise in Deutschland von 127 (1951) auf 102 (1954)[25]. Diese relative Verbilligung der Importe wirkte sich jedoch auf die von Deutschland exportierten Fertigwaren nur in geringem Umfang aus. Die Ausfuhrpreise erreichten — anders als die Einfuhrpreise — erst 1952 ihren Höhepunkt (131) und gingen danach nur auf 118 (1954) zurück. Aus der Differenz zwischen Einfuhr- und Ausfuhrpreisentwicklung ergab sich für die Bundesrepublik ein Vorteil in den Austauschrelationen, aus dem sich ein großer Teil der Überschüsse im Außenhandel erklärt. In den letzten drei Berichtsjahren, also 1958, 1959 und 1960, hat sich diese Differenz noch vergrößert. Die Verbesserung der terms of trade ge-

---

[23] In ihrem Wirtschaftsbericht vom Dezember 1953, S. 6, erklärt die Rhein-Main-Bank (Dresdner Bank): „Die fortgesetzte Zunahme des Ausfuhrüberschusses ist demnach — wie zum Teil bereits im Vorjahr — nicht mehr auf eine mengenmäßige Verschiebung im Verhältnis der Gesamteinfuhr zur Gesamtausfuhr zurückzuführen. Sie erklärt sich vielmehr aus der anhaltend günstigen Entwicklung der ‚terms of trade'."

[24] Die Liberalisierung der Einfuhr wurde nach verschiedenen, den Warenbezug aus dem Auslande erschwerenden Maßnahmen am 26. 2. 1951 völlig ausgesetzt; danach wurden am 1. 10. 1951 die Zölle erhöht. Mit Beginn des Jahres 1952 sind die verschärften Einfuhrmaßnahmen wieder gelockert worden.

[25] 1950 = 100 ; Quelle: Deutsches Institut für Wirtschaftsforschung, Berlin, Vierteljahreshefte, Jahrgang 1957, Heft 3.

wann mithin in diesen Jahren für die Gestaltung der Handelsbilanz Westdeutschlands noch an Bedeutung. Hätten die Einfuhr- und Ausfuhrpreise sich seit 1950 nicht geändert, so würde die Handelsbilanz im Jahre 1960 statt eines Aktivsaldos von 8,6 Mrd. DM einen Passivsaldo von 1,4 Mrd. DM aufgewiesen haben.

Das Anschwellen der Devisenreserven beim Zentralbanksystem von 1951 ab löste einen Geldstrom aus, dessen Umfang selbst den bei dem anhaltenden binnenwirtschaftlichen Aufschwung vorhandenen erhöhten Geldbedarf der Kreditinstitute erheblich überstieg. In den folgenden Jah-

Tabelle 1a: **Saldo der Warenbilanz Westdeutschlands in Mrd. DM**

	Zu jeweiligen Preisen	Preisbereinigt 1950 = 100
1950	— 2,3	— 2,3
1951	+ 1,5	+ 1,7
1952	+ 2,2	+ 0,8
1953	+ 3,7	+ 1,0
1954	+ 3,9	+ 1,0
1955	+ 3,2	+ 0,2
1956	+ 5,7	+ 1,7
1957	+ 7,4	+ 2,4
1958	+ 7,5	+ 0,6
1959	+ 7,8	— 0,6
1960	+ 8,6	— 1,4

Quellen: Geschäftsbericht der Deutschen Bundesbank für das Jahr 1957, S. 141, Monatsbericht der Deutschen Bundesbank, März 1961, S. 20 f. und Vierteljahreshefte des Deutschen Instituts für Wirtschaftsforschung, Jg. 1957, H. 3, S. 290, Jg. 1958, H. 2, S. 150, Jg. 1960, H. 4, S. 342 und Jg. 1961, H. 1, S. 48.

ren zeigte sich sehr deutlich, daß ein Geldzustrom nicht immer auch zu einer Zunahme der Zentralbankgeldmenge zu führen braucht. Im Jahre 1952 zum Beispiel flossen rund 3,3 Mrd. DM als Gegenwert der von der Notenbank angekauften Gold- und Devisenbeträge zu den Banken und in die übrige Wirtschaft. Dort wurden jedoch nur rund 1,7 Mrd. DM für die Erhöhung der Kassenbestände und der Zentralbankguthaben benötigt. Diese Menge dürfte annähernd der erhöhten Umsatztätigkeit in der Wirtschaft angemessen gewesen sein. Der „zuviel" in den Wirtschaftskreislauf geflossene Betrag von rund 1,6 Mrd. DM wurde fast ausschließlich von den Kreditinstituten dazu verwendet, ihre Schulden bei der Notenbank (insbesondere Indossamentsverbindlichkeiten) abzubauen. Aber auch die Öffentliche Hand, die infolge steigender Steuereinnahmen von den gestiegenen Umsätzen in der Wirtschaft und der liquiden Verfassung der Unternehmen profitierte, begann bereits, ihre kurzfristigen Schulden bei der Notenbank abzubauen. Und schließlich ging auch die

Notenbank selbst dazu über, ihren vor allem im Jahre 1950 erworbenen bescheidenen Bestand an Wertpapieren am offenen Markt zu verkaufen.

Ein ähnliches Bild bot sich auch in den folgenden Jahren: Die Gold- und Devisenzuflüsse waren der bestimmende Faktor der Geldversorgung sowie der Zinstendenzen am Geldmarkt und damit sekundär auch am Kapitalmarkt[26]. Die den Zentralbankgeldbedarf der Kreditinstitute und der übrigen Wirtschaft übersteigenden Beträge wurden in der Hauptsache zu einem Schuldenabbau der Kreditinstitute und der Öffentlichen Hand bei der Bundesbank benutzt. Die Kreditinstitute haben ihre Schulden bei der Notenbank in einem so starken Umfange reduziert, daß die Verbindlichkeiten ab Mitte 1953 geringer waren als die mit den wachsenden Einlagen der Kreditinstitute ständig zunehmenden Mindestreser-

[26] Die Verflüssigung der Kreditinstitute und der übrigen Wirtschaft als Folge der Überschüsse im Außenhandel tritt bei einer Wirtschaft, die feste Wechselkurse hat, unabhängig von der institutionellen Organisation der Devisenabrechnung ein. In Deutschland wird der Zustrom und seine Auswirkung auf die Liquidität besonders deutlich, da die Notenbank die Devisen selbst ankauft. Nicht ganz so sichtbar ist dieser Effekt dort, wo die angebotenen Devisen — wie z. B. in den USA — nicht von der Notenbank, sondern vom Schatzamt erworben werden und mit einem auf ein bereits bestehendes Konto des Schatzamtes bei der Notenbank (Federal Reserve System) gezogenen Scheck bezahlt werden. Im allgemeinen werden diese Schecks den Kreditinstituten zur Gutschrift übergeben, die sie ihrerseits dem Federal Reserve System einreichen. Dadurch nehmen — bei verringerten Guthaben des Schatzamtes — theoretisch die Guthaben der Kreditinstitute zu. Praktisch wird das jedoch nur der Fall sein, wenn die Kreditinstitute noch Mindestreserveverpflichtungen zu erfüllen haben. Sobald das nicht der Fall ist, werden die Banken versuchen, die gutgeschriebenen Beträge zinstragend anzulegen, d. h. unter Zugrundelegung amerikanischer Verhältnisse wahrscheinlich in erster Linie in Schatzwechseln des Federal Reserve System. Dieser Fall zeigt, wie wenig Aussagekraft eine Veränderung der Geldmenge bei der Notenbank im Hinblick auf güterseitige und monetäre Vorgänge hat. Denn obwohl ceteris paribus Außenhandelsüberschüsse vorhanden waren, die zu einer Verflüssigung der Wirtschaft und der Banken geführt haben, ist die Zentralbankgeldmenge gesunken, und zwar infolge Abnahme der öffentlichen Sichtguthaben (bei gleichzeitiger Verringerung des Bestandes an Schatzwechseln). Von einem kontraktiven Prozeß kann hierbei keine Rede sein. Nur wenn die Kreditinstitute ihre Reserven auf Grund der ihnen angebotenen Schecks bei der Notenbank erhöhen oder wenn — was allerdings selten vorkommen dürfte — die Inhaber solcher Schecks sie der Notenbank direkt anbieten und sich Noten auszahlen lassen, tritt keine Verringerung der Zentralbankgeldmenge ein. Der äußere Unterschied in den Notenbankbilanzen in Deutschland und den USA bei zufließenden Gold- und Devisenguthaben (Deutschland: Verflüssigung bei unveränderter oder steigender Zentralbankgeldmenge; USA: Verflüssigung bei sinkender oder unveränderter Zentralbankgeldmenge) hält jedoch nur solange an, wie die Öffentliche Hand in den USA über Zentralbankguthaben verfügt. Sind diese bei anhaltendem Gold- und Devisenzufluß erschöpft, so müssen sie wieder aufgefüllt werden. Das geschieht dadurch, daß das Schatzamt dem Federal Reserve System auf Grund des erworbenen Goldes Goldzertifikate verkauft, die die Notenbank der Öffentlichen Hand gutschreibt. Sobald dies geschieht, besteht auch im äußeren Bilanzbild kein Unterschied mehr zur deutschen Praxis der Gold- und Devisenankäufe.

Vgl. hierzu *Samuelson,* Paul, A.: „Volkswirtschaftslehre“, 2. Aufl., Köln, 1955, S. 324 f.

ven der Banken bei der Notenbank. Somit wurden die Banken in einer Zeit wirtschaftlichen Aufschwungs, der zum größten Teil mit Bankkrediten finanziert wurde, Gläubiger des Zentralbanksystems. Das änderte sich auch nicht, als vorübergehend bei geringerem Devisenzustrom im Jahre 1955 die Refinanzierung wieder anstieg. Die im Jahre 1956 einsetzende Gold- und Devisenschwemme ließ die Verschuldung der Banken bei der Notenbank sehr rasch sinken. Die geringe Zunahme der Refinanzierung in den Jahren 1959 und 1960 deckte Liquiditätsverluste bei den Banken, die durch Transaktionen der Öffentlichen Hand bzw. durch verstärkte Offenmarkt-Operationen entstanden waren.

Der Rückgang der öffentlichen Verschuldung gegenüber dem Zentralbanksystem war von 1955 ab aber nicht allein auf die günstige Kassenlage des Fiskus, sondern vor allem auf Offenmarkt-Operationen zurückzuführen. Seit diesem Jahr wurde der Bank deutscher Länder nämlich gestattet, ihren Bestand an Ausgleichsforderungen in Schatzwechsel und unverzinsliche Schatzanweisungen umzutauschen und am offenen Markt zu verkaufen. Ende 1960 hatte die Deutsche Bundesbank, die Rechtsnachfolgerin der Bank deutscher Länder, von dem ursprünglichen Bestand an Ausgleichsforderungen in Höhe von 8,7 Mrd. DM 5,2 Mrd. DM verkauft. Die Kredite im engeren Sinne (Schatzwechsel und Kassenvorschüsse ohne Ausgleichsforderungen), die die Bundesbank der Öffentlichen Hand gewährt hatte, betrugen Ende 1960 nur 1,60 Mrd. DM. Damit hatten Bund, Länder, die öffentlichen Sondervermögen sowie Bundespost und Bundesbahn knapp 20 vH ihres Kreditlimits bei der Deutschen Bundesbank in Anspruch genommen[27].

Die übrigen Veränderungen im Aktivgeschäft der Deutschen Bundesbank waren für die Neutralisierung des Gold- und Devisenzustroms ohne große Bedeutung. Die Direktkredite an die Wirtschaft hatten nur einen geringen Umfang, denn sie durften nur von den Landeszentralbanken der französisch besetzten Zone gewährt werden. Bis 1953 hatte ihr Bestand noch leicht zugenommen und somit den Geldstrom in die Wirtschaft geringfügig erhöht. Seit 1955 wurden diese Kredite abgebaut

---

[27] Die Kreditlinien, die die Deutsche Bundesbank dem Bund, Ländern, Sonderfonds und öffentlichen Betrieben eingeräumt hat, beliefen sich Ende 1960 auf insgesamt 8,46 Mrd. DM. Nach § 20 Abs. 1 des Gesetzes über die Deutsche Bundesbank vom 26. Juli 1957 (BGBl. I S. 745 ff.) entfallen von diesem Betrag auf die Kreditlinien des Bundes 3,00 Mrd. DM, der Länder 1,08 Mrd. DM (20 Deutsche Mark je Einwohner nach der letzten amtlichen Volkszählung; in Berlin, Hamburg und Bremen dagegen 40 Deutsche Mark je Einwohner) und Bundesbahn, Bundespost, Ausgleichsfonds und ERP-Sondervermögen zusammen 0,85 Mrd. DM. Die Deutsche Bundesbank kann ferner zur Erfüllung der Verpflichtungen des Bundes als Mitglied internationaler Organisationen Kredite gewähren: an den Internationalen Währungsfonds bis zu 3,31 Mrd. DM, an den Europäischen Fonds bis zu 0,18 Mrd. DM (im Juni 1961 auf 0,21 Mrd. DM erhöht) und an die Internationale Bank für Aufbau und Entwicklung 0,04 Mrd. DM.

Tabelle 2: Die Geldversorgung durch die Deutsche Bundesbank
(Veränderungen in Mrd. DM)

	1949	1950	1951	1952	1953	1954	1955	1956	1957	1958	1959	1960
1. *Auslandsaktiva*	*—1,95*	*+0,65*	*+2,37*	*+3,34*	*+3,53*	*+2,77*	*+1,99*	*+4,60*	*+5,09*	*+3,07*	*—1,91*	*+8,10*
Geldexport d. Kreditinstitute	—0,06	—0,32	—0,01	+0,20	—0,03	—0,03	—0,07	—0,06	—0,40	—0,26	—1,50	+1,22
Übrige Auslandsaktiva	—1,89	+0,97	+2,38	+3,14	+3,56	+2,80	+2,06	+4,66	+5,49	+3,33	—0,41	+6,88
2. *Mittelbereitstellung an die Öffentliche Hand*	*+1,10*	*+0,90*	*—0,24*	*+0,10*	*+0,06*	*+0,29*	*+0,16*	*—0,01*	*+0,02*	*+0,39*	*+0,69*	*+0,23*
Kredite [a]	+0,40	+0,64	—0,54	—0,18	—0,10	+0,22	+0,08	—0,10	—0,06	+0,41	+0,59	+0,15
Münzgutschriften	+0,04	+0,14	+0,29	+0,29	+0,13	+0,06	+0,05	+0,08	+0,06	+0,06	+0,08	+0,09
Ausgleichsforderungen [b]	+0,66	+0,12	+0,01	—0,01	+0,03	+0,01	+0,03	+0,01	+0,02	—0,08	+0,02	—0,01
3. *Direktkredite an die Wirtschaft*	*+0,01*	*+0,02*	*+0,02*	*+0,02*	*+0,02*	*+0,00*	*—0,01*	*—0,01*	*—0,09*	*—0,00*	—	—
4. *Offenmarktoperationen*	*+0,24*	*+0,45*	*+0,22*	*—0,21*	*—0,27*	*—0,13*	*—0,02*	*—0,53*	*—2,60*	*—0,39*	*+1,44*	*—2,16*
Langfristige Wertpapiere	+0,00	+0,35	—0,03	—0,07	—0,12	—0,04	—0,02	+0,05	+0,12	+0,03	—0,04	+0,09
Schatzwechsel u. ä.	+0,24	+0,10	+0,25	—0,14	—0,15	—0,09	+0,13	—0,20	+0,09	—0,25	+0,12	—0,10
Ausgleichsforderungen (Mobilisierungspapiere)	—	—	—	—	—	—	—0,13	—0,38	—2,81	—0,17	+1,36	—2,15
5. *Refinanzierung*	*+2,12*	*+1,24*	*+0,30*	*—1,52*	*—0,70*	*—0,03*	*+1,29*	*—1,47*	*—1,30*	*—0,67*	*+0,27*	*+0,61*
Inlandswechsel	+1,75	+0,97	+0,39	—1,28	—0,59	+0,06	+1,19	—1,32	—1,24	—0,65	+0,13	+0,43
Lombardkredite	+0,19	+0,01	—0,06	—0,05	—0,02	+0,03	+0,13	—0,14	—0,21	+0,01	+0,17	+0,19
Angekaufte Ausgleichsforderungen	+0,18	+0,26	—0,03	—0,19	—0,09	—0,12	—0,03	—0,01	+0,15	—0,03	—0,03	—0,01
Geschäftsvolumen	*+1,52*	*+3,26*	*+2,67*	*+1,73*	*+2,64*	*+2,90*	*+3,41*	*+2,58*	*+1,12*	*+2,40*	*+0,49*	*+6,78*
6. *Einlagen der Öffentl. Hand* [c]	*—0,14*	*+1,34*	*+0,68*	*+0,03*	*+1,06*	*+1,34*	*+0,82*	*+0,67*	*—2,73*	*—0,03*	*—2,55*	*+1,40*
7. *Einlagen der Wirtschaft*	*—0,02*	*+0,60*	*—0,54*	*—0,03*	*—0,05*	*+0,01*	*+0,02*	*+0,06*	*—0,04*	*—0,02*	*+0,01*	*+0,00*
8. *Einlagen der Kreditinstitute*	*—0,29*	*+0,58*	*+0,80*	*+0,27*	*+0,29*	*+0,66*	*+0,50*	*+0,70*	*+2,06*	*+1,13*	*+1,10*	*+3,70*
9. *Zahlungsmittelumlauf*	*+1,42*	*+0,67*	*+1,30*	*+1,56*	*+1,17*	*+0,86*	*+1,34*	*+0,95*	*+1,68*	*+1,59*	*+1,47*	*+1,51*
bei Nichtbanken	+1,41	+0,63	+1,14	+1,58	+1,15	+0,80	+1,29	+0,83	+1,60	+1,49	+1,40	+1,43
bei Banken	+0,01	+0,04	+0,16	—0,02	+0,02	+0,06	+0,05	+0,12	+0,08	+0,10	+0,07	+0,08
10. *Sonstige Positionen (netto)*	*+0,55*	*+0,07*	*+0,43*	*—0,10*	*+0,17*	*+0,03*	*+0,73*	*+0,20*	*+0,15*	*—0,27*	*+0,46*	*+0,17*
Geschäftsvolumen	*+1,52*	*+3,26*	*+2,67*	*+1,73*	*+2,64*	*+2,90*	*+3,41*	*+2,58*	*+1,12*	*+2,40*	*+0,49*	*+6,78*

Berechnet unter Zugrundelegung der Bankenstatistik der Bank deutscher Länder und der Deutschen Bundesbank.

a) Schatzwechsel u. ä., Kassenvorschüsse, Kredite an den Bund für Beteiligung an internationalen Einrichtungen. — b) Einschl. der Mobilisierungspapiere, die als Schatzwechsel oder unverzinsliche Schatzanweisungen verkauft werden. — c) Einschl. der zeitweilig in Ausgleichsforderungen angelegten Gelder.

und wirkten der Verflüssigung etwas entgegen. Mit dem Inkrafttreten des Gesetzes über die Deutsche Bundesbank sind Direktkredite des Zentralbanksystems an die Wirtschaft nicht mehr gestattet.

Die Möglichkeiten des Zentralbanksystems, von sich aus im Aktivgeschäft den durch Gold- und Devisenankäufe induzierten Geldstrom einzudämmen, waren gering; sie wurden jedoch weitgehend genutzt. So hat die Notenbank die in den Jahren 1949 und 1950 als Liquiditätshilfe angekauften Ausgleichsforderungen danach den Banken wieder zurückgegeben. Es handelte sich hierbei jedoch um verhältnismäßig unbedeutende Beträge. Die angekauften Ausgleichsforderungen sind Bestandteil der Refinanzierung; ihr Rückgang kommt in der Abnahme dieser Position mit zum Ausdruck.

Auch der Verkauf des größten Teils der 1950 erworbenen Wertpapiere war nur „ein Tropfen auf den heißen Stein". Diese Verkäufe kamen praktisch mangels vorhandenen Materials im Jahre 1956 zum Stillstand. Danach hat sich der Bestand an Wertpapieren sogar wieder etwas erhöht. Hierin ist jedoch keinesfalls eine Umkehr in der Offenmarkt-Politik zu erblicken, sondern vielmehr dürfte es sich bei dem vorhandenen Wertpapierbestand der Bundesbank größtenteils um den Gegenposten bestimmter Passivpositionen, insbesondere von Pensionsrückstellungen, handeln.

In den meisten der vergangenen Jahre war der Geldzustrom aus den Außenhandelsüberschüssen so umfangreich, daß trotz hoher Reagibilität der sonstigen Aktivpositionen der Rückgang der Refinanzierung, der öffentlichen Verschuldung, der Direktkredite und des Wertpapierbestandes nicht ausreichte, den über den Geldbedarf der Wirtschaft und der Banken hinausgehenden Betrag zu neutralisieren. Er mußte daher die Zentralbankgeldmenge erhöhen. Jedoch wurde hiervon der Notenumlauf am wenigsten berührt. Der überwiegende Teil des „Zuvielgeldes" fand auf dem Wege von der Notenbank über die Wirtschaft, deren Umsätze und Liquidität stark anstiegen, seinen Niederschlag auf den Konten der Öffentlichen Hand, da die Steuereinnahmen des Staates mit den rasch wachsenden Umsätzen ebenfalls schnell wuchsen. Im Laufe der Jahre 1951 bis 1956 wurden hier Milliardenbeträge „neutralisiert". Der danach in den Jahren 1957 bis 1959 sichtbare Rückgang der Guthaben der Öffentlichen Hand beruhte nicht auf einer Verwendung dieser Mittel in der westdeutschen Wirtschaft, sondern auf der Transferierung dieser Gelder in das Ausland, insbesondere zur Begleichung der deutschen Auslandsschulden. Dieser Abbau der Guthaben der Öffentlichen Hand und ihre Transferierung in das Ausland lassen den Zugang der Auslandsaktiva niedriger erscheinen, als er tatsächlich war und führten 1959 sogar zu einem Rückgang der Devisenbestände. Auch durch Erhöhung der Mindestreserven entzog das Zentralbanksystem den Banken von Zeit zu Zeit, insbesondere 1957 und 1960, erhebliche Beträge.

Auch hier wird wieder deutlich, daß eine steigende Zentralbankgeldmenge nicht immer expansive Tendenzen zu beinhalten braucht. Niemand würde wohl in dem Ansteigen öffentlicher Einlagen beim Zentralbanksystem inflatorische Gefahren gesehen haben. Im Gegenteil bedeutete die Neutralisierung dieser Gelder bei der Notenbank einen kontraktiven Einfluß des Staates in die Wirtschaft, wodurch ein großer Teil der expansiven Geldzuflüsse infolge des Gold- und Devisenankaufs kompensiert wurde. Auch die Erhöhung der Zentralbankgeldmenge durch Mindestreserveerhöhungen ist kein Zeichen einer expansiven Entwicklung, sondern ein kontraktiver Eingriff in die Liquidität der Kreditinstitute. Denn die Mindestreserven sind praktisch, da sie ja beim Zentralbanksystem gebunden sind, nicht für eine Kreditausleihung verwendbar.

Als in den Jahren 1957, 1958 und 1960 die Öffentliche Hand ihre Verteidigungsausgaben zu Lasten ihrer in früheren Jahren angesammelten Einlagen stark erhöhte und die umfangreichen Gold- und Devisenzuflüsse keinen Gegenposten mehr fanden, sondern der Geldzustrom aus dem Auslandsgeschäft durch die Kassendefizite der Öffentlichen Hand noch verstärkt wurde, sind die den Geldbedarf übersteigenden Beträge vor allem durch weitere Forcierung der Verkäufe von Geldmarktpapieren am offenen Markt (Verringerung der Verschuldung der Öffentlichen Hand bei der Notenbank) und durch Erhöhung der Mindestreservesätze, d. h. der Zentralbankeinlagen der Kreditinstitute, kompensiert worden.

2. Die Geldversorgung der Nichtbanken durch Kreditinstitute

a) Giralgeldschöpfung im deutschen Bankensystem

Das von der Notenbank geschaffene Zentralbankgeld deckt den Geldbedarf der Wirtschaft, insgesamt gesehen, nur in geringem Umfang. Zwar wird die Nachfrage der Öffentlichen Hand und der Kreditinstitute größtenteils durch Zentralbankgeld befriedigt, jedoch nicht die Nachfrage der sonstigen privaten Wirtschaft und auch nicht die vieler öffentlich-rechtlicher Unternehmungen. Selbst extrem hohe Gold- und Devisenzuflüsse oder Kassendefizite der Öffentlichen Hand reichen nicht aus, den gesamten Geldbedarf der Wirtschaft zu befriedigen. In allen Volkswirtschaften besteht daher neben dem Zentralbankgeld auch noch ein in der Regel größerer Block an Giralgeld, d. h. an Bankguthaben, die dem Zahlungsverkehr gewidmet sind[1] und „die die Inhaber berechtigen, diese nach Bedarf in Noten umzuwandeln"[2].

Dieses Giralgeld muß selbstverständlich auf irgendeinem Wege entstanden sein oder, wie der Ausdruck heißt, der die theoretischen Überlegungen zu diesem Problem bildhaft charakterisiert, „geschöpft" werden[3]. Um das Problem der Giralgeldschöpfung hat es ausgiebige Diskussionen gegeben, und obwohl man heute sagen darf, daß der Vorgang der Giralgeldschöpfung theoretisch geklärt ist, sind diese theoretischen Thesen jedoch keinesfalls Allgemeingut geworden, so daß man wohl noch etwas dabei verweilen muß.

Besondere Schwierigkeiten, die These der Wirtschaftstheoretiker zu übernehmen, daß Kreditschöpfung möglich sei, bereitet es vielfach gerade denen, die im Bankwesen tätig sind: den Bankiers. Diese Schwierigkeiten resultieren aus der Tatsache, daß der theoretische Lehrsatz der Giralgeldschöpfung den praktischen Erfahrungen der Bankiers widerspricht und gerade an diesem wichtigen Punkt auch heute noch eine große Lücke zwischen Theorie und Praxis klafft. Aber diese Wider-

---

[1] *Stucken*, R.: „Geld und Kredit", 2. Aufl., Tübingen, 1957, S. 55.

[2] *Lukas*, E.: „Aufgaben des Geldes", Stuttgart und Berlin, 1937, S. 233.

[3] Der Begriff „Schöpfung" findet in der Literatur allgemeine Verwendung. Allerdings weist H. *Rittershausen* „Bankpolitik", Frankfurt a. M., 1956, S. 97 ff., darauf hin, daß der Begriff der Schöpfung ein Schaffen aus dem Nichts bedeutet: „Nur Gott ist in der Lage, aus dem Nichts zu schöpfen." Aber auch Rittershausen benutzt später diesen Begriff, jedoch nur, „um zu zeigen, daß er den richtigen Kern dieser Lehre bejaht".

sprüche zwischen praktischer Erfahrung und theoretischer Erkenntnis sind doch nur scheinbar, und zwar deshalb, weil, wie so oft in der Nationalökonomie, der makroökonomische Verlauf auf einem Gebiet der Wirtschaft nicht identisch ist mit der Summe der mikroökonomischen Abläufe in den einzelnen Unternehmungen. So kann auch in diesem Fall festgestellt werden, daß es zwar keine Giralgeldschöpfung in einer einzelnen Bank gibt, sehr wohl dagegen aber im gesamten Geschäftsbankensystem. Es soll daher auch zuerst gezeigt werden, warum die praktischen Erfahrungen der Bankiers sich grundsätzlich nicht mit den theoretischen Überlegungen — soweit es sich um eine Einzelbank handelt — zu decken scheinen, und erst danach soll kurz angedeutet werden, auf welchem Wege das für die Geldversorgung der Wirtschaft wichtige Giralgeld entsteht.

Die einzelne Bank kann — so sieht das im allgemeinen der Bankier — nur ausleihen, was ihr an flüssigen Mitteln zur Verfügung steht; d. h., was ihr von Bankkunden an Mitteln anvertraut wird[4] oder durch Verschuldung beim Noteninstitut beschafft werden kann. Kreditgewährung einer einzelnen Bank bedeutet entsprechende Verringerung der Barreserve bzw. ihrer Guthaben bei anderen Banken und gleichzeitig Erhöhung ihrer Forderungen an Nichtbanken. Die Summe der Einlagen und somit auch der Umfang des Giralgeldes bei dieser einen Bank werden durch den Vorgang der Kreditgewährung nicht berührt. Giralgeldschöpfung durch Kreditgewährung ist daher eine These, die auf das Kreditgeschäft einer Einzelbank nicht recht paßt.

Die Zunahme der Geldströme infolge Kreditgewährung, also die Giralgeldschöpfung der Kreditinstitute, wird erst bei einer zusammenfassenden Betrachtung aller Banken deutlich[5]. Ein Kredit, der von einer Bank gewährt wurde, wird nämlich vom Kreditschuldner meist dazu benutzt, Zahlungsverpflichtungen gegenüber einem Dritten abzudecken. Das geschieht in der Regel auf dem Wege der Überweisung auf das Konto des Dritten bei einer anderen oder sogar der gleichen Bank. Die im Aktivgeschäft durch Kredit zur Verfügung gestellten Gelder finden dadurch überwiegend simultan, d. h. ohne zeitliche Verzögerung, im Bankensystem wieder ihren Niederschlag. Dem Kreditzuwachs auf der einen Seite steht somit ein Einlagenzuwachs auf der anderen Seite gegenüber,

---

[4] Hierzu gehören nicht nur Einlagen von Nichtbanken, sondern auch aufgenommene Mittel, umlaufende Schuldverschreibungen (Kapitalmarktmittel) und durchlaufende Gelder, soweit sie von Wirtschaftsunternehmen und Privaten oder der Öffentlichen Hand zur Verfügung gestellt worden sind.

[5] *Jome*, H.: „Principals of Money and Banking", Homewood, Ill., 1957, S. 97 f.: The typical commercial bank „not only furnishes a way to transfer already existing funds from one person to another, but, as a part of the banking system, it may be instrumental in making funds available which were not in existence before. In short, the commercial banks as a system may create purchasing power".

der Gesamtbetrag an flüssigen Mitteln bleibt, absolut gesehen, unverändert. Im gesamten Bankensystem äußert sich eine Kreditgewährung — soweit der gewährte Betrag auf ein anderes Konto überwiesen wird — also in einer Ausdehnung der Bilanzen, d. h. in einer gleichzeitigen Zunahme von Debitoren und Kreditoren[6]. O. *Veit* weist darauf hin, daß die Banken dabei zugleich Gläubiger und Schuldner werden[7].

---

[6] Man mißt die Giralgeldschöpfung im allgemeinen an dem Verhältnis zwischen Zunahme oder Abnahme der Giralgeldeinlagen und den Bestandsveränderungen an Zentralbankgeld bei den Kreditinstituten. Bei einer Zunahme des Zentralbankgeldes um beispielsweise 100 und der Giralgeldmenge um 500 beträgt die Meßziffer, d. h. der Giralgeldmultiplikator, 5; in diesem angenommenen Fall müssen die Banken also für 400 Kredite gewährt haben, d. h. sie haben vier Fünftel ihrer Neuzugänge wieder ausgeliehen. *Samuelson* projiziert diesen Tatbestand nun auf die Einzelbank und vertritt die Meinung, daß also doch auch eine Einzelbank Geld schöpfen könne. In der dritten Auflage seines Buches „Volkswirtschaftslehre" (2. Auflage der deutschen Übersetzung), Köln, 1955, S. 293, heißt es: „Wie wir gesehen haben, kann die Einzelbank Geld schöpfen, und zwar im Verhältnis 5 : 1 (oder genauer 1 : $^1/_5$). Sie tut es jedoch nicht, indem sie — was ganz unmöglich wäre — das Fünffache ihrer Einlagen ausleiht; sondern indem sie vier Fünftel ihrer Neuzugänge anlegt. Nach Abgang dieser vier Fünftel verbleibt ihr noch ein Fünftel als Kassenreserve. Das reicht jedoch aus, um das Fünffache an Scheckeinlagen zu decken." An der sachlichen Richtigkeit dieser Worte besteht kein Zweifel. Es ist jedoch fraglich, ob diese Feststellung zur Klärung des Giralgeldschöpfungsvorganges beitragen kann, da für den mit den komplexen Vorgängen der Geldentstehung weniger Vertrauten wahrscheinlich schwerer einzusehen ist, wie bei gleichbleibenden Krediten (der Einzelbank) die Geldmenge gestiegen sein soll.

Zur Darstellung der Kreditschöpfung vgl. die ausführlichen Darstellungen bei *Stucken*, R.: „Geld und Kredit", Tübingen, 1957, S. 53 ff. sowie die Kritik zur Kreditschöpfung bei *Rittershausen*, H.: „Bankpolitik", Frankfurt a. M., 1956, S. 103 f. Eine vergleichende Übersicht zu den Arbeiten von Stucken und Rittershausen gibt R. *Büchner* in seinem Aufsatz „Die Ordnung der Geldwirtschaft" im Finanzarchiv Band 18 (1958) H. 2, S. 326 ff. Vgl. auch *Hahn*, L. A.: „Geld und Kredit", Tübingen, 1924, S. 46 ff., „Volkswirtschaftliche Theorie des Bankkredits", 3. Aufl., Tübingen, 1930, S. 44 ff. und „Wirtschaftswissenschaft des gesunden Menschenverstandes", Frankfurt a. M., 1954, S. 114 ff.

[7] Vgl. *Veit*, O: „Volkswirtschaftliche Theorie der Liquidität", Frankfurt a. M., 1948, S. 48 f.

Schneider, E.: „Einführung in die Wirtschaftstheorie", 3. Aufl. Teil III, Tübingen, 1955, S. 19 ff., unterscheidet scharf zwischen den Begriffen Geldschöpfung und Kreditschöpfung. Das wird an einem seiner Beispiele — Geldschöpfung auf Grund vorheriger Kreditschöpfung — besonders deutlich. Eine Kreditschöpfung liegt danach bereits bei dem Entstehen einer Forderung zwischen zwei Subjekten vor (z. B. Bezahlung durch Wechsel). Die Entstehung der neuen Kreditkette „bedeutet eine Erhöhung der volkswirtschaftlichen Kreditsumme, stellt also eine Kreditschöpfung dar". Die Diskontierung dieses Wechsels durch ein Kreditinstitut berührt die volkswirtschaftliche Kreditsumme dann nicht mehr, wohl aber erhöht sich mit der Diskontierung die Zahlungsmittelmenge. „Die Geldschöpfung hat auf der Grundlage einer vorherigen Kreditschöpfung stattgefunden." Schneider unterscheidet ferner noch die Fälle einer Geldschöpfung ohne vorherige Kreditschöpfung uno acto und Kreditschöpfung ohne Geldschöpfung.

In dieser Arbeit soll der Begriff der Kreditschöpfung auf die Entstehung eines zusätzlichen Mittelaufkommens bei den Kreditinstituten beschränkt werden.

Einer unendlichen Ausweitung des Kreditvolumens — wie sie bei dem geschilderten Ablauf möglich wäre — sind jedoch ex institutione Grenzen gesetzt. Selbst wenn man unterstellt, daß die gesamten von Kreditinstituten ausgeliehenen Mittel in vollem Umfang wieder den Banken zufließen — was in der Wirklichkeit nicht geschieht —, verschlechtert sich durch die Kreditgewährung das Verhältnis zwischen flüssigen Mitteln und Verbindlichkeiten, sofern allerdings nicht durch bestimmte güterseitige Vorgänge zusätzliches Zentralbankgeld zu den Banken strömt. Ein Teil der flüssigen Mittel ist überdies nicht frei verfügbar, da in Ländern mit Mindestreservepflicht die durch Kreditgewährung entstandenen Einlagen in einem von der Notenbank bestimmten Umfang zur Erhöhung der Mindestreserve bei der Zentralbank benutzt werden und dort gebunden sind. Die Banken müssen stets darauf achten, in einem bestimmten Umfang zu ihren Verbindlichkeiten flüssige Mittel frei verfügbar zu haben, um eventuellen Zahlungsverpflichtungen nachkommen zu können. Die Zunahme des Kreditvolumens wird somit zu einem Problem ständiger Zahlungsbereitschaft, d. h. eines ausreichenden Bestandes verfügbarer Mittel. Oder anders ausgedrückt: „Die Höhe der Überschußreserve bestimmt den Kreditspielraum[8].“ Nur solange die Notenbank als Quelle des Zentralbankgeldes bereit ist, den Kreditinstituten die notwendigen flüssigen Mittel bereitzustellen, ist eine ständige Erweiterung des Kreditvolumens möglich[9].

b) Giralgeldschöpfung in angelsächsischen Ländern

Wenn die Theorie der Giralgeldschöpfung in Deutschland relativ schwer Eingang gefunden hat, so war das hauptsächlich darauf zurückzuführen, daß die Kreditschöpfung zuerst in angelsächsischem Schrifttum — auf der Grundlage der in diesen Ländern üblichen Buchungstechnik — behandelt wurde, deren Darstellungsformen deutsche Autoren meist ohne Hinweis auf die unterschiedliche deutsche Bankpraxis übernahmen[10].

---

[8] *Schneider*, E.: „Einführung in die Wirtschaftstheorie“, Tübingen, 1952, Teil III, S. 33.

[9] Die Einflüsse güterseitiger Faktoren auf die Geldversorgung durch die Zentralbank kann eine vollständige Kontrolle der Geldströme durch die Notenbank verhindern, da die vom Außenhandel oder der Kassengebarung der Öffentlichen Hand induzierten Geldströme von der Bereitschaft der Notenbank, den Nichtbanken Geld zur Verfügung zu stellen oder zu entziehen, unabhängig ist. Stehen die kreditpolitischen Forderungen der Zentralbank den Wirkungen der güterseitigen Automatik der Geldschöpfung entgegen, kann die Notenbank versuchen, durch kreditpolitische Maßnahmen — vor allem durch Veränderung der Mindestreservesätze oder durch Offenmarkt-Operationen — die güterseitig induzierten Geldströme zu beeinflussen.

[10] Vgl. *Gestrich*, H.: „Kredit und Sparen“, Bad Godesberg, 1947, S. 100: „Bei der angelsächsischen Buchungsmethode wird der Vorgang der Giral-

In Großbritannien, den USA, Frankreich und verschiedenen anderen Ländern wird ein Kredit bereits bei der Zusage verbucht, während in Deutschland ein Kredit erst in die Bilanz eingeht, wenn er in Anspruch genommen wird. Dieser rein buchungstechnische Unterschied in der Bilanzierung von Krediten in angelsächsischen Ländern gegenüber der deutschen Buchungsmethode führt in der angelsächsischen Literatur zu einer Darstellung der Kreditschöpfung, die in Deutschland das Verständnis für diese Probleme erschwert und teilweise sogar zu Mißverständnissen führt. Bei der gegebenen Buchungsmethode ist es in angelsächsischen Ländern ausreichend, die Kreditschöpfung ungefähr wie folgt zu skizzieren: Gewährt eine Bank einen Kredit, so erkennt sie ein kreditorisches Konto und belastet ein debitorisches, d. h. sie erweitert ihre Bilanz. Damit sind auf dem Wege der Kreditgewährung Einlagen entstanden, die ihren Gegenposten in einer Forderung gegenüber dem Kunden haben. In diesen Ländern kann man daher auch zwischen sogenannten echten Einlagen, nämlich denjenigen, die vom Kunden der Bank überlassen wurden, und unechten Einlagen, die durch Kreditgewährung entstanden sind, unterscheiden.

In Deutschland wird — wie erwähnt — der Kredit erst verbucht, wenn er in Anspruch genommen wird. In diesem Fall werden dann immer zum Zwecke der Überweisung oder Zahlung Barmittel (Kasse, Postscheck, Guthaben beim Zentralbanksystem oder Nostroguthaben) benötigt. Buchmäßig berührt eine Kreditgewährung in Deutschland die Bilanz also nur auf der Aktivseite. Die mit der Überweisung der Zahlung an den Kreditnehmer abnehmenden Barmittel werden durch Forderungen gegenüber dem Kreditnehmer ersetzt. Die Kreditschöpfung wird somit auch nicht bei der kreditgewährenden Bank sichtbar, sondern erst bei anderen Banken, bei denen sich die auf Grund des Kredites dem Kunden gegebenen Barmittel niederschlagen. Es ist darum in Deutschland auch nicht möglich — selbst nicht theoretisch —, zwischen echten und unechten Einlagen zu unterscheiden, denn jede den Kreditinstituten gegebene Einlage stammt von Bankkunden[11]. Eine Aufgliederung in echte und

---

geldschöpfung deutlicher. Deswegen wird sie bei der Darstellung der modernen Kredittheorie meist in den Beispielen angewandt, um dem Leser das Verständnis zu erleichtern."

[11] *Forstmann*, A.: „Geld und Kredit", Teil I, Göttingen, 1952, S. 120, z. B. hält dagegen an einer Trennung zwischen echten und unechten Einlagen fest: „Sowie die seitens der Banken in Giralgeldform zur Verfügung gestellten Kredite aus den bei ihnen befindlichen und aus Einzahlungen der Deponenten herrührenden Geldkapitalien gewährt werden, handelt es sich um eine ‚Vermittlung' von Kredit, und das entstehende Giralgeld kann daher seiner Genesis entsprechend als ‚Geldkapitalgiralgeld' bezeichnet werden. Gehen die Aktivgeschäfte der Banken hingegen über ihre Passivgeschäfte hinaus, d. h. erteilen die Banken Gutschriften über die ihnen seitens ihrer Einleger zur Verfügung gestellten und aus eigenen Mitteln stammenden Beträge hinaus, so entstammt das geschöpfte Giralgeld dem ‚zusätzlichen' Kredit, und

unechte Einlagen ist auch unter der Voraussetzung angelsächsischer Banktechnik unzweckmäßig, da jede Einlage — auch die vom Kunden der Bank gebrachte — entweder auf der Geldschöpfung der Notenbank oder der Kreditschöpfung der Kreditinstitute beruht.

Eine Kreditschöpfung findet in beiden Fällen statt, sowohl bei der englischen wie auch bei der deutschen Buchungsmethode. In angelsächsischen Ländern ist sie jedoch bei der Zusage des Kredites sichtbar. Wird der Kredit in England in Anspruch genommen, so verschwinden bei der den Kredit gewährenden Bank die bei der Kreditzusage entstandenen Einlagen und ein entsprechender Teil der Barmittel. Die verbleibende Forderung an den Kunden tritt jetzt an die Stelle der abgegebenen Barmittel, d. h. vom Zeitpunkt der Inanspruchnahme des Kredites an vollzieht sich auch buchmäßig derselbe Vorgang wie in Deutschland.

Es ist also abwegig, wie in der Literatur teilweise behauptet wird, daß die Kreditschöpfung vom Buchungssystem abhängig sei[12]. Jedoch scheint der Weg, die Kreditschöpfung in der deutschen Literatur zu erklären, wie sie sich in den angelsächsischen Ländern bei einem zugesagten Kredit abspielt, für das Verständnis der Sache wenig förderlich.

c) Anmerkungen zur Theorie der Giralgeldschöpfung

Die These, daß die Gewährung eines Kredites im Bankensystem zu der Entstehung einer gleich großen Passivposition — dem Giralgeld — in den Bankbilanzen führt, daß also mit einer Kreditgewährung die Bankbilanzen wachsen, bedarf einerseits einiger Modifikationen und hat zum anderen Konsequenzen für die Definition des Begriffes Geld. Die Theorie der Giralgeldschöpfung in der dargelegten Form ist nämlich nur dann richtig, wenn ein Bankschuldner an einen Bankgläubiger einen Betrag überweist. Derjenige, der den Kredit aufnahm, war in diesem Augenblick Schuldner des Kreditinstituts, äußerlich sichtbar durch das Entstehen eines neuen debitorischen Postens in der Bankbilanz. Wird der Kredit dazu benutzt, auf das Konto eines Dritten überwiesen zu werden, d. h. entsteht mit der Kreditgewährung gleichzeitig eine Einlage, so bedeutet das, daß der Dritte Bankgläubiger war oder geworden ist. Wäre er nämlich ebenfalls Bankschuldner gewesen, so hätte die Überweisung des Kreditnehmers nicht zu dem Entstehen einer Einlage, sondern zur Rückzahlung eines Kredites durch den Zahlungsempfänger geführt. Ist also nicht nur der Kreditnehmer Bankschuldner, sondern auch der Zah-

---

das auf diese Weise entstandene Giralgeld kann als ‚zusätzliches Giralgeld‘ bezeichnet werden. Diese Unterscheidung ist natürlich nur theoretisch bedeutsam insofern, als dem einzelnen Guthaben ebensowenig wie der einzelnen Note anzusehen ist, welche Geldart jeweils repräsentiert wird.“

[12] *Reisch*, R.: „Die neue Geld- und Kreditpolitik“ in Zeitschrift für Nationalökonomie, Wien, Band 8 (1937), S. 413 ff.

lungsempfänger, so nimmt, insgesamt gesehen, weder das Kreditvolumen noch die Bilanzsumme noch das Giralgeld zu. Diese Positionen bleiben ebenfalls unverändert, wenn bei Überweisungen zwischen zwei Bankkunden beide Bankgläubiger sind. Der erste belastet das Sichtguthaben bei seiner Bank und überweist einen Betrag dem Dritten, der sich das Geld gutschreiben läßt. Überweist dagegen ein Bankgläubiger zu Lasten seiner Bankeinlagen an einen Bankschuldner, der den überwiesenen Betrag zur Kreditrückzahlung verwendet, so wird sowohl der Umfang der Einlagen wie der der Kredite und der Bilanzsumme abnehmen[13]. Dieser letzte Fall deckt sich wieder mit der „einfachen" Form der Theorie der Giralgeldschöpfung. Er ist die Umkehrung der These, daß eine zusätzliche Kreditgewährung zusätzliche Einlagen schaffe: Eine Verringerung der Einlagen kann also auch zu einer Verringerung des Kreditvolumens führen und v. v.

Es ist notwendig, an dieser Stelle eine terminologische Frage zu erörtern, nämlich den Begriff des Geldes. Wenn hier der Begriff der Geldschöpfung benutzt wurde, so ist zu prüfen, ob die Thesen der Theorie der Giralgeldschöpfung richtig sind im Hinblick auf die herrschende Definition des Begriffes Geld. Es ist in der Theorie überwiegend üblich, unter Geld neben den Noten und Münzen, also dem Bargeld, alle jene Bankguthaben zu verstehen, über die bar, mit einem Scheck oder auf dem Überweisungswege verfügt werden kann[14]. Hierzu zählen sämtliche Sichteinlagen bei der Zentralbank und den Geschäftsbanken. Wird der Begriff des Geldes so eng gezogen, sind die Thesen der Giralgeldschöpfungstheorie nicht immer zutreffend. Denn wird ein gewährter Kredit an einen Bankgläubiger überwiesen, so ist nicht von vornherein gesagt, daß der Bankgläubiger dieses Geld auf Sichtkonten gutschreiben läßt. Es ist ebensogut möglich, daß er es einem Terminkonto oder einem Sparkonto gutbringt, als sogenanntes aufgenommenes Geld zur Verfügung stellt oder eine Bankschuldverschreibung erwirbt. Auf jeden Fall verlängert sich die zusammengefaßte Bankbilanz aller Kreditinstitute. Die juristische Form der neugeschaffenen Guthaben ist dabei ökonomisch irrelevant. Alle diese Positionen entstehen auf dem Wege der Giralgeldschöpfung. Es ist also notwendig, den Begriff des „Geldes" auf alle Passivpositionen der Bankbilanz auszudehnen. Nur dann ist der Begriff des Geldes „systemgerecht", denn er ist das Spiegelbild des ihm auf der Aktivseite der Bankbilanzen gegenüberstehenden Begriffs Kredit. Auch hier ist eine enge Auslegung unzweckmäßig, denn nicht nur die Ver-

---

[13] Die Zusammenhänge zwischen Kreditgewährung und Gläubiger-Schuldner-Position sind ausführlich dargestellt worden von *Lautenbach,* W.: „Zins, Kredit und Produktion", hrsg. von W. Stützel, Tübingen, 1952, S. 48 ff.

[14] Vgl. hierzu u. a. *Lukas,* E.: „Aufgaben des Geldes", Stuttgart und Berlin, 1937, S. 236 ff. und *Samuelson,* P.: „Volkswirtschaftslehre", Köln, 1955, S. 270 ff.

änderungen der Aktivpositionen, die den Namen Kredit von vornherein führen, tragen zu Veränderungen der gesamten „Geldmenge" (gesamte Passivseite der zusammengefaßten Bilanz) bei, sondern auch die übrigen Positionen, die eine Mittelbereitstellung bedeuten, wie z. B. Wertpapiere und Beteiligungen. Den engeren Begriff des Geldes, der nur das Bargeld und den jederzeit verfügbaren Teil der Einlagen bei den Banken umfaßt, bezeichnet die empirische Wirtschaftsforschung und Praxis im allgemeinen als Geldvolumen[15]. Um in dieser Arbeit Mißverständnissen aus dem Wege zu gehen, soll die Summe aller Passivpositionen der Bankbilanz nicht als Geld, sondern als Mittelaufkommen und die Zurverfügungstellung von Geld durch die Banken nicht als Kredit, sondern als Mittelbereitstellung bezeichnet werden[16].

Schließlich ist noch darauf zu verweisen, daß die angeführten Thesen nur Gültigkeit haben, wenn Veränderungen des Kreditvolumens und der Einlagen zu Gunsten oder zu Lasten von Nichtbankenkonten vorgenommen werden. Im Zusammenhang mit der Giralgeldschöpfungsthese versteht man unter den Begriffen Kredit und Geldmenge auch nur Guthaben oder Schulden von Nichtbanken bei den Kreditinstituten, nicht dagegen aber die Bank-zu-Bank-Positionen. Diese Bank-zu-Bank-Positionen sind zwar aus einer sogenannten konsolidierten Bilanz entfernt, jedoch nicht aus den zusammengefaßten Bilanzen der Geschäftsbanken, wie sie diesem Abschnitt über die Geldversorgung durch Kreditinstitute zugrunde liegen. Hier ist der Fall denkbar, daß bei wachsendem Kreditvolumen und wachsenden Nichtbanken-Einlagen die Bilanzsummen der

---

15 Vgl. den Abschnitt „Geldvolumen und Geldkapital" dieser Arbeit.

16 Bei einer derartigen Abgrenzung der Begriffe Geld und Kredit sind zwei Fälle denkbar, bei denen sich eine Geldschöpfung innerhalb *eines* Kreditinstitutes vollzieht: a) Mittelbereitstellung und Überweisung innerhalb einer einzigen Bank und b) der Akzeptkredit.

Zu a): Gewährt eine Bank einem Kunden einen Kredit, der zur Überweisung auf das Konto eines Dritten verwendet wird, und dieses Konto des Dritten wird ebenfalls bei der kreditgewährenden Bank geführt, so vollzieht sich der Vorgang der Entstehung eines zusätzlichen Mittelaufkommens — mit allen den oben angemerkten möglichen Varianten — bei einer einzelnen Bank. Bei Großbanken ist der Anteil der Kredit-Einlagenentstehung durch Überweisung im eigenen Hause bzw. im eigenen Filialnetz nicht unbeträchtlich.

Zu b): Bei der Gewährung eines Akzeptkredites ist der Vorgang der Geldschöpfung bei einer einzelnen Bank besonders deutlich. Bei der Gewährung des Akzeptkredites passiviert die kreditgebende Bank die sich aus den in den Umlauf gegebenen eigenen Akzepten resultierende Verbindlichkeit. Gleichzeitig wird eine Forderung an den Kunden aktiviert. Die Bankbilanz erweitert sich also um den Kreditbetrag. Allerdings wurde dabei dem Kunden kein Zentralbankgeld gegeben. Der Akzeptkredit ist zum Zeitpunkt der Gewährung ein bargeldloser Kredit. Er verdient den Namen Kredit nur deshalb, weil mit dem Akzept des Kreditinstitutes der in den Umlauf gegebene Wechsel einen höheren Liquiditätsgrad erhält. Solche Bankakzepte werden im allgemeinen zum Diskont eingereicht. Die Diskontierung von Bankakzepten ist ein von der Akzeptkreditgewährung getrennter Vorgang, der technisch wie ein Wechselkredit behandelt wird.

Kreditinstitute unverändert bleiben. Dies ist immer dann zu beobachten, wenn der gewährte Kredit zu Lasten der Nostroguthaben (Guthaben einer Bank bei einer anderen Bank) gegeben wird, denn der neu geschaffene Debitorenposten und die bei der Überweisung des Kredites an einen Bankgläubiger innerhalb des Bankensystems entstehenden Nichtbanken-Einlagen kompensieren gerade die Verringerung des Nostroguthabens und der Bank-zu-Bank-Einlagen, die diesem Nostroguthaben adäquat sind.

Diese Ausnahmen von der allgemeinen These der Giralgeldschöpfung sind besonders wichtig und beachtenswert im kurzfristigen Wirtschaftsverlauf, in dem die Bank-zu-Bank-Positionen stärker schwanken können. Zwar wird dadurch u. U. das Wachsen der Nichtbankenpositionen kompensiert, jedoch ändert das nichts an der Gültigkeit der Giralgeldschöpfungstheorie, nach der das Mittelaufkommen der Nichtbanken nur auf dem Wege der Mittelbereitstellung an Nichtbanken entstehen kann. Eine Zunahme dieses Mittelaufkommens ist dabei im allgemeinen während eines anhaltenden Wirtschaftswachstums zu beobachten. Man kann diesen monetären Vorgang auch so deuten: Im Wirtschaftsverlauf geht der Wachstumsprozeß mit einer Verschuldung eines Teiles der Wirtschaft — nämlich der Unternehmungen — einher.

d) Ergänzungen zum Giralgeldschöpfungsmultiplikator

Bei der Darstellung des Vorganges der Giralgeldschöpfung wurde bereits darauf hingewiesen, daß der Ausweitung des Kreditvolumens und damit des Mittelaufkommens Grenzen gesetzt sind, da die Banken stets einen Teil der ihnen zufließenden Mittel als Reserven halten müssen und da meist von den ausgeliehenen Geldern ein Teil in Barhorte außerhalb der Kreditinstitute verschwindet und nicht mehr zu den Banken zurückfließt. Diese bei den einzelnen Banken gemachten Beobachtungen dienen der Theorie als Grundlage zur Berechnung der Kreditschöpfungsmöglichkeiten einer Bank[17]. Je höher diese „Versickerungsverluste" durch Barhortung bzw. Mindestreservehaltung sind, um so weniger Kredite können die Kreditinstitute ausleihen und Geld schöpfen. Unterstellt man sowohl für die Mindestreserven wie für die Beträge, die bei einer Kreditgewährung nicht mehr in das Bankensystem zurückfließen, einen konstanten Vom-Hundert-Satz, so wird es möglich, die Kreditkapazität der Banken bei gegebenen „Verlusten" an Zentralbankgeld all-

[17] Vgl. hierzu unter anderem: *Hart*, A. G.: „Money, Dept and economic activity", New York, 1952, S. 73 ff.; *Jöhr*, W. A.: „Die Konjunkturschwankungen", Tübingen und Zürich, 1952, S. 504 ff.; *Paulsen*, A.: „Neue Wirtschaftslehre", 3. Aufl., Berlin und Frankfurt, 1954, S. 113; *Samuelson*, P. A.: „Volkswirtschaftslehre", Köln, 1955, S. 301 ff.; *Schneider*, E.: „Einführung in die Wirtschaftstheorie", Teil III, Tübingen, 1952, S. 38 ff.

gemein zu bestimmen. So hat z. B. E. *Schneider* dafür folgende Formel entwickelt[18]:

$$\frac{1}{r+c\,(1-r)}$$

Dabei ist r ($0<r<1$) der Mindestreservesatz in Bruchform und c ($0<c<1$) der Bruchteil neu gewährter Kredite, der von Nichtbanken in Zentralbankgeld abgefordert wird und dort verbleibt.

Bei einem Mindestreservesatz von 25 vH und einem Satz von 20 vH, den die Nichtbanken von den gewährten Krediten einbehalten, ergibt sich folgende Rechnung:

$$\frac{1}{0{,}25+0{,}20\,(1-0{,}25)} = \frac{10}{4} = 2{,}5$$

Das würde bedeuten, daß bei einem Zufluß von Zentralbankgeld bei den Kreditinstituten in Höhe von 100 das Bankensystem zusätzlich 250 an Krediten gewähren und in dieser Höhe also neue Einlagen schöpfen kann. Nach Abschluß dieses Prozesses ist der zur Ausleihung im Bankensystem zur Verfügung stehende Betrag von 100 (Überschußreserve) durch den Mindestreservezwang und den Bargeldbedarf der Nichtbanken aufgebraucht. Der Giralgeldschöpfungsmultiplikator geht also von einem gegebenen Mittelzufluß bei den Banken aus (Überschußreserve), der infolge zusätzlicher Kreditgewährung in den Mindestreserven und dem steigenden Zahlungsmittelumlauf versickert. Die Unterstellung, daß vom Zeitpunkt des Mittelzustromes bis zur endgültigen Versickerung keinerlei andere Faktoren als nur die Mindestreserven und der wachsende Zahlungsmittelumlauf[19] auf die Giralgeldschöpfungsmöglichkeit der Banken einwirken, kann in der Wirklichkeit nur als Grenzfall angesehen werden.

Der Giralgeldschöpfungsmultiplikator in seiner allgemein bekannten Form setzt also voraus, daß die gegebene Überschußreserve bei der darauf aufgebauten Kreditgewährung sich nur mit dem Geldabstrom zu Nichtbanken (höherer Zahlungsmittelumlauf) und zur Notenbank (mit

---

[18] *Schneider*, E.: „Einführung in die Wirtschaftstheorie", Teil III, Tübingen, 1952, S. 44. Vgl. hierzu auch *Stucken*, R.: „Geld und Kredit", Tübingen, 1957, S. 57 ff.

[19] E. *Lukas* weist in seinem 1937 erschienenen Buch „Aufgaben des Geldes" darauf hin (S. 255 ff.), daß die Giralgeldschöpfung neben der Notenbeanspruchung durch das Publikum auch eine Grenze in der „starken Bindung der Zinspolitik der Banken an die Zinspolitik des Zentralnoteninstitutes finde". Wenn er später sagt, daß diese Bindung der Kreditbedingungen des freien Geldmarktes an die Diskontpolitik der Notenbank wieder die Abhängigkeit der Wirtschaft und des Bankensystems in der Frage der Notenbeschaffung von der Notenbank selbst voraussetze, so dürfte letzten Endes auch diese Ansicht den Ursachen: „Zahlungssitten und Reservehaltung" zuzuordnen sein.

der Kreditgewährung wachsende Mindestreservehaltung) verringern würde. Diese Annahme findet in der Wirklichkeit aber nicht ihre Bestätigung. Denn stets dient die Kreditgewährung in einem gewissen Umfang auch der Beschaffung von Devisen oder der Bezahlung von Steuern, also wird zu Zahlungen benutzt, durch die ein Teil der Überschußreserve zusätzlich in die Zentralbank abfließt. Gleichzeitig kann die Kreditgewährung, die mit einer gegebenen Überschußreserve durchgeführt wurde, aber auch solchen Zahlungen dienen — wie der Finanzierung eines Ausfuhrgeschäfts —, in deren Verlauf den Banken nicht Gelder entzogen werden, sondern zufließen (z. B. Devisenangebot). Die mit einer gegebenen Überschußreserve durchgeführte Mittelbereitstellung der Banken ruft also Reaktionen hervor (höherer Zahlungsmittelumlauf, stärkere Ausfuhr oder Einfuhr usw.), durch die sich die Giralgeldschöpfungskapazität der Banken sowohl verringern als erhöhen kann. Unter diesen Umständen erscheint es zweckmäßig, will man über die rein erkenntnistheoretische Bedeutung der üblichen Formulierung hinausgehen, von der Voraussetzung abzurücken, daß hier nur zwei Störungsfaktoren auf die Überschußreserve im Zeitverlauf einwirken. Dann muß die Frage gestellt werden, welchen Einflüssen diese Überschußreserve noch unterliegt. Die Antwort kann nur auf die komplexen Vorgänge der möglichen Einflüsse auf die Zentralbankgeldmenge bei den Banken führen, wie sie hier angedeutet wurden und im nächsten Abschnitt über die Liquiditätssalden näher erläutert werden sollen.

Daneben sollte man beim Giralgeldschöpfungsmultiplikator unterscheiden, ob die Wirkungen auf die Überschußreserve von kreditpolitischen Interventionen, wie z. B. Mindestreserveoperationen oder von Vorgängen innerhalb der Nichtbankensphäre, wie z. B. von Änderungen der Zahlungssitten, verursacht sind. Geht als Folge von Vorgängen in der Nichtbankensphäre den Banken Zentralbankgeld verloren, dann haben die Kreditinstitute sich dieses Zentralbankgeld auf anderem Wege, meist durch Rediskontierung oder durch Verkauf von Offenmarktpapieren an die Zentralbank, wieder zu beschaffen. Dabei sind stets die „Störungen" im Überweisungsverkehr infolge von Transaktionen der Nichtbanken, wie erhöhter Kassenhaltung, in ihrer Größenordnung gleich dem Geldstrom von oder zur Zentralbank infolge der Ausgleichstransaktionen. Wenn z. B. die Nichtbanken ihre Bargeldbestände um 100 zu Lasten ihrer Bankguthaben erhöhen, so zahlen die Kreditinstitute diese Gelder zu Lasten ihrer Zentralbankguthaben oder ihrer Kassenbestände (Forderungen an die Notenbank) aus. Ist ein Abbau der Zentralbankreserven nicht möglich, weil z. B. das Mindestreservesoll erreicht ist und nicht unterschritten werden kann, dann müssen die Banken die gesamten 100 oder den fehlenden Betrag durch Refinanzierung bzw. Abgabe von Offenmarktpapieren bei der Notenbank beschaffen. In jedem Falle entspricht aber den Nettoforderungen der Nichtbanken an die Kreditinstitute stets eine Nettoforderung der Kreditinstitute an die Zentralbank. Die Veränderung der Überschußreserve infolge von Vorgängen in der Nichtbankensphäre wird hier also automatisch durch Transaktionen mit der Zentralbank ausgeglichen[20].

Von der Zentralbank verfügte kreditpolitische Eingriffe (z. B. Verringerung der Überschußreserve durch Mindestreserveerhöhung) können zwar ebenfalls durch andere Transaktionen der Bank mit der Zentralbank ausgeglichen werden (Refinanzierung). Wird dieser Ausgleich jedoch von der Zentralbank verhindert, so bedeutet die Verringerung der Überschußreserve, daß die Kreditinstitute ihre Ausleihungen einschränken müssen. Nur wenn auch diese Zusammenhänge berücksichtigt werden, läßt sich die Giralgeldschöpfungskapazität der Kreditinstitute hinreichend beurteilen.

e) Zunehmende Kreditgewährung — sinkende Refinanzierung

Die für den Aufbau, für die Erweiterung des Produktionsapparates und für die steigende Umsatztätigkeit von der Wirtschaft in der Bundesrepublik benötigten Gelder wurden insbesondere von den Kreditinstituten zur Verfügung gestellt. So bedeutungsvoll die Geldversorgung des Zentralbanksystems für die Gesamtwirtschaft vor allem als kredit- und zinspolitischer Faktor war, so erreichte auch in Deutschland der Nettobetrag der von der Notenbank in die Wirtschaft strömenden Gelder nur einen Bruchteil der von der Wirtschaft benötigten flüssigen Mittel. Die Erfüllung der Aufgabe, die Nichtbanken mit Giralgeld zu versorgen, war für die Kreditinstitute hauptsächlich in den ersten beiden Jahren nach der Währungsreform schwierig. Neben den Kreditwünschen der Wirtschaft sahen sich die Banken auch einem hohen Bedarf an Bargeld gegenüber, und gleichzeitig wurden ihnen Einlagen abgezogen, da die Wirtschaft dieses Geld zur Bezahlung des Einfuhrüberschusses benötigte bzw. auf dem Wege der Steuerzahlung mehr Geld auf die Konten des Staates überwies, als die Öffentliche Hand durch Ausgaben der Wirtschaft wieder zuführte. Die Kreditinstitute mußten in diesen beiden Jahren also nicht nur den Geldbedarf der Wirtschaft für den Aufbau, für Erweiterungen und für die Umsatztätigkeit decken, sondern auch auf dem Wege der Kreditgewährung die eingetretenen Liquiditätseinbußen in der Wirtschaft ausgleichen. Da Zentralbankgeld, das in gewissem Umfang bei der Kreditgewährung vorhanden sein muß, infolge des hohen Bargeldbedarfs der Wirtschaft, des Einfuhrüberschusses und des Kassenüberschusses der Öffentlichen Hand den Kreditinstituten abge-

[20] Vgl. den Abschnitt „Der Ausgleich vollzieht sich automatisch" dieser Arbeit.

Tabelle 3: **Die Geldversorgung durch Kreditinstitute (Aktivgeschäfte)**

(Veränderungen in Mrd. DM)

	1949	1950	1951	1952	1953	1954	1955	1956	1957	1958	1959	1960
1. *Barmittel*	*+ 0,28*	*+ 0,26*	*+ 1,32*	*+ 0,17*	*+ 0,47*	*+ 0,81*	*+ 0,52*	*+ 1,38*	*+ 2,11*	*+ 1,36*	*+ 1,12*	*+ 3,60*
2. *Ausleihungen am Geldmarkt*	*+ 1,56*	*+ 3,10*	*+ 2,50*	*+ 3,40*	*+ 2,63*	*+ 4,56*	*+ 2,91*	*+ 2,77*	*+ 9,90*	*+ 4,05*	*+ 1,49*	*+ 4,73*
Anlage b. Geldinstituten	+ 0,59	+ 0,57	+ 0,93	+ 1,40	+ 1,33	+ 2,36	+ 0,28	+ 0,88	+ 4,55	+ 2,59	+ 0,37	+ 1,37
Kredite an Geldinstitute	+ 0,79	+ 2,29	+ 1,16	+ 1,90	+ 1,20	+ 2,28	+ 2,51	+ 1,35	+ 1,44	+ 1,00	+ 2,83	+ 2,24
An- und Verkauf von Schatzwechseln u. ä.	+ 0,18	+ 0,24	+ 0,41	+ 0,10	+ 0,10	— 0,08	+ 0,12	+ 0,54	+ 3,91	+ 0,46	— 1,71	+ 1,12
3. *Mittelbereitstellung für die Wirtschaft*	*+ 6,57*	*+ 8,04*	*+ 6,09*	*+ 8,36*	*+10,05*	*+12,10*	*+12,92*	*+ 9,18*	*+ 8,29*	*+11,34*	*+18,28*	*+16,05*
Kredite	+ 6,37	+ 7,84	+ 5,83	+ 7,68	+ 8,68	+ 9,96	+11,08	+ 8,94	+ 6,92	+ 7,59	+13,74	+15,11
Wertpapiere[a)]	+ 0,16	+ 0,16	+ 0,19	+ 0,61	+ 1,26	+ 2,08	+ 1,71	+ 0,20	+ 1,24	+ 3,70	+ 4,43	+ 0,82
Beteiligungen	+ 0,04	+ 0,04	+ 0,07	+ 0,07	+ 0,11	+ 0,06	+ 0,13	+ 0,04	+ 0,13	+ 0,05	+ 0,11	+ 0,12
4. *Mittelbereitstellung für die Öffentliche Hand*	*+ 1,44*	*+ 0,61*	*+ 0,89*	*+ 1,02*	*+ 1,68*	*+ 2,77*	*+ 2,20*	*+ 1,92*	*+ 1,47*	*+ 3,98*	*+ 4,17*	*+ 2,31*
Kredite u. Wertpapiere	+ 0,59	+ 0,45	+ 0,70	+ 0,80	+ 1,14	+ 1,60	+ 2,12	+ 1,74	+ 1,49	+ 4,08	+ 4,13	+ 2,28
Ausgleichsforderungen	+ 0,85	+ 0,16	+ 0,19	+ 0,22	+ 0,20	+ 0,16	— 0,24	+ 0,02	— 0,05	— 0,08	+ 0,08	+ 0,07
Deckungsforderungen	—	—	—	—	+ 0,34	+ 1,01	+ 0,32	+ 0,16	+ 0,03	— 0,02	— 0,04	— 0,04
5. *Mittelbereitstellung an das Ausland*[b)]	*+ 0,20*	*+ 0,25*	*— 0,24*	*— 0,48*	*— 0,40*	*— 0,32*	*— 0,13*	*— 0,91*	*+ 0,03*	*+ 0,81*	*+ 1,03*	*— 2,26*
Geldexporte d. Kred.inst.	+ 0,06	+ 0,32	+ 0,01	— 0,20	+ 0,03	+ 0,03	+ 0,07	+ 0,06	+ 0,40	+ 0,26	+ 1,50	— 1,22
Sonst. Mittelbereitst.	+ 0,14	— 0,07	— 0,25	— 0,28	— 0,43	— 0,35	— 0,20	— 0,97	— 0,37	+ 0,55	— 0,47	— 1,04
Geschäftsvolumen	*+10,05*	*+12,26*	*+10,56*	*+12,47*	*+14,43*	*+19,92*	*+18,42*	*+14,34*	*+21,80*	*+21,54*	*+26,09*	*+24,43*

Tabelle 3 (Fortsetzung): **Die Geldversorgung durch Kreditinstitute (Passivgeschäfte)**

(Veränderungen in Mrd. DM)

	1949	1950	1951	1952	1953	1954	1955	1956	1957	1958	1959	1960
6. *Mittelaufkommen der Wirtschaft*	*+ 4,87*	*+ 4,41*	*+ 4,77*	*+ 6,12*	*+ 8,71*	*+10,51*	*+ 9,32*	*+ 8,23*	*+12,34*	*+15,37*	*+18,16*	*+15,00*
Einlagen	+ 3,32	+ 3,52	+ 3,55	+ 4,07	+ 5,50	+ 6,37	+ 5,52	+ 5,49	+ 9,03	+ 9,75	+10,71	+ 9,39
Aufgenommene Gelder	+ 0,05	+ 0,05	+ 0,14	+ 0,80	+ 0,93	+ 0,18	+ 0,10	+ 0,32	+ 0,02	— 0,09	— 0,06	+ 0,34
Schuldverschreibungen	+ 0,83	+ 0,53	+ 0,73	+ 0,74	+ 1,72	+ 3,54	+ 2,98	+ 1,68	+ 2,19	+ 4,38	+ 5,83	+ 3,44
Eigene Mittel	+ 0,67	+ 0,31	+ 0,35	+ 0,51	+ 0,56	+ 0,42	+ 0,72	+ 0,74	+ 1,14	+ 1,33	+ 1,68	+ 1,83
7. *Mittelaufkommen der Öffentl. Hand*	*+ 1,25*	*+ 3,49*	*+ 2,41*	*+ 3,01*	*+ 3,44*	*+ 4,19*	*+ 3,81*	*+ 4,34*	*+ 4,42*	*+ 2,36*	*+ 3,11*	*+ 3,96*
Einlagen	+ 0,77	+ 0,56	+ 0,69	+ 1,24	+ 1,51	+ 1,31	+ 0,14	+ 0,58	+ 1,54	+ 1,26	+ 1,76	+ 1,60
Aufgenommene Gelder	+ 0,48	+ 2,93	+ 1,72	+ 1,77	+ 1,93	+ 2,88	+ 3,67	+ 3,76	+ 2,88	+ 1,10	+ 1,35	+ 2,36
8. *Mittelaufkommen aus dem Geldmarkt*	*+ 2,36*	*+ 3,19*	*+ 3,08*	*+ 3,11*	*+ 2,52*	*+ 4,52*	*+ 2,86*	*+ 2,80*	*+ 7,27*	*+ 3,79*	*+ 2,88*	*+ 2,39*
Einlagen	+ 0,19	+ 0,42	+ 0,97	+ 1,86	+1,65	+ 2,42	+ 0,62	+ 1,48	+ 4,84	+ 3,22	+ 1,47	+ 1,54
Aufgenommene Gelder	+ 0,42	+ 2,00	+ 1,27	+ 2,14	+ 1,31	+ 2,37	+ 2,41	+ 1,50	+ 1,50	+ 1,53	+ 2,15	+ 2,49
Wechsel und Akzepte	+ 0,23	+ 0,21	+ 0,19	+ 0,72	— 0,18	+ 0,08	+ 0,33	— 0,23	— 0,04	— 0,21	+ 0,64	+ 0,26
Statistische Fehler	+ 1,52	+ 0,56	+ 0,65	+ 1,61	— 0,26	+ 0,35	— 0,50	— 0,05	+ 0,97	— 0,75	— 1,38	— 1,90
9. *Refinanzierung bei der Bundesbank*	*+ 2,12*	*+ 1,24*	*+ 0,30*	*— 1,52*	*+ 0,70*	*— 0,03*	*+ 1,29*	*— 1,47*	*— 1,30*	*— 0,67*	*+ 0,27*	*+ 0,61*
10. *Sonst. Positionen (netto)*	*— 0,55*	*— 0,07*	*+ 0,00*	*+ 1,75*	*+ 0,46*	*+ 0,73*	*+ 1,14*	*+ 0,44*	*— 0,93*	*+ 0,69*	*+ 1,67*	*+ 2,47*
Geschäftsvolumen	*+10,05*	*+12,26*	*+10,56*	*+12,47*	*+14,43*	*+19,92*	*+13,42*	*+14,34*	*+21,80*	*+21,54*	*+26,09*	*+24,43*

Berechnet unter Zugrundelegung der Bankenstatistik der Bank deutscher Länder und der Deutschen Bundesbank.
a) Einschließlich Konsortialbeteiligungen. — b) Nur kurzfristige Forderungen der Kreditinstitute gegenüber dem Auslande abzügl. der kurzfristigen Verbindlichkeiten.

zogen wurde und somit für die Mittelbereitstellung nur in unzureichendem Umfang zur Verfügung stand, mußten sich die Kreditinstitute beim Zentralbanksystem verschulden (in den Jahren 1949 und 1950 allein um 3,4 Mrd. DM).

Von 1951 ab brauchten die Kreditinstitute nur noch Geld für den Ausbau, für Erweiterungen und für die Umsatztätigkeit der Wirtschaft bereitzustellen, da Liquiditätsverluste nicht mehr eintraten. In jedem Jahr strömten der Wirtschaft vor allem infolge der seit 1951 einsetzenden Außenhandelsüberschüsse und der daraus resultierenden Gold- und Devisenzuflüsse Zentralbankgelder zu, mit denen bereits ein Teil des Geldbedarfs gedeckt wurde. Obwohl dieser Geldbedarf in den folgenden Jahren erheblich zunahm und das Kreditvolumen dementsprechend rasch wuchs, war jedoch der Zufluß von Zentralbankgeld hauptsächlich über das Auslandsgeschäft der Wirtschaft so umfangreich, daß die Abhängigkeit der Nichtbanken vom Bankkredit geringer wurde und auch für die Kreditinstitute die Notwendigkeit abnahm, auf die Notenbank zurückzugreifen. Im Jahre 1951 brauchten die Kreditinstitute nur noch rund 300 Mill. DM Zentralbankkredite in Anspruch zu nehmen, um den erheblichen Giralgeldbedarf der Wirtschaft decken zu können. In den danach folgenden Jahren war der Zufluß von Zentralbankgeld so reichlich, daß die Banken ihre Verschuldung bei der Notenbank rapide abbauen konnten.

Im Jahre 1955 war die Finanzierung des Aufschwungs dann allerdings vorübergehend nicht mehr so leicht, da bei geringer werdenden Außenhandelsüberschüssen und stark steigenden Kassenüberschüssen der Öffentlichen Hand den Kreditinstituten und der übrigen Wirtschaft Zentralbankgeld entzogen wurde, das in die Bundesbank abfloß. Neben dem Geldbedarf für die binnenwirtschaftliche Investitions- und Umsatztätigkeit mußten von den Banken zusätzliche Gelder zur Überwindung der Liquiditätsverluste in der Wirtschaft bereitgestellt werden. Das für die Kreditgewährung der Banken erforderliche Zentralbankgeld mußte zum Teil auf dem Wege der Refinanzierung beschafft werden. Nach dem Abbau der Verschuldung der Banken bei der Bundesbank in den Jahren 1952 bis 1954 um insgesamt 2,3 Mrd. DM stieg sie 1955 wieder um 1,3 Mrd. DM an.

Die in den Jahren 1956 bis 1958 wieder in größerem Umfange zufließenden Gold- und Devisenbeträge sowie die vor allem im zweiten Halbjahr 1957 entstandenen Kassendefizite der Öffentlichen Hand führten der Wirtschaft und den Banken erhebliche Mengen an Zentralbankgeld zu, die den Geldbedarf der Wirtschaft zum Teil deckten. Diese Zuflüsse an Zentralbankgeld wurden von den Banken vor allem dazu benutzt, ihre Verschuldung bei der Bundesbank zu verringern. Sie nahm in diesen drei Jahren um nicht weniger als 3,4 Mrd. DM ab.

Dieses Bild änderte sich auch nicht in den beiden folgenden Jahren 1959 und 1960. Zwar nahmen die Devisenbestände im Jahre 1959 ab, jedoch hauptsächlich infolge der umfangreichen öffentlichen Auslandstransaktionen, die gleichzeitig auch die öffentlichen Guthaben schrumpfen ließen. Faßt man die Wirkungen der Verringerung der öffentlichen Einlagen und die der Verringerung der Devisenguthaben zusammen, so ergibt sich auch für das Jahr 1959 eine weitere Verflüssigung. Hauptsächlich jedoch infolge eines starken Geldexports mußten die Kreditinstitute in geringem Umfang (270 Mill. DM) Refinanzierungskredite bei der Bundesbank in Anspruch nehmen.

Im Jahre 1960 tritt der Devisenzufluß, da er in diesem Jahre nur zu einem Teil durch öffentliche Auslandstransaktionen verdeckt wird, wieder voll in Erscheinung, und zwar in bisher nicht gekanntem Umfang. Aber auch hier greifen die Kreditinstitute auf die Bundesbank zurück und nehmen Refinanzierungskredite auf; sie werden dazu nicht zuletzt durch die verstärkten Offenmarkt-Eingriffe der Bundesbank gezwungen.

Die Entwicklung der Mittelbereitstellung und des Mittelaufkommens bei Kreditinstituten ist der Tabelle 3 zu entnehmen. Der überwiegende Teil der gewährten Mittel kam in allen Jahren der privaten Wirtschaft zugute. Die benötigten Gelder wurden vor allem durch Kredite zur Verfügung gestellt. Mit steigender Flüssigkeit der Kreditinstitute erlangte auch die Mittelbereitstellung durch Übernahme von Wertpapieren eine größere Bedeutung. Der Anteil an der gesamten Mittelbereitstellung, den die Öffentliche Hand und öffentlich-rechtliche Unternehmen in Anspruch nahmen, lag zwischen 7 und 20 vH.

Die Mittelbereitstellung an das Ausland war demgegenüber geringer. Erst nachdem zur Jahreswende 1958/59 elf europäische Staaten ihre Währungen konvertibel machten, kam diesen Transaktionen eine über die technische Zahlungsabwicklung mit dem Auslande hinausgehende Bedeutung zu. Nicht nur, daß ausländische Nichtbanken wegen der aufwertungsverdächtigen D-Mark Gelder bei deutschen Banken einlegten, regte die Bundesbank durch Interventionen am Devisenmarkt den Geldexport der deutschen Banken an. Der größte Teil der vor allem 1959 von den Kreditinstituten im Auslande angelegten Gelder wurde jedoch 1960 wieder zurückgerufen, nachdem die Bundesbank durch mehrmalige Diskonterhöhungen das inländische Zinsniveau hinaufgedrückt hatte.

Die Zusammensetzung des Mittelaufkommens nach Wirtschaftsgruppen bei den Kreditinstituten bietet dagegen ein etwas anderes Bild. Zwar ist der Anteil der den Banken von der Wirtschaft überlassenen Mittel vor allem in Form von Einlagen, seit 1953 aber auch in stärkerem Maße in Form von Schuldverschreibungen, größer als der der Öffentlichen Hand, jedoch nehmen die öffentlichen Guthaben im Verhältnis zur Mittelbereitstellung einen großen Raum ein. Im Jahre 1949 bezifferte sich der Anteil des öffentlichen Mittelaufkommens an den gesamten den Banken zur Verfügung gestellten Geldern auf 21 vH und im Jahre 1950 auf 44 vH. In den folgenden Jahren bis 1956 schwankte dieser Anteil zwischen 28 und 35 vH und in dem Zeitraum von 1957 bis 1960 zwischen 13 und 21 vH.

Nach dem Bundesbankgesetz, das seit dem 1. August 1957 in Kraft ist, dürfen die Kassenmittel insbesondere des Bundes und der Länder grundsätzlich nicht bei den Kreditinstituten gehalten, sondern müssen im Zentralbanksystem angelegt werden[21]. Die Verringerung des Anteils des öffentlichen Mittelaufkommens am Gesamtmittelaufkommen in den Jahren 1957 bis 1960 ist jedoch kaum auf diese Maßnahme zurückzuführen. Denn der größte Teil des öffentlichen Mittelaufkommens bei Kreditinstituten entfällt auf aufgenommene Gelder und nur ein geringer Teil auf Einlagen. Da Kassenmittel im allgemeinen nicht als aufgenommene Gelder gehalten werden, war der Abgang öffentlicher Mittel von den Kreditinstituten zur Bundesbank gering, zumal diese Regelung nicht für Gemeinden und öffentlich-rechtliche Unternehmungen (Bundesbahn, Bundespost usw.) gilt und auf diese Körperschaften ein Teil der vorhandenen öffentlichen Einlagen entfällt. Absolut sind die öffentlichen Einlagen bei den Kreditinstituten von Ende 1957 bis Ende 1960 sogar noch um 4,6 Mrd. DM gestiegen.

---

[21] Gesetz über die Deutsche Bundesbank vom 26. 7. 1957 (BGBl. I, S. 754 ff.) § 17 — Einlagenpolitik: „Der Bund, der Sondervermögensausgleichsfonds, das ERP-Sondervermögen und die Länder haben ihre flüssigen Mittel, auch soweit Kassenmittel nach dem Hauhaltsplan zweckgebunden sind, bei der Deutschen Bundesbank auf Girokonto einzulegen. Eine anderweitige Einlegung oder Anlage bedarf der Zustimmung der Bundesbank; dabei hat die Deutsche Bundesbank das Interesse der Länder an der Erhaltung ihrer Staats- und Landesbanken zu berücksichtigen."

3. Liquiditätssalden

a) Liquiditätssalden und ihre Ursachen

In den voranstehenden Abschnitten wurde bereits gezeigt, daß bei den Kreditinstituten infolge güterseitiger Vorgänge oder kreditpolitischer Interventionen ein Mangel oder Überfluß an Zentralbankgeld entstehen kann. Es soll nun der Versuch gemacht werden, die einzelnen Ursachen, die zur Veränderung des Bestandes an Zentralbankgeld bei den Kreditinstituten führen, vollständig aufzuzeigen, wobei es vor allem auf die von dem Verhalten der Nichtbanken ausgehenden Einflüsse ankommt. Die kreditpolitischen Einflüsse sind letzten Endes deren Spiegelbild — oder ihre Konsequenz. Um das Problem deutlich zu machen, sei folgender Gedankengang angeführt: Gäbe es in der Wirtschaft nur eine einzige Bank (Kreditinstitute plus Zentralbank), dann müßte sich das im Aktivgeschäft an Nichtbanken ausgeliehene Geld in Einlagen oder Noten auf der Passivseite dieser einen Bankbilanz niederschlagen. Eine solche Summengleichheit zwischen Mittelbereitstellung und Mittelaufkommen bei den Kreditinstituten wäre auch dann gegeben, wenn — wie in der Wirklichkeit — neben den Kreditinstituten eine Zentralbank bestünde, die sich jedoch völlig des Geschäfts mit den Nichtbanken enthielte. Das ist jedoch tatsächlich nicht der Fall. Allein schon die Ausgabe von Noten an Nichtbanken durch die Zentralbank schafft hier ein Ungleichgewicht zwischen den Ausleihungen und den Einlagen der Nichtbanken bei den Kreditinstituten, da durch diese Geschäfte der Notenbank mit den Nichtbanken den Kreditinstituten Zentralbankgeld und -einlagen verlorengehen — oder auch zufließen können. Geschäfte der Zentralbank mit Nichtbanken rufen also stets Ungleichgewichte zwischen den Ausleihungen an Nichtbanken durch die Kreditinstitute und den Einlagen von Nichtbanken bei Kreditinstituten hervor und zwingen die Banken, diese Ungleichgewichte auszugleichen. Hierin liegt das eigentliche Problem.

Diese Ungleichgewichte sollen hier als Liquiditätssalden bezeichnet werden[1]. Sie können sich also, je nachdem, ob den Banken Zentralbankgeld durch Transaktionen der Nichtbanken entzogen oder zuge-

---

[1] Der Begriff der Liquidität wird, wie so viele andere in der Nationalökonomie leider auch, für sehr unterschiedliche Erscheinungsformen benutzt. Da sich diese Arbeit mit der Analyse von Geldströmen befaßt, ist es zweckmäßig, den Liquiditätsbegriff auch in ein solches Geldstromsystem einzuordnen. Unter Liquidität soll daher hier die absolute Differenz zwischen mone-

führt wird, in Überschüssen an Zentralbankgeld (Einlagen von Nichtbanken größer als Kredite an Nichtbanken) oder in einem Fehlbetrag an Zentralbankgeld (Kredite an Nichtbanken größer als Einlagen von Nichtbanken) äußern.

Eine „Theorie der Liquiditätssalden" unterscheidet sich von der herrschenden Theorie des Giralgeldschöpfungsmultiplikators dadurch, daß die Fragestellung weiter gefaßt ist. E. *Schneider* formulierte z. B. das Problem wie folgt[2]: Die Tatsache, daß die Bank im Zuge der Aktiv- und Passivgeschäfte Zahlungen in Zentralbankgeld leisten muß, also in einem Gelde, das sie selbst nicht schaffen kann, läßt die Zahlungsfähigkeit und die Fähigkeit, neue Kredite zu gewähren, zu einem Problem werden. Bei dieser Problemstellung wird also von vornherein unterstellt, daß die Banken Zahlungen in Zentralbankgeld nur leisten müssen, dagegen bleibt unberücksichtigt, daß sie in der Wirklichkeit aber auch laufend Zahlungen erhalten. Mit anderen Worten gibt es also nicht nur — wie der Giralgeldschöpfungsmultiplikator aussagt — das Problem eines Mangels an Zentralbankgeld; es ist ebensogut möglich, daß die Banken auch an einem zu starken Zufluß an Zentralbankgeld leiden können.

Entsprechend den geschilderten Zusammenhängen zwischen Verlust oder Zustrom von Zentralbankgeld infolge von Transaktionen der Nichtbanken — von denen die Theorie des Giralgeldschöpfungsmultiplikators nur die Zahlungssitten der Nichtbanken erwähnt — und den kredit-

tären Guthaben, d. h. den entsprechenden Geldströmen, die solche Guthaben begründen, und den monetären Schulden bzw. den Geldströmen, die zu diesen Schulden führen, verstanden werden.

Der Liquiditätsbegriff als Differenz zweier Geldströme hat mit den sonst üblichen Definitionen wenig gemein. Liquidität in dem hier gebrauchten Sinne hat nichts zu tun mit der betriebswirtschaftlichen Liquidität eines Unternehmens, die ein Urteil über die Zahlungsbereitschaft des Betriebes geben soll — vgl. insbes. *Strobel*, A.: „Die Liquidität", 2. Aufl., Stuttgart, 1953, S. 35 ff. und 61 ff., und *Mellerowicz*, K.: „Liquidität" in: Die Deutsche Bankwirtschaft, 3. Band, Berlin, 1938, S. 441 ff. —, noch ist sie mit der rechnungsmäßigen Bankenliquidität in Zusammenhang zu bringen, die das Verhältnis bestimmter flüssiger Mittel zu bestimmten Verbindlichkeiten der Bank angibt — vgl. hierzu *Schweizer*, B.: „Die Liquidität in Bank und Industrie", Bern, 1949; *Seitz*, O.: „Die Barliquidität der Kreditbanken", Leipzig, 1936. Auch von den volkswirtschaftlichen Liquiditätsbegriffen: veränderte Umschlagsgeschwindigkeit von Guthaben und Salden — vgl. *Gestrich*, H.: „Kredit und Sparen", herausgegeben von W. *Eucken*, Godesberg, 1947, S. 115 ff. —, die Unbestimmbarkeit der Termine für das Zahlungsbegehren der Gläubiger — vgl. *Gleske*, L.: „Die Liquidität in der Kreditwirtschaft", Frankfurt a. M., S. 5 ff. — oder die konjunkturellen Veränderungen im Zusammenhang mit der Haltung flüssiger Mittel — vgl. *v. Strigl*, R.: „Kapital und Produktion", Wien, 1934, S. 208 ff. — weicht der Liquiditätsbegriff in unserer Definition ab. Ebenso unterscheidet er sich von dem güterseitigen volkswirtschaftlichen Liquiditätsbegriff — vgl. *Veit*, O.: „Volkswirtschaftliche Theorie der Liquidität", Frankfurt a. M., 1948, S. 12 ff.

[2] *Schneider*, E.: „Einführung in die Wirtschaftstheorie", Teil III, Tübingen, 1952, S. 29.

politischen Einwirkungen, müssen bei der Frage nach den Ursachen von Liquiditätssalden alle Nichtbanken-Transaktionen aufgezählt werden, die zu einer Veränderung der Zentralbankgeldmenge führen. Die korrespondierenden Größen der Transaktionen zwischen Kreditinstituten und Zentralbank werden einem späteren Abschnitt über den Ausgleich dieser Liquiditätssalden vorbehalten bleiben.

Die Analyse der Geldversorgung durch das Zentralbanksystem enthielt bereits die wichtigsten Transaktionen der Notenbank mit den Nichtbanken. Wir können daher an diese Darstellung anknüpfen und entsprechend den dort unterschiedenen Geschäftspositionen folgende Einflüsse auf die Bilanzen der Kreditinstitute anführen:

1. die Zahlungssitten der Nichtbanken (Veränderung des Zahlungsmittelumlaufs)
2. Das Auslandsgeschäft der Notenbank (An- und Verkauf von Gold und Devisen auf Rechnung der inländischen Nichtbanken)
3. Die Einflusse der Kassentransaktionen der Notenbank mit der Öffentlichen Hand (Saldo zwischen Kasseneinnahmen und Kassenausgaben der Öffentlichen Hand bei der Notenbank)
4. Direktgeschäfte der Zentralbank mit der Wirtschaft (Saldo zwischen Krediten und Einlagen)
5. Sonstige Einflüsse

b) Liquiditätssalden infolge von Veränderungen der Zahlungsmittelbestände bei den Nichtbanken

Die Zahlungssitten der Nichtbanken, d. h. Veränderungen der Bestände an Noten und Münzen, berühren das Verhältnis von Mittelaufkommen bei den Banken und Mittelbereitstellung dadurch, daß die Kreditinstitute gezwungen sind, im Austausch gegen selbst geschaffenes Giralgeld (Sichteinlagen) Zentralbankgeld abzugeben oder entgegenzunehmen. In beiden Fällen verändert sich das Mittelaufkommen (Einlagen) der Nichtbanken bei den Banken, nicht dagegen aber auch die Mittelbereitstellung. Zwischen beiden ergibt sich eine Differenz, und zwar in Form eines Mangels oder Überflusses von Zentralbankgeld, d. h. es entstehen Liquiditätssalden.

Die Kurve des Zahlungsmittelumlaufs ist wohl einerseits die unruhigste aber auch regelmäßigste, die man in der Wirtschaft kennt. Starken Schwankungen unterliegt der Zahlungsmittelumlauf im kurzfristigen Verlauf vor allem im wöchentlichen und monatlichen Rhythmus, da hier die Lohn- und Gehaltstermine sowie die verschiedenen Steuertermine die Bargeldhaltung kurzfristig stark beeinflussen. Dagegen verläuft die Bewegung des Trends dieses Zahlungsmittelumlaufs auffallend geradlinig. Dies hängt offenbar damit zusammen, daß die Nichtbanken zur Abwicklung ihrer Geschäftstätigkeit bzw. zur Deckung ihres Konsums stets einen bestimmten Teil ihrer Einkommen in bar halten. Es ist daher auch nicht verwunderlich, daß die Kurve des Zahlungsmittelumlaufs, wie das obenstehende Schaubild zeigt, mit der Kurve aller Einkommen, dargestellt am Bruttosozialprodukt, fast parallel verläuft.

BRUTTO-SOZIALPRODUKT UND ZAHLUNGSMITTELUMLAUF IN DER BUNDESREPUBLIK

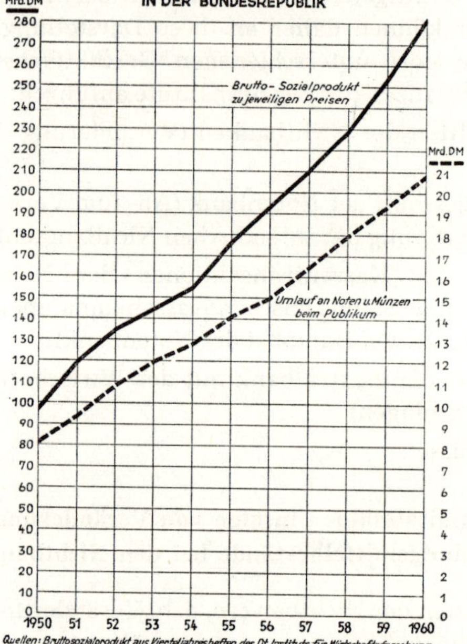

Quellen: Bruttosozialprodukt aus Vierteljahresheften des Dt. Instituts für Wirtschaftsforschung Heft 3/1957, 2/1958, 4/1960 und 2/1961
Zahlungsmittelumlauf aus Monatsbericht der Dt. Bundesbank März 1958 u. September 1961

Mit dieser Beobachtung bestätigt sich erneut die These, daß in Zeiten der Hochkonjunktur auch eine vermehrte Nachfrage nach Bargeld auftritt, um das steigende Volumen der Kleinumsätze abzuwickeln[3]. In diesem automatischen Vorgang liegt gleichzeitig auch ein Stabilisator der konjunkturellen Entwicklung. Mit dem wachsenden Bargeldbedarf der Wirtschaft werden den Banken nämlich ständig liquide Mittel entzogen, d. h. entstehen Liquiditätssalden, die allerdings durch andere Einflüsse kompensiert werden können, was hier jedoch einmal unberücksichtigt bleiben soll. Diese dämpfenden Einflüsse auf die Bankenliquidität bilden in der Hochkonjunktur ein Gegengewicht zu den expansiven Wachstumskräften, die in solchen Zeiten eher inflatorische als deflatorische Keime in sich tragen.

---

[3] Vgl. *Samuelson*, Paul A.: „Volkswirtschaftslehre", Köln 1955, S. 299.

Die Bedeutung dieser dämpfenden Einflüsse infolge steigenden Zahlungsmittelumlaufs wird jedoch wohl überschätzt, wenn man, wie *Hawtrey* das tut[4], in ihnen eine entscheidende Ursache für einen möglichen Umschwung von der Hochspannung in die Depression sieht. *Hawtrey* steht auf dem Standpunkt, daß der Aufschwung zum Stehen kommt, weil der Anteil des Zahlungsmittelumlaufs an der gesamten Geldmenge steigt, und zwar, wie *Hawtrey* glaubt, infolge eines schnell wachsenden Anteils der Arbeitseinkommen. Durch den auftretenden Mangel an Zentralbankgeld bei den Kreditinstituten müßte die Mittelbereitstellung eingeschränkt werden. Diese Ansicht ist nicht unwidersprochen geblieben. Bei der Würdigung der Hawtrey'schen Theorie äußerte z. B. *Haberler* zu den Konsequenzen dieser Thesen[5]: „Seine Behauptung, daß der Grund für den Zusammenbruch der Hausse immer monetär ist und daß die Prosperität endlos fortgesetzt und eine Depression endlos aufgeschoben werden könnte, wenn das Geldangebot unerschöpflich wäre, wird von den meisten Ökonomen abgelehnt." Auch eine Verifizierung bestätigt nicht die Allgemeingültigkeit der Hawtrey'schen These. Schon *Meade* hatte sie im Jahre 1934 anhand der britischen Entwicklung überprüft[6]. Er untersuchte dabei das Verhältnis der Geldmengenveränderung (dM) und der Veränderung der in Noten gehaltenen Geldmenge (dq), also den Ausdruck $\frac{dM}{dq}$. Dabei kommt er zu dem Ergebnis, daß die Entwicklung anders verlaufen ist, als man nach den Thesen Hawtrey's annehmen mußte. Allerdings fügt er hinzu, daß die untersuchte Periode von 1925 bis 1930 besondere Eigenarten aufwies: „To test theory it would be interesting to calculate $\frac{dM}{dq}$ and movements in q for other countries and for other times, in which the phases of the trade cycle were more typical."[7] Aber auch in der Entwicklung von 1949 bis 1960 in Deutschland, die vielleicht nicht so stark von Störungen erfüllt war wie die von Meade zugrunde gelegte, findet sich keine Bestätigung der Hawtrey'schen Thesen[8].

Während der Fall steigender Bestände an Zahlungsmitteln während einer Hochkonjunktur im Zusammenhang mit dem Problem der Liquiditätssalden und dem Wirtschaftswachstum verhältnismäßig starke Beachtung in der Literatur gefunden hat, wird der denkbare umgekehrte

---

4 *Hawtrey,* R. G.: „Währung und Kredit", Jena, 1926, S. 34 ff.

5 *Haberler,* G.: „Prosperität und Depression", Bern, 1948, S. 37.

6 *Meade,* J. E.: „The amount of money and the banking system", in Economic Journal, Bd. 44 (1934), S. 77 ff., wiedergegeben in Readings in monetary theory, London, 1952, S. 54 ff.

7 *Meade,* J. E.: „The amount of money and the banking system", in Readings in monetary theory, London, 1952, S. 62.

8 Vgl. den Abschnitt „Bestimmender Faktor für die Liquiditätssalden nach dem Kriege: Das Auslandsgeschäft" dieser Arbeit.

Prozeß sinkender Zahlungsmittelbestände bei einer deflatorischen Entwicklung kaum diskutiert. Das liegt wohl in erster Linie daran, daß bei einer starken deflatorischen Entwicklung vor allem jene Einkommen schrumpfen, deren Besitzer meist nicht in bar zahlen (Unternehmereinkommen), d. h. daß der Rückgang des Zahlungsmittelumlaufs wohl nicht so stark ist wie die Kontraktion selbst. Es ist keinesfalls sicher, daß der Zahlungsmittelumlauf relativ zur gesamten Geldmenge ($\frac{dM}{dq}$ nach *Meade*) zurückgeht, nachdem die Kontraktion begonnen hat. Außerdem kommt bei einem kontraktiven Prozeß noch hinzu, daß die langsamere oder sogar rückläufige Investitionstätigkeit sowie der damit verbundene geringere Kreditbedarf sowieso schon eine erhebliche Zentralbankgeldfülle bei den Kreditinstituten entstehen lassen, so daß die Verringerung des Notenumlaufs und deren belebender Einfluß auf die Bankenliquidität nur von geringer Bedeutung ist. Zusammen mit diesem Prozeß wird auch ein Druck auf das Zinsniveau nach unten ausgeübt, der das Wirtschaftsgeschehen wieder anregen kann[9].

Veränderungen in den Zahlungssitten, d. h. eine Veränderung der Bestände an Noten und Münzen bei den Nichtbanken, führen zwar bei den Kreditinstituten zu Liquiditätssalden, d. h. zu einem Ungleichgewicht der an Nichtbanken bereitgestellten Mittel (Kredite) einerseits und den von Nichtbanken aufgenommenen Mitteln (Einlagen) andererseits, jedoch wird von diesem Vorgang nicht die verfügbare Geldmenge (Sichteinlagen plus Münzen und Noten) beeinflußt. Vielmehr hat nur eine Verlagerung zwischen den Sichtguthaben bei den Banken und den Kassenbeständen der Nichtbanken (Zahlungsmittelumlauf) stattgefunden. Bei den übrigen Ursachen für Liquiditätssalden (Außenwirtschaftstransaktionen, Kassengebarung der Öffentlichen Hand, Direktgeschäfte der Notenbank mit der Wirtschaft und den sonstigen Einflüssen) ist das anders. Hier werden Liquiditätssalden auch gleichzeitig von einer Veränderung der Geldmenge begleitet. Die Bedeutung von Liquiditätssalden für das gesamte Nachfragevolumen ist daher bei einer Veränderung des Zahlungsmittelumlaufs geringer als bei Liquiditätssalden, die auf andere Ursachen zurückzuführen sind.

c) Liquiditätssalden infolge von Außenhandelsungleichgewichten

Die gleichmäßige Veränderung des Kreditvolumens auf der einen Seite der Bankbilanzen und der Einlagen auf der anderen Seite kann zum zweiten von der finanziellen Abwicklung der Außenhandelsgeschäfte

---

[9] Vgl. hierzu *Kruse*, A.: „Wo steht die Nationalökonomie heute?“, München, 1951, S. 65.

beeinflußt werden. Derartige Störungen des gleichgewichtigen Wachstums von Mittelbereitstellung und Mittelaufkommen bei Kreditinstituten werden dann verursacht, wenn sich die finanziellen Transaktionen der Wirtschaft im Auslandsgeschäft nicht ausgleichen und die Zentralbank helfend einspringen muß, sei es, daß sie Gold und Devisen abgibt oder übernimmt. Der Umfang der dabei entstehenden Liquiditätssalden ist stets identisch mit dem Saldo der Zahlungsbilanz des Landes, d. h. dem Saldo der Waren-, Dienstleistungs- und Kapitalbilanz.

Zu Liquiditätssalden in Form eines Mangels an Zentralbankgeld, also zu einem Zustand, bei dem das Mittelaufkommen aus den Nichtbanken hinter den Ausleihungen an Nichtbanken zurückbleibt, führen Defizite der Zahlungsbilanz. Solche Liquiditätssalden können auf zweierlei Weise entstehen, je nachdem, ob die „Importeure", also diejenigen, die Devisen nachfragen, Gläubiger des Bankensystems sind oder nicht. Sind die „Importeure" Gläubiger des Bankensystems, so werden sie ihre Bank beauftragen, zu Lasten ihrer Sichtkonten bei der Zentralbank Devisen zu erwerben, die dann ins Ausland fließen. Bei den Kreditinstituten verringern sich die Einlagen und die Guthaben der Bank bei der Notenbank, während der Bestand an Krediten unverändert bleibt. Die Banken erleiden also einen Verlust an Zentralbankgeld.

Sind die devisennachfragenden „Importeure" dagegen nicht Gläubiger der Banken, dann müssen sie, um in den Besitz von Devisen zu gelangen, bei ihrer Bank einen Kredit aufnehmen. Dieses ihnen im Aktivgeschäft einer Bank gewährte Geld erhöht jedoch ceteris paribus nicht die Einlagen des Bankensystems, sondern wird dazu benutzt, Devisen bei der Zentralbank zu erwerben. Insgesamt gesehen mußte das Bankensystem also mehr Kredit gewähren, ohne daß hierfür von Nichtbanken auch zusätzliche Einlagen zur Verfügung gestellt wurden.

Liquiditätssalden in Fom eines Überschusses an Zentralbankgeld treten dagegen dann ein, wenn das Angebot an Gold und Devisen bei Beibehaltung fester Wechselkurse größer ist als die Nachfrage und diejenigen Besitzer von Devisen, die bei den geltenden Kursen keine Abnehmer am freien Markt finden, das ausländische Geld der Zentralbank verkaufen. Auch in diesem Fall kann der Überschuß an Zentralbankgeld bei den Kreditinstituten sich auf zwei Wegen bilden, je nachdem, ob der devisenanbietende „Exporteur" Gläubiger des Bankensystems ist oder nicht. Der Gläubiger begibt sich mit seinen Devisen zur Bank, die ihm den Gegenwert in inländischer Währung gutschreibt. Die Devisen reicht die Bank der Notenbank weiter und erhält dafür ihrerseits eine Gutschrift auf ihrem Zentralbankkonto. Bei einer Erhöhung der Einlagen der Nichtbanken und der Zentralbankgeldbestände der Bank bleibt die Höhe der Ausleihungen unverändert. Die Liquiditätslage der Kreditinstitute hat sich also gebessert.

Aber auch wenn der devisenanbietende „Exporteur“ Schuldner der Bank ist, entsteht ein Liquiditätssaldo, und zwar ebenfalls in Form eines Überschusses an Zentralbankgeld. Denn der Kunde übergibt die Devisen seiner Bank, die in Höhe des inländischen Gegenwertes damit seine Schulden, d. h. einen Kredit, tilgt. Bei dieser Bank hat sich also das Volumen der Ausleihungen verringert, die Zentralbankgeldbestände dafür erhöht, während die Einlagen in ihrem Umfang unverändert geblieben sind.

Zusammenfassend kann also gesagt werden, daß Überschüsse an Gold und Devisen in einer Volkswirtschaft in gleicher Höhe Liquiditätssalden in Form von Zentralbankgeldüberschüssen entstehen lassen, während Gold- und Devisendefizite zu entsprechend hohen Liquiditätssalden in Form eines Mangels an Zentralbankgeld führen. Das Verhältnis der Mittelbereitstellung der Banken zum Mittelaufkommen bleibt von der finanziellen Abwicklung von Außenhandelsgeschäften nur dann unberührt, wenn die Zahlungsbilanz ausgeglichen ist und weder Devisenüberschüsse noch Fehlbeträge entstehen oder wenn die Wechselkurse sich völlig frei den Devisenangebots- und Devisennachfrageschwankungen anpassen. Diese Bedingungen sind jedoch in der Wirklichkeit nur selten gegeben, und gewöhnlich ist immer ein größerer oder kleinerer Einfluß des Außenhandels sowie des Geld- und Kapitalverkehrs auf die Liquiditätsströme vorhanden.

Der Einfluß solcher Ungleichgewichte im Außenhandel auf das wirtschaftliche Wachstum ist besonders stark, stärker jedenfalls als die anderen Ursachen, die zu Liquiditätssalden führen. Und zwar nicht nur, weil, wie schon geschildert, sich mit den Liquiditätssalden infolge von Außenhandelsungleichgewichten, im Gegensatz zu denen infolge veränderten Zahlungsmittelumlaufes, auch die Geldmenge verändert — das ist auch bei den noch zu behandelnden weiteren Ursachen der Fall —, sondern weil der Einfluß des Außenhandels auf die Liquidität auch noch von der Güterseite her verstärkt wird. Denn während die Banken durch den Zufluß von Zentralbankgeld die Möglichkeit erhalten, ihr Kreditvolumen auszudehnen, wird durch die Ausfuhr von inländischen Leistungen das im Inland verfügbare Sozialprodukt bei tendenziell steigender Nachfrage verringert. Ob diese Situation allerdings zu einer Übersteigerung der wirtschaftlichen Entwicklung führt, hängt von verschiedenen Faktoren ab, vor allem von den vorhandenen Kapazitäten, d. h. vom güterseitigen Expansionsspielraum und dem Verhalten der am Wirtschaftsprozeß Beteiligten.

Umgekehrt entzieht ein Einfuhrüberschuß dem Wirtschaftskreislauf im Inlande Einkommen und monetäre Nachfrage bei gleichzeitig erhöhtem Güterangebot. Die sich hieraus ergebenden kontraktiven Einflüsse werden noch dadurch verstärkt, daß der gleichzeitig bei den Kreditinstituten eintretende Liquiditätsverlust — infolge relativ geringerem Mittelaufkommens — den Banken die Möglichkeit nimmt, im erforderlichen Umfang Kredite bereitzustellen.

In diesem wie auch im ersten Fall ist eine Intervention der Notenbank erforderlich, die allerdings in ihren Wirkungen auf die Außen- und Binnensphäre der Wirtschaft ein zweischneidiges Schwert ist. So können kontraktive Maßnahmen im Falle eines Außenhandelsüberschusses die Expansion der Binnenwirtschaft empfindlich stören und die Außenhandelsüberschüsse sogar noch größer werden lassen, da der Druck auf die Preise nach unten die Absatzchancen im Ausland erhöht. Eine Liquiditätshilfe der Zentralbank bei einem Außenhandelsdefizit[10] enthält dagegen die Gefahr einer Übersteigerung der Auftriebskräfte in der Wirtschaft, die ihrerseits wiederum das Außenhandelsdefizit noch erhöhen kann.

d) Liquiditätssalden infolge von Kassentransaktionen der Öffentlichen Hand

Die simultane gleichgewichtige Veränderung von Krediten und Einlagen bei den Kreditinstituten infolge erhöhter oder verminderter Mittelbereitstellung der Banken an die Nichtbanken wird drittens auch durch die Kassentransaktionen der Öffentlichen Hand mit der Notenbank gestört. Sie sind eine weitere Ursache für Liquiditätssalden bei Kreditinstituten. In den meisten Volkswirtschaften bedient sich die Öffentliche Hand, insbesondere der Staat, Länder, Gemeinden, entweder aus Tradition oder kraft Gesetzes[11] der Notenbank als Finanzierungsinstitut. Ebenso wie eine Bank bei einem Wirtschaftsunternehmen deckt im allgemeinen die Notenbank bei der Öffentlichen Hand den Kreditbedarf bzw. nimmt von ihr Einlagen entgegen. Diese Transaktionen mit der Öffentlichen Hand führen bei den Geschäftsbanken zu einem Ungleichgewicht zwischen Krediten, die an Nichtbanken gewährt wurden, und den Einlagen von Nichtbanken.

Liquiditätssalden in Form eines Überschusses an Zentralbankgeld entstehen, wenn die Öffentliche Hand nicht Kasseneinnahmen und -ausgaben in Übereinstimmung bringt und im Inlande mehr ausgibt, als sie

---

[10] Diskonterhöhungen berühren, auch wenn sie nur mit dem Ziele eines Einflusses auf die Binnenkonjunktur vorgenommen wurden, die internationalen Austauschverhältnisse und veranlassen vielfach andere Länder, diese Diskontveränderungen mitzumachen. Dadurch werden Spannungen in den Austauschrelationen vermieden, jedoch wird durch einen solchen Gleichschritt in der Kreditpolitik mehrerer Länder das Ziel der diese Entwicklung einleitenden Volkswirtschaft, den Zahlungsverkehr durch diskontpolitische Maßnahmen zu beeinflussen, nicht erreicht.

[11] Öffentlich-rechtliche Körperschaften wickeln ihre Finanzdispositionen meist über Kreditinstitute ab. Über die deutsche Gesetzgebung vgl. Fußnote 21 Abschn. 2 dieser Arbeit.

gerade eingenommen hat. Das ist dann der Fall, wenn sich der Fiskus bei der Notenbank verschuldet. Die durch Kreditgewährung der Zentralbank möglichen Ausgaben der Öffentlichen Hand fließen auf verschiedenen Wegen (Rentenzahlung, Bauleistungen, Verwaltung usw.) in die Wirtschaft und von dort zu den Kreditinstituten. Je nachdem, ob diejenigen, denen dieses zusätzliche Zentralbankgeld zufließt, nun Bankgläubiger oder Bankschuldner sind, erhöhen sich die Einlagen bei den Banken (durch Einzahlung), ohne daß sich das Kreditvolumen der Geschäftsbanken ändert, oder aber es verringert sich das Kreditvolumen (durch Tilgung bestehender Bankschulden) bei gleichbleibender Einlagensumme. Bei den Kreditinstituten nehmen außerdem die Zentralbankgeldreserven zu.

Dagegen tritt bei den Banken ein Verlust an Zentralbankgeld ein, also ein Liquiditätssaldo, bei dem das Kreditvolumen das Mittelaufkommen übersteigt, wenn die Öffentliche Hand einen Einnahmenüberschuß bei ihren Kassentransaktionen erzielt und diesen Überschuß bei der Notenbank hält. Denn ein solcher Einnahmenüberschuß bedeutet, daß mehr Gelder den inländischen Nichtbanken entzogen werden, als durch Ausgaben zugeflossen sind. Der Niederschlag eines derartigen Vorganges in den Bankbilanzen ist ebenfalls wieder unterschiedlich, je nachdem, ob diejenigen, die die Gelder an den Fiskus abführen, Gläubiger oder Schuldner des Bankensystems sind. Werden die Zahlungen an die Öffentliche Hand von einem Gläubiger vorgenommen (zu Lasten seiner Bankguthaben), dann verringern sich die Einlagen bei den Kreditinstituten, während der Umfang der Kredite unverändert bleibt. Ist der Zahlende dagegen kein Gläubiger der Banken, dann wird er einen Kredit aufnehmen. In diesem Fall wächst also das Kreditvolumen der Banken, dagegen bleibt die Höhe der Einlagen unverändert, da das gewährte Geld ja in die Zentralbank abfließt. Die Zentralbankgeldreserven haben sich in beiden Fällen verringert.

Die Kassentransaktionen der Öffentlichen Hand haben, sofern sich Einnahmen und Ausgaben nicht ausgleichen, denselben Einfluß auf die Liquidität der Kreditinstitute wie ein Saldo in der Zahlungsbilanz oder eine Veränderung im Zahlungsmittelumlauf der Nichtbanken. Zwischen den Kassentransaktionen der Öffentlichen Hand und den beiden anderen Ursachen für Liquiditätssalden besteht jedoch ein wesentlicher Unterschied. Während nämlich sowohl der Zahlungsmittelumlauf außerhalb der Banken wie auch die Zahlungssalden im Außenhandel das Ergebnis von vielfachen, direkt wenig bestimmbaren Verhaltensweisen ist, kann der Saldo der Kasseneinnahmen und -ausgaben durchaus dem wirtschaftspolitischen Konzept für ein anhaltendes Wirtschaftswachstum angepaßt werden. Die mögliche Einflußnahme auf diese Einnahme- und Ausgabeströme gibt dem Staat ein zusätzliches wirtschaftspolitisches

Instrument in die Hand. Nicht nur daß mit dem Umfang der Einnahme- und Ausgabeströme der Einkommensprozeß beeinflußt werden kann[12], ist durch eine entsprechende Gestaltung des Saldos dieser Ausgaben und Einnahmen auch ein Einfluß auf die monetäre Sphäre der Wirtschaft möglich. So ist es denkbar und wäre zur Entlastung des kreditpolitischen Instrumentariums der Notenbank erwünscht, wenn die öffentlichen Kassentransaktionen entstandene Liquiditätssalden (infolge von Transaktionen der Wirtschaft mit dem Auslande oder infolge der Veränderung des Zahlungsmittelumlaufs außerhalb der Banken) mindestens teilweise beseitigten. Der Ausgleich der Liquiditätssalden durch die Notenbank mit Hilfe der Offenmarktpolitik, der Refinanzierung und der Mindestreservepolitik würde dadurch erleichtert.

Die geschilderten Wirkungen von Einnahme- oder Ausgabeüberschüssen bei der Öffentlichen Hand werden allerdings nur dann fühlbar, wenn die öffentlichen Kassentransaktionen im Inlande vorgenommen werden. Ist das nicht der Fall und erhält die Öffentliche Hand Zahlungen aus dem Ausland oder zahlt selbst in das Ausland, so entspricht den entstehenden Differenzen zwischen Einnahmen und Ausgaben stets ein gleich hoher, aber umgekehrter Saldo zwischen Deviseneingängen und -abgängen. Gibt also die Öffentliche Hand Gelder im Auslande aus, so verringert sich gleichzeitig auch um diesen Betrag die Devisenreserve der Notenbank, bei einer Einnahme aus dem Ausland erhöht sie sich. Öffentliche Einnahmen oder Ausgaben im Ausland kompensieren sich also mit einer Erhöhung oder einer Abnahme des Devisenbestandes. Sie sind für die Banken im Inlande „liquiditätsneutral".

e) Liquiditätssalden infolge von Direktgeschäften der Zentralbank mit der Wirtschaft und infolge von sonstigen Einflüssen

Unter Direktgeschäften der Zentralbank mit der Wirtschaft versteht man alle jene Transaktionen der Notenbank, die weder über Kreditinstitute noch über die Öffentliche Hand abgewickelt werden. Die häufigsten Fälle dieser Direktgeschäfte sind der Direktdiskont, d. h. die Diskontierung eines Handelswechsels durch die Notenbank direkt von den Wirtschaftsunternehmen ohne Einschaltung eines Kreditinstitutes und die Entgegennahme von Wirtschaftseinlagen[13].

[12] Vgl. *Paulsen*, A.: „Neue Wirtschaftslehre", 2. Aufl. Berlin und Frankfurt a. M., 1952, S. 237: „Der Staat ist nicht nur im Maße seiner Bedürfnisse mit einem abgeleiteten Einkommen am Volkseinkommen beteiligt, sondern: durch Geben und Nehmen, Ausgaben und Einnahmen bestimmt er als gewichtiger Faktor die Entstehung, Verteilung und Verwendung des Gesamteinkommens, den Grad und die Art der Ausnutzung der produktiven Mittel einer Volkswirtschaft."

[13] Der Direktkredit ist in Deutschland seit Inkrafttreten des Bundesbankgesetzes, also ab 1. 8. 1957, nicht mehr gestattet; dagegen kann die Deutsche Bundesbank Einlagen von der Wirtschaft annehmen.

Diese Direktgeschäfte mit der Wirtschaft spielen in den modernen Zentralbanksystemen nur eine geringe Rolle, da sich die Notenbanken immer mehr ausschließlich den kreditpolitischen Geschäften mit den Geschäftsbanken widmen und es als ihre Aufgabe ansehen, diesen Geschäftsablauf sinnvoll mit den öffentlichen Kassentransaktionen abzustimmen. Direkte finanzielle Transaktionen mit der Privatwirtschaft (außerhalb Banken) werden fast ausschließlich den Geschäftsbanken überlassen.

Soweit die Zentralbanken aber noch solche Direktgeschäfte tätigen, führen auch diese zu Liquiditätssalden. Übersteigt z. B. der Umfang der direkt gewährten Notenbankkredite die Höhe der entgegengenommenen Einlagen, dann fließt den Nichtbanken ein Zentralbankgeldstrom zu, der sich bei den Geschäftsbanken niederschlägt, und zwar ebenfalls wieder je nachdem, ob diejenigen, die das Zentralbankgeld erhalten, Schuldner oder Gläubiger sind, in einer Verringerung des Kreditvolumens der Geschäftsbanken bei gleichbleibenden Einlagen oder in einer Erhöhung der Einlagen bei gleichbleibendem Kreditvolumen.

Übersteigt dagegen der Umfang der von der Notenbank entgegengenommenen Einlagen den Umfang der von ihr direkt gewährten Wirtschaftskredite, dann geht dieser Nettoabstrom von Zentralbankgeld aus der Wirtschaft zur Notenbank zu Lasten der Zentralbankgeldbestände der Kreditinstitute. In diesem Fall werden sich wohl ausschließlich die Einlagen bei gleichbleibendem Kreditvolumen verringern, denn die Nichtbanken werden wohl selten von den Banken Kredite aufnehmen, um dieses Geld bei der Notenbank einzulegen. Dies ist allein schon deshalb unwahrscheinlich, weil die Bankkredite verzinst werden, während die Notenbankeinlagen zinslos sind[14].

Unter dem eingangs zu diesem Abschnitt noch angeführten fünften Bestimmungsgrund für Liquiditätssalden, den sonstigen Einflüssen, sind alle jene Geldströme von und zur Zentralbank zu verstehen, die in den ersten vier Ursachen nicht zu subsumieren sind. Hierzu zählen sämtliche schwebenden Verrechnungen, also Beträge, die zum Zeitpunkt der Bilanzierung von der Notenbank selbst noch keiner Position zugeordnet werden können, sowie ferner die sonstigen Aktiven und Passiven. Auch die Veränderungen dieser Positionen führen ebenso wie die anderen oben besprochenen Ursachen zu einem Geldstrom in die Wirtschaft oder aus der Wirtschaft zur Notenbank und damit zu einem Ungleichgewicht zwischen dem Mittelaufkommen von Nichtbanken und den an Nichtbanken gewährten Krediten.

---

[14] Der Grund, weshalb die Wirtschaft überhaupt bei der Notenbank Einlagen hält, liegt darin, daß die Inhaber dieser Konten dem schnellsten Überweisungsnetz angeschlossen sind.

Alle die hier im einzelnen besprochenen Ursachen für Liquiditätssalden ergeben zusammen einen Nettosaldo eines Zentralbankgeldzustromes in die Wirtschaft oder eines Abstromes in die Zentralbank und somit in gleicher Höhe einen Überschuß oder einen Fehlbetrag an Zentralbankgeld bei den Kreditinstituten. Sicher wäre es denkbar, die einzelnen Einflußmöglichkeiten auf die Liquidität der Banken in einer Formel auszudrücken. Dabei müßten aber ähnlich wie bei dem Giralgeldschöpfungsmultiplikator bestimmte Annahmen gemacht werden, vor allem über den Umfang und das Ausmaß der einzelnen Faktoren. Mit einer gewissen Wahrscheinlichkeit kann man das für die Zahlungssitten der Nichtbanken machen, da der Zahlungsmittelumlauf in einem bestimmten Verhältnis zum Sozialprodukt steht. Unter der Voraussetzung eines kontinuierlichen Wirtschaftswachstums wäre eine Vorausschätzung dieses Faktors also durchaus möglich. Schwieriger ist sie dagegen bei den Salden im Außenhandel oder denen der öffentlichen Kassengebarung. Da hier — wie der Wirtschaftsablauf immer wieder zeigt — die Parameter sich ständig ändern, dürfte insbesondere für kurzfristige Untersuchungen der Wirtschaftsentwicklung auf eine Gesamtanalyse der monetären Konstellation anhand statistischer Daten nicht verzichtet werden.

f) Bestimmender Faktor für die Liquiditätssalden nach dem Kriege: Das Auslandsgeschäft

Im folgenden wird der Versuch gemacht, die Liquiditätssalden in der Bundesrepublik Deutschland seit der Währungsreform und ihre Ursachen quantitativ darzustellen. Zu diesem Zwecke wird in Tabelle 4 die gesamte Mittelbereitstellung der Kreditinstitute an die Wirtschaft (außer Banken) und an die Öffentliche Hand dem Mittelaufkommen von Nichtbanken gegenübergestellt. Die rechtliche Form, in der die Banken das Geld gewähren bzw. in der sie von Nichtbanken Mittel annehmen, ist dabei von untergeordneter Bedeutung. Die Mittelbereitstellung enthält daher nicht nur die von Banken ausgewiesenen Kredite, sondern auch jene Mittel, die von den Kreditinstituten gegen Übernahme von Wertpapieren, Beteiligungen, Ausgleichsforderungen und Deckungsforderungen[15] bereitgestellt wurden. Aus dem gleichen Grund enthält das Mittelaufkommen auch nicht nur die Einlagen, sondern darüber hinaus auch die von Nichtbanken aufgenommenen Mittel, Kapitalmarktmittel

---

[15] Deckungsforderungen entstanden mit der Vorfinanzierung von Leistungen im Rahmen des Lastenausgleichsgesetzes. Vgl. hierzu das Gesetz über einen Währungsausgleich für Sparguthaben Vertriebener in der Fassung vom 14. August 1952 (BGBl. I. S. 446 ff.) § 11 und Gesetz zur Milderung von Härten der Währungsreform (Altsparergesetz) vom 14. Juli 1953 (BGBl. I. S. 495 ff.) § 19.

(abgesetzte Bankschuldverschreibungen) und durchlaufende Mittel sowie die ebenfalls aus der Nichtbankensphäre stammenden „eigenen Mittel".

Diese Gegenüberstellung von Mittelbereitstellung und Mittelaufkommen bei den Kreditinstituten zeigt in jedem Jahr zwischen den beiden Größen eine Differenz, d. h. Liquiditätssalden. Diese Liquiditätssalden äußerten sich 1949, 1950 und 1955 in einem Mangel an Zentralbankgeld — die Banken liehen mehr aus, als sie von Nichtbanken erhielten —, in allen anderen Jahren bis 1960 dagegen in einem Überschuß an Liquidität. In dieser Zeit waren also die von Nichtbanken den Banken zur Verfügung gestellten Gelder umfangreicher als die von den Banken an Nichtbanken ausgeliehenen. Von Anfang 1949 bis Ende 1960 überwog insgesamt gesehen der Liquiditätszustrom. Der Überschuß des Mittelaufkommens gegenüber der Mittelbereitstellung betrug in diesen Jahren nicht weniger als 18,71 Mrd. DM. Charakteristisch für diese Zeit ist, daß dieser Liquiditätsüberschuß zum überwiegenden Teil auf Überschüsse im Außenhandelsgeschäft zurückzuführen ist; alle anderen Faktoren wirkten liquiditätsmindernd, ihre Einflüsse wurden jedoch vom Gold- und Devisenzustrom überkompensiert. Allein aus der Zunahme der Devisenbestände flossen den Banken in den ersten zwölf Jahren nach der Währungsreform 32,97 Mrd. DM Zentralbankgeld zu. Die übrigen auf die Liquidität der Kreditinstitute einwirkenden Faktoren — Zahlungsmittelumlauf, Kassengebarung der Öffentlichen Hand, Direktgeschäfte der Bundesbank und die sonstigen Einflüsse — haben den Kreditinstituten dagegen meist Zentralbankgeld entzogen, und zwar insgesamt in Höhe von 14,26 Mrd. DM.

Die Entwicklung in den einzelnen Jahren verlief teilweise recht unterschiedlich, meist waren aber die Veränderungen in den Gold- und Devisenpositionen, also in der Außenwirtschaft, für die Liquiditätssalden entscheidend. In dem ersten hier betrachteten Jahr — 1949 — schwammen die Banken noch keineswegs im Gelde. Vielmehr mußten sie einen erheblichen Verlust an Zentralbankgeld hinnehmen. Bei einer Mittelbereitstellung von 8,15 Mrd. DM standen nur 5,57 Mrd. DM Gelder von Nichtbanken zur Verfügung. Der Liquiditätssaldo in Form eines Mangels an Zentralbankgeld betrug also 2,58 Mrd. DM. Infolge eines Devisendefizits verloren die Banken allein 1,89 Mrd. DM und durch die Zunahme des Zahlungsmittelbedarfs, die im ersten Jahr nach der Währungsreform besonders hoch war, weitere 1,41 Mrd. DM. Der Liquiditätssaldo wäre in diesen ersten Jahren nach der Währungsreform noch fühlbarer gewesen, wenn nicht die Öffentliche Hand durch einen Ausgabeüberschuß der Wirtschaft und den Banken einen recht erheblichen Betrag Zentralbankgeld (1,24 Mrd. DM) hätte zufließen lassen.

Auch das Jahr 1950 brachte den Banken noch einen Liquiditätsverlust, obwohl die Devisenbilanz Deutschlands sich bereits besserte und dadurch

Tabelle 4: **Liquiditätssalden bei den Kreditinstituten und ihre Ursachen**
(Veränderungen in Mrd. DM)

	1949	1950	1951	1952	1953	1954	1955	1956	1957	1958	1959	1960
I. *Mittelbereitstellung der Kreditinstitute an Nichtbanken*[a]	*+ 8,15*	*+ 8,58*	*+ 6,73*	*+ 9,10*	*+11,30*	*+14,52*	*+14,92*	*+10,13*	*+ 9,39*	*+15,87*	*+21,98*	*+17,32*
Ursachen von Liquiditätssalden:												
1. Zunahme des Zahlungsmittelumlaufs[b]	— 1,41	— 0,63	— 1,14	— 1,58	— 1,15	— 0,80	+ 1,29	— 0,83	— 1,60	— 1,49	— 1,40	+ 1,43
2. Saldo d. Außenwirtschaftstransaktionen[c]	— 1,89	+ 0,97	+ 2,38	+ 3,14	+ 3,56	+ 2,80	+ 2,06	+ 4,66	+ 5,49	+ 3,33	— 0,41	+ 6,88
3. Saldo zwisch. Kasseneinnahmen und -ausgaben d. Öffentlichen Hand bei der Bundesbank[d]	+ 1,24	— 0,44	— 0,92	+ 0,07	— 1,00	— 1,05	— 0,66	— 0,68	+ 2,75	+ 0,42	+ 3,24	— 1,17
4. Direktgeschäfte der Bundesbank mit der Wirtschaft[e]	+ 0,03	— 0,58	+ 0,56	+ 0,05	+ 0,07	— 0,01	— 0,03	— 0,07	— 0,05	+ 0,02	— 0,01	— 0,00
5. Sonstige Einflüsse[f]	— 0,55	— 0,07	+ 0,43	+ 0,10	— 0,17	— 0,03	— 0,73	— 0,20	— 0,15	+ 0,27	— 0,46	— 0,17
II. *Mittelaufkommen bei den Kreditinstituten von Nichtbanken*[g]	*+ 5,57*	*+ 7,83*	*+ 7,18*	*+10,88*	*+12,61*	*+15,43*	*+14,27*	*+13,01*	*+15,83*	*+18,42*	*+22,94*	*+21,43*
Liquiditätssalden bei den Kreditinstituten (I ⁒ II)	*+ 2,58*	*+ 0,75*	*— 0,45*	*— 1,78*	*— 1,31*	*— 0,91*	*+ 0,65*	*— 2,88*	*— 6,44*	*— 2,55*	*— 0,96*	*— 4,11*

a) Pos. 3, 4 u. 5 (Sonst. Mittelbereitstellung) der Tab. 3. — b) Pos. 9 (Nichtbanken) der Tab. 2. — c) Pos. 1 (übrige Auslandsaktiva) der Tab. 2. — d) Saldo der Pos. 2 u. 6 der Tab. 2. — e) Saldo der Pos. 3 u. 7 der Tab. 2. — f) Pos. 10 der Tab. 2. — g) Pos. 6, 7 u. 10 der Tab. 3.

den Banken Zentralbankgeld zufloß (0,97 Mrd. DM). Diese Liquiditätsverbesserung wurde allerdings dadurch fast kompensiert, daß die Notenbank von den Importeuren vor der Einfuhr die Hinterlegung des Einfuhrpreises in D-Mark verlangte. Dadurch wurden den Banken 0,58 Mrd. DM Zentralbankgeld entzogen, die als Einlagen zur Notenbank flossen. Erst im kommenden Jahr 1951 — nach Aufhebung der Bareinschußpflicht — sind diese Gelder dann wieder von der Notenbank zu den Banken zurückgeflossen. Entscheidend für den 1950 entstandenen Liquiditätssaldo in Form eines Mangels an Zentralbankgeld waren der Einnahme-Überschuß der Öffentlichen Hand (0,44 Mrd. DM) und die Erhöhung des Zahlungsmittelumlaufs (0,63 Mrd. DM). Diese Erhöhung des Zahlungsmittelumlaufs war sehr gering, die kleinste Steigerung nach dem Kriege. Das hing offenbar mit der allgemeinen Knappheit an Zahlungsmitteln bei starkem Geldbedarf infolge hoher Investitionstätigkeit zusammen. Die Wirtschaft wurde dadurch gezwungen, ihre liquiden Mittel auf das Allernotwendigste zu beschränken. Auch der umfangreiche Lagerabbau im Jahre 1950 spricht für diese Vermutung.

Ein Liquiditätssaldo in Form eines Zentralbankgeldmangels trat danach nur noch 1955 auf, als die Gold- und Devisenzugänge vorübergehend nachließen (+ 2,06 Mrd. DM) und der demzufolge schwächere Zustrom von Zentralbankgeld in die Wirtschaft und zu den Banken von dem Geldabstrom vor allem infolge erhöhten Zahlungsmittelumlaufs und eines Einnahmeüberschusses der Öffentlichen Hand überkompensiert wurde. In allen anderen Jahren, also 1951 bis 1954 und 1956 bis 1960, floß bei den Kreditinstituten und auch in der Wirtschaft stets mehr Zentralbankgeld zu als ab, und in allen diesen Jahren war der Gold- und Devisenzugang ausschlaggebend für diese Entwicklung. Alle anderen Faktoren, vor allem die Erhöhung des Zahlungsmittelumlaufs und die Einnahmeüberschüsse der Öffentlichen Hand, haben den Zentralbankgeldzustrom aus dem Auslandsgeschäft nur zum Teil kompensieren können. Diese Feststellung gilt auch weitgehend für die Jahre 1952, 1957, 1958 und 1959, in denen — wie Tabelle 4 zeigt — die Kassentransaktionen der Öffentlichen Hand nicht mit Einnahmeüberschüssen, sondern mit Ausgabeüberschüssen abschlossen. Diese Mehrausgaben resultieren hauptsächlich aus Auslandszahlungen des Bundes und waren somit für den inländischen Kreislauf liquiditätsneutral. Aber auch in diesen Jahren wurden erhebliche öffentliche Mittel den Banken und der übrigen Wirtschaft entzogen und flossen umfangreiche Devisenbeträge aus dem privaten Wirtschaftsverkehr mit dem Auslande zu. Die Auslandszahlungen der Öffentlichen Hand haben diese Entwicklung nur verwischt.

Ein eindrucksvolles Bild über die Veränderung der Gesamttendenz in der Geldversorgung vermittelt ein Vergleich der Jahre 1949 und 1957. Beide Jahre hatten die bisher extremsten Ergebnisse aufzuweisen. Im

Jahre 1949 entstand der bisher höchste Liquiditätssaldo, gekennzeichnet durch einen Mangel an Zentralbankgeld, und im Jahre 1957 konnte der bisher größte Liquiditätssaldo, gekennzeichnet durch einen Überschuß an Zentralbankgeld, verzeichnet werden. Für die Banken selbst bedeutete dies im Jahre 1949, daß sie mit 68 DM Einlagen, die von Nichtbanken zur Verfügung gestellt wurden, eine Kreditnachfrage von 100 DM befriedigen mußten. Ein starker Rückgriff auf die Notenbank war also erforderlich. Wenn die Banken dagegen im Jahre 1957 eine Kreditnachfrage von 100 DM befriedigten, standen ihnen hierzu 169 DM Kundschaftsgelder zur Verfügung. Unter diesen Umständen konnten sich die Banken entsprechend stark entschulden und nahmen gern Offenmarkt-Angebote der Zentralbank an.

4. Der Ausgleich der Liquiditätssalden

Als Liquiditätssalden wurden im vorangegangenen Abschnitt Differenzen bezeichnet, die zwischen den Einlagen und in anderer Form von Nichtbanken den Banken gegebenen Geldern einerseits und den von den Kreditinstituten den Nichtbanken gewährten Geldern andererseits entstehen. Sie bedeuten entweder einen Verlust oder einen Zufluß von Zentralbankgeld und sind auf finanzielle Transaktionen der Nichtbanken mit der Zentralbank zurückzuführen. Die Kreditinstitute gleichen diese von Nichtbanken verursachten Ungleichgewichte zwischen ihren Aktiv- und Passivpositionen im Bilanzbild durch entsprechend hohe Transaktionen, ebenfalls mit der Zentralbank, aus.

Hierbei sollte man zwischen dem Liquiditätsausgleich unterscheiden, der einer Einzelbank zur Verfügung steht, und dem, dessen sich die gesamten Geschäftsbanken bedienen können. Die einzelne Bank kann zum Zwecke des Ausgleichs eines Mangels oder eines Überschusses an Zentralbankgeld sich direkt des Zentralbanksystems bedienen oder aber die entstandene Differenz mit einer anderen Geschäftsbank ausgleichen. Dieser letzte Fall setzt nun allerdings voraus, daß die zweite, ausgleichende Geschäftsbank einen umgekehrten Liquiditätssaldo hat. Wenn z. B. die Bank A einen Mangel an Zentralbankgeld aufweist, dann kann sie diesen Mangel bei einer anderen Geschäftsbank (B) nur beseitigen, wenn diese über einen Überschuß an Zentralbankgeld verfügt. Ein Ausgleich von Liquiditätssalden einzelner Banken bei anderen Geschäftsbanken, d. h. ein Liquiditätsausgleich über den Geldmarkt, setzt also stets entgegengesetzte Liquiditätssalden bei einem Teil der übrigen Geschäftsbanken voraus oder, anders ausgedrückt: setzt voraus, daß gesamtwirtschaftlich Liquiditätssalden nicht bestehen.

Sobald allerdings ein Zentralbankgeldmangel oder -überfluß sich gesamtwirtschaftlich und nicht nur bei einzelnen Geschäftsbanken bemerkbar macht, der Mangel oder Überfluß an Zentralbankgeld also eine allgemeine Erscheinung wird, dann können die Kreditinstitute ihre Liquiditätssalden nur bei der Zentralbank ausgleichen. Ein Ausgleich über die Notenbank wird also nur dann nicht notwendig, wenn im gesamten Bankensystem der Umfang des Mittelaufkommens von Nichtbanken gleich dem der Mittelbereitstellung an Nichtbanken ist.

a) Der Ausgleich der Liquiditätssalden über die Zentralbank

aa) Der Ausgleich vollzieht sich automatisch

Es mag den Anschein haben, daß der Ausgleich von Liquiditätssalden, also einer Differenz zwischen Einlagen und Krediten im weiteren Sinne, im Ermessen der Banken liegt oder zumindest jedoch von den Banken bewußt herbeigeführt wird. Das ist jedoch nicht richtig. Vielmehr vollzieht sich dieser Ausgleich automatisch. Er ist somit auch stets so groß wie der Liquiditätssaldo selbst. Das bedeutet, daß dem Zentralbankgeldstrom von den Geschäftsbanken zu Nichtbanken ein gleich hoher Zentralbankgeldstrom von der Notenbank zu den Geschäftsbanken entspricht. Wenn z. B. ein Bankkunde — um Devisen bei der Notenbank zu erwerben oder aber um seine eigenen Kassenbestände zu erhöhen — sich Zentralbankgeld zu Lasten seines Bankguthabens auszahlen läßt, die Bank also das Geld ihren eigenen Zentralbankgeldreserven (Einlagen der Kreditinstitute bei der Notenbank) entnimmt, dann entspricht dem Abstrom von Zentralbankgeld an den Kunden ein ebenso großer Zentralbankgeldstrom von der Notenbank zur Geschäftsbank. Nun werden allerdings in den seltensten Fällen die Banken ihre Liquiditätssalden über ihre Kassenreserven ausgleichen. Das scheitert bei einem Liquiditätssaldo, gekennzeichnet durch einen Mangel an Zentralbankgeld, allein schon daran, daß Bestände an Zentralbankgeld bei den Banken meist nur wenig über die gesetzlich vorgeschriebenen Mindestreserven hinausgehen und daher nicht vermindert werden können, so daß ein anderweitiger Rückgriff auf die Notenbank erforderlich ist. Auch bei einem Überschuß an Zentralbankgeld wird man ihn nicht durch Erhöhung der Zentralbankgeldbestände bei der Notenbank ausgleichen, da diese zinslos sind; vielmehr wird man versuchen, über die Offenmarkt-Politik der Notenbank verzinsliche Papiere zu erwerben oder noch bestehende Schulden bei der Notenbank (Refinanzierung) abzubauen oder diese freien Mittel über die Notenbank in Devisen einzutauschen, um sie bei ausländischen Banken anzulegen (Geldexport).

Die Tatsache, daß der Ausgleich von Liquiditätssalden nicht auf einer Initiative der Banken beruht, sondern sich automatisch vollzieht, wirft zwei Fragen auf:

1. Beeinträchtigen Liquiditätssalden überhaupt die Kreditschöpfungsmöglichkeiten der Banken und damit das Wachstum der Wirtschaft?

Bei dieser Fragestellung kann von der These ausgegangen werden, daß z. B. ein Mangel an Zentralbankgeld die Ausleihungen der Kreditinstitute bremst, dadurch die Einkommensbildung verlangsamt wird und somit das Wirtschaftswachstum hemmt. Umgekehrt erhöht ein Zentralbankgeldüberschuß die Bereitschaft der Banken, Kredit zu gewähren, und tendiert damit zu einer Beschleunigung des Einkommens- und damit des gesamten Wachstumsprozesses. Die mit einem Mangel oder Überfluß an Zentralbankgeld verbundenen Zinsbewegungen am Geldmarkt unterstützen diese Tendenzen noch zusätzlich.

Diese These scheint aber einen Widerspruch zu enthalten, da festgestellt wurde, daß die Liquiditätssalden immer ausgeglichen werden. Hierbei ist nun allerdings zweierlei zu beachten:

a) Der Mangel an Zentralbankgeld, auf welchem Wege er auch immer beseitigt wird, belastet auf jeden Fall die Kreditinstitute, sei es, daß sie Reserven oder Guthaben bei der Zentralbank verlieren oder sich verschulden. Ihr Bilanzbild verschlechtert sich dabei und zwingt sie zu größerer Vorsicht. Im Falle eines Überflusses ist es umgekehrt. Die Verbesserung des Status ermöglicht eine großzügigere Mittelbereitstellung und erleichtert der Wirtschaft dadurch die Finanzierung. Man kann sogar noch weitergehen: Die Kreditinstitute halten kraft Gesetzes oder aus Erfahrung einen bestimmten Teil ihrer Einlagen in Zentralbankgeld. Da ihnen der Umfang des Liquiditätsausgleichs bekannt ist, den ihnen die Zentralbank „zubilligt", bzw. da sie diesen Umfang bei auftretenden Liquiditätssalden erfahren, werden sie von vornherein das Volumen ihrer Ausleihungen so verändern, daß ihre Zahlungsfähigkeit, die in dem bestimmten Verhältnis zwischen Barreserven und Einlagen zum Ausdruck kommt, immer gewahrt bleibt. Die aufgeworfene Frage, ob die Kreditschöpfungsmöglichkeiten durch Liquiditätssalden beeinträchtigt werden, kann also bereits ohne weiteres bejaht werden.

b) Es muß jedoch stets noch berücksichtigt werden, daß immer nur die effektiven Liquiditätssalden sichtbar sind, niemals dagegen die latenten. Das heißt: Eine Bank läßt nur dann Liquiditätssalden entstehen und nimmt den automatischen Ausgleich dieser Salden nur dann auf sich, wenn das Bilanzbild dieses noch gestattet. Nun können allerdings die Banken die Nachfrage nach Zentralbankgeld nur bei Bankschuldnern latent halten, da Bankgläubiger die Möglichkeit haben, ihre Bankguthaben zu verringern. Gerade in Situationen, in denen dies geschieht, ist damit zu rechnen, daß die Kreditinstitute je nach dem Umfang des dann auftretenden Mangels an Zentralbankgeld Kreditwünsche nicht erfüllen. Im umgekehrten Falle eines Überschusses an Zentralbankgeld gibt es kein latentes Angebot, da Nichtbanken stets die Möglichkeit haben, durch Bildung von Einlagen oder Tilgung von Bankschulden das Zentralbankgeld im Bankensystem „anzulegen". Das Ausmaß der Liquiditätssalden in Form eines Überschusses an Zentralbankgeld entspricht also stets der Marktlage. Im anderen Fall, wenn Zentralbankgeld abgehoben wird, kommen diese Liquiditätssalden nicht in voller Höhe zum Ausdruck, weil der Zwang, die Kreditgewährung einzuschränken, einen Teil dieses Mangels kompensiert.

2. Beeinflußt der Liquiditätsausgleich die Transaktionen der Nichtbanken mit der Zentralbank, oder beeinflussen die Transaktionen der Nichtbanken den Liquiditätsausgleich?

Diese zweite Frage, die aus der Feststellung folgt, daß der Liquiditätsausgleich sich automatisch vollzieht, ist noch problematischer. Es wurde dargelegt, daß die Einflüsse des veränderten Zahlungsmittelumlaufs, der Außenwirtschaftstransaktion, der Kassentransaktion der Öffentlichen Hand und die Direktgeschäfte der Zentralbank bei den Banken Liquiditätssalden entstehen lassen, die — wie jetzt festgestellt wurde — automatisch über die Zentralbank auf dem Wege der Veränderung der Zentralbankgeldreserven, durch Offenmarkt-Politik, Geldexport oder Refinanzierung ausgeglichen werden. Dieser Zusammenhang läßt zwei Möglichkeiten offen: Entweder ist die Kreditpolitik der Notenbank nur das Spiegelbild der außerhalb der Sphäre Geschäftsbanken — Notenbank liegenden Transaktionen, oder aber die Kreditpolitik ist ausschlaggebend. Dann müßte jeder kreditpolitische Eingriff sich in einer Veränderung der Positionen auf der anderen Seite (Transaktionen Notenbank — Nichtbanken) bemerkbar machen[1]. Es hat den Anschein, daß die Wahrheit hier in der Mitte liegt. Der Einfluß der Kreditpolitik scheint zwar durchaus stark genug, um die Zentralbankgeldströme zu bestimmen, schon deshalb, weil die Einflußnahme der Notenbank auf die Liquidität der Kreditinstitute direkt möglich ist, während die Wirkungen von Liquiditätssalden auf die Liquidität der Banken indirekt sind — über Transaktionen der Nichtbanken mit der Notenbank. Jedoch gibt es auch auf der Seite der Liquiditätssalden „starke" Positionen wie vor allem die Kassentransaktionen der Öffentlichen Hand. Sie kann nämlich, solange sich diese Transaktionen im Rahmen des gesetzlich bestimmten Kreditspielraums halten, ohne stärkere Einflußmöglichkeit der Notenbank über Zentralbankgeld disponieren. Anders ist es dagegen beim Auslandsgeschäft. Seine finanzielle Abwicklung ist bei bestehenden festen Wechselkursen von der Bereitschaft der Notenbank abhängig, Devisen anzukaufen oder abzugeben. Auf die Außenwirtschaftstransaktionen als einer wichtigen Ursache von Liquiditätssalden hat also die

---

[1] Dieser mögliche Unterschied in den Auswirkungen zentralbankpolitischer Interventionen liegt offenbar — wenn auch unausgesprochen — in der Arbeit von Robert V. *Roosa:* „Federal Reserve Operations in the Money and Government Security Markets;" Federal Reserve Bank of New York, Juli 1956, zugrunde, wenn er zwischen einer „passiven" (defensiv) und einer „aktiven" (dynamic) Verantwortung der Zentralbank unterscheidet. Auf S. 13 f. heißt es: „Defensively, the System's job might be seen, when stripped of complicating details, as that of keeping a given volume of reserves in being and helping with the economical distribution of that given total. Dynamically, the job is to vary the quantity of reserves (after allowing for seasonal variations) by such amounts, and through such methods, as to make the banking system, and the money market as well, an active force in the economy — promoting growth, resisting depression, and limiting inflation."

Notenbank durchaus Einfluß. Die Rücksichtnahme auf die internationalen Wirtschaftsbeziehungen wird die Notenbanken, insbesondere bei konvertiblen Währungen, allerdings davon abhalten, diese mögliche Einflußnahme auszuüben. Nimmt sie aber im internationalen Interesse die entstehenden Salden bei den Außenwirtschaftstransaktionen hin, so gewinnt die Notwendigkeit einer Abstimmung der Öffentlichen Hand mit der Notenbank im Hinblick auf die Gestaltung der Kassentransaktionen der Öffentlichen Hand an Gewicht.

ab) Die Formen des Liquiditätsausgleiches über die Zentralbank

Die Kreditinstitute haben in den meisten Volkswirtschaften vier Möglichkeiten, ihre Liquiditätssalden über die Notenbank auszugleichen:

1. Über die Reserven bei der Notenbank
2. Über die Inanspruchnahme eines Kredites
3. Über den Verkauf oder Kauf von Wertpapieren am Offenen Markt
4. Über die Anlage bei ausländischen Kreditinstituten.

Bei jeder dieser Möglichkeiten des Liquiditätsausgleiches hat die Notenbank das Recht, bei den Kreditinstituten zu intervenieren. Dabei sind diese „Interventionshebel" sinnvoll auf die Art der beiden verschiedenen Liquiditätssalden — Mangel oder Überfluß — zugeschnitten.

Zu 1: Von der Möglichkeit, Liquiditätssalden über die Reserven bei der Notenbank auszugleichen, machen die Kreditinstitute nur ungern Gebrauch. Die Erhöhung ihrer Reserven bei der Notenbank über den erforderlichen Umfang hinaus im Falle eines Liquiditätsüberschusses z. B. bedeutet für die Kreditinstitute eine zinslose „Anlage", die sie nur wählen werden, wenn andere Verwendungsmöglichkeiten nicht mehr gegeben sind. Bei einem Liquiditätsmangel, wie er bei stärkerer Kreditnachfrage auftreten kann, wird der Ausgleich über die Reserven kaum möglich sein, da die Banken aus Rentabilitätsgründen im allgemeinen nur geringe Überschußreserven halten.

Während der Liquiditätsausgleich über die Reserve bei der Notenbank von den Banken nur dann gewählt wird, wenn andere Wege nicht offenstehen, besitzt die Notenbank mit ihrem Einfluß auf diesen Liquiditätsausgleich ein wirksames kreditpolitisches Instrument[2]. In vielen Volkswirtschaften — so auch in Deutschland — können nämlich die Notenbanken den Kreditinstituten die Höhe der von ihnen zu haltenden Reserven vorschreiben (Mindestreserven). Damit hat die Zentralbank es in der Hand, durch Veränderung der Reservesätze kraft Gesetzes[3] zu

---

[2] *Day,* A. C. L.: „Outline of Monetary Economics", Oxford, 1957, S. 133: „The most important foundation of central bank's power derives from its position as the bank at which the commercial banks hold deposits: from its position as the banker's bank."

[3] Vgl. hierzu Gesetz über die Deutsche Bundesbank vom 26. Juli 1957 (BGBl. I 1957, S. 745 ff.), § 16.

jedem gewünschten Zeitpunkt Zentralbankgeld von den Banken abzuziehen oder es ihnen für Ausleihungen zur Verfügung zu stellen. Sowohl der zeitliche Einsatz wie der Umfang dieser Einflußnahme auf die Reserven der Banken hängen also weitgehend von der Notenbank ab. Die Kreditinstitute haben keine Möglichkeiten, von sich aus diesen Geldstrom direkt zu beeinflussen. Das ist höchstens indirekt durch vermehrte oder verminderte Ausleihungen denkbar, die zur Folge haben, daß sich die Höhe der Mindestreserven entsprechend dem wachsenden oder sinkenden Bestand an Krediten ändert. Diese absolute Herrschaft der Notenbank über einen Geldstrom zwischen sich und den Banken unterstreicht die wirtschaftspolitische Bedeutung der Mindestreservepolitik. Sie wird daher auch in den meisten Fällen nicht nur deshalb eingesetzt, um bestehende Liquiditätssalden auszugleichen, sondern um die Liquiditätssalden in der einen oder anderen Richtung zu verändern und dadurch die Ausleihungen der Banken in einem konjunkturell erwünschten Umfang zu halten.

Mit dem Recht, für die Kreditinstitute Mindestreserven festzusetzen, besitzt die Notenbank also ein Steuerungsmittel des Kreditvolumens, das im Interesse eines gleichgewichtigen Wirtschaftswachstums eingesetzt wird, und zwar sollte das dann geschehen, wenn die Offenmarkt-Politik und die Diskontpolitik infolge ihrer unmittelbaren Wirkungen (insbesondere Zinsveränderungen) das angestrebte gleichgewichtige Wachstum der Wirtschaft erschweren[4] und ein Ausgleich über die Anlage bei ausländischen Kreditinstituten nicht möglich ist oder unzweckmäßig erscheint. Im Gegensatz vor allem zur Offenmarkt-Politik, die darauf beruht, daß die Banken freiwillig, nur angeregt durch günstige Konditionen, Geldmarktpapiere kaufen oder verkaufen, stellen die kraft Gesetzes durchgeführten Mindestreserve-Operationen sehr drastische Eingriffe in die Liquidität der Banken dar. *Day* bemerkt dazu[5]: „Open market operations can be used for the more delicate changes, while changes in reserve ratios can be used for drastically large operations." Die Wirksamkeit der Mindestreservepolitik ist auch deshalb so besonders stark, da die kraft Gesetzes entstandenen Zentralbankguthaben der Kreditinstitute im Gegensatz zu einem übernommenen Schatzwechsel oder anderen Geldmarktpapieren — im Rahmen der Offenmarkt-Politik — unveräußerbar sind. Die Notenbank hat bei den Mindestreserven eine Garantie, daß dieses Geld nicht zur Kreditgewährung verwendet werden kann.

---

[4] Auch die Mindestreservepolitik beeinflußt die Zinssätze. Jedoch finden die dadurch ausgelösten Zinsveränderungen an der Höhe des „allgemeinen" Zinsniveaus, das vom Diskontsatz und den von der Zentralbank festgesetzten Abgabesätzen für Geldmarktpapiere bestimmt wird, ihre Grenze. Diskont- und Offenmarkt-Politik und die mit ihr einhergehende Neufestsetzung von Diskont- und Abgabesätzen verändern dagegen die Höhe des „allgemeinen" Zinsniveaus.

[5] *Day*, A. C. L.: „Outline of Monetary Economics", Oxford, 1957, S. 152.

Dagegen muß die Zentralbank bei einem Geldentzug durch Geldmarktpapiere stets mit einer Rückgabe dieser Papiere durch die Kreditinstitute rechnen. Auch eine Verschlechterung der Konditionen kann das nicht immer verhindern[6]. Die Beeinflussung der Liquiditätssalden und damit die der Giralgeldschöpfung ist also mit der Mindestreservepolitik wirksamer zu erreichen als mit der Offenmarkt-Politik. Der ursprüngliche Sinn einer Mindestreservehaltung, nämlich die Sicherung der Liquidität und Zahlungsfähigkeit der Bank, ist in der Gegenwart völlig in den Hintergrund getreten[7]. Von der theoretischen Nationalökonomie ist dieser Grund für die Einführung der Mindestreservepflicht wohl auch nie ernstlich ins Auge gefaßt worden. Noch bevor in der Welt eine gesetzliche Pflicht zur Haltung von Mindestreserven eingeführt wurde[8], schrieb *Keynes* 1930 in seinem Buch „Vom Gelde“[9]: „Obwohl der Vorschlag auch heute noch revolutionär sein mag, sollte dennoch meiner Ansicht nach eine Vorschrift wie diese, gebührend gesichert, den Befugnissen einer idealen Zentralbank der Zukunft hinzugefügt werden. Sie geht den Dingen geradewegs auf den Grund, anstatt sich auf die indirekten und umständlich wirkenden Einflüsse zu verlassen, die in unseren empirischen Systemen der Kreditpolitik entwickelt worden sind.“ In die Kritik zur Mindestreservehaltung schleicht sich jedoch der Gedanke, daß die Mindestreservepflicht dazu da wäre, für ausreichende Liquidität zu sorgen, ab und zu immer wieder ein. So ist *Day* der Ansicht, man könnte die Mindestreservepflicht mit der Anordnung der Polizei vergleichen, zur Beseitigung eines Mangels an Taxi müsse an jedem Taxistand stets ein Wagen stehenbleiben[10]. Um die Sicherung der Liquidität geht es aber bei der Mindestreservehaltung gar nicht, sondern um die Regelung der

---

[6] *Halm,* George N.: „Geld, Außenhandel und Beschäftigung“, München, 1954, S. 88, bemerkt hierzu, daß die Mindestreserve eine viel wirksamere Maßnahme als irgendeine andere Art der Beeinflussung der Höhe der Reserven der Banken ist. „Dazu kommt, daß die Änderung dieses Faktors plötzlich vor sich geht, während Änderungen in der Größe der Zentralbankdepositen mehr oder minder schrittweise erfolgen müssen. Die Änderung der Reservevorschriften ist folglich keine normale, alltägliche Maßnahme der Geldpolitik. Ihr Hauptzweck ist die Beseitigung von Überschußreserven, die der Anwendung der Diskont- oder Offenmarkt-Politik im Wege stehen.“

[7] *Chandler,* L. V.: „The Economics of Money and Banking“, New York, 1953, S. 331: „The purpose of reserve requirements is not to assure liquidity but to limit the creation of money.“

[8] Die Mindestreservepflicht wurde zuerst in den USA im Jahre 1931 eingeführt, nachdem bereits das amerikanische Bundesreserveamt 1917 einen diesbezüglichen Vorschlag gemacht hatte, der jedoch verworfen worden war. Vgl. hierzu auch die Arbeit von Randolph *Burgess:* „Reserve Banks and the Money Market“, New York and London, 1946.

[9] Unveränderter Nachdruck von Duncker & Humblot, Berlin, 1955, S. 508 f.

[10] *Day,* A. C. L.: „Outline of Monetary Economics“, Oxford, 1957, S. 151: „It is rather like the (no doubt apocryphal) police commissioner who tried to solve a shortage of taxi-cabs by making a rule that there must always be one cab standing on each cab-rank.“

gesamten Geldversorgung. Das Beispiel von *Day* wäre durchaus sinnvoll, wenn es der Polizei bei den Taxi — ebenso wie der Zentralbank bei den Mindestreserven — darauf ankäme, den Umlauf zu regulieren. Dann könnte sie, wenn weniger Taxi fahren sollten, bestimmen, daß jeweils ein oder mehrere Wagen am Halteplatz warten müßten, oder könnte selbst bei einer gewünschten Erhöhung des Umlaufs an Taxen noch zusätzlich Autos in den Verkehr bringen oder bestimmen, daß keine Taxe länger als zwei Minuten am Halteplatz warten darf.

Es liegt auf der Hand, daß ein derartig wirksamer Eingriff insbesondere den Widerspruch der Betroffenen, also in diesem Fall der Banken, hervorruft. Es kann nicht geleugnet werden, daß durch den Zwang, Barreserven zinslos bei der Notenbank zu halten, auch die Rentabilität der Kreditinstitute betroffen wird. Man wird aber wohl diese Nebenwirkungen hinnehmen müssen, im Interesse einer wirksamen Kontrolle der monetären Entwicklung. In der Praxis hat es sich bisher auch noch nie gezeigt, daß die Handhabung der Mindestreservepolitik zu einer ernsthaften Gefährdung der Bankenrentabilität geführt hat. Eine Erhöhung der Mindestreserven wird vorgenommen, um kontraktiv auf das Kreditvolumen und damit die Wirtschaftsentwicklung einzuwirken. Dabei kann die Zentralbank durch die gleichzeitige Heraufsetzung des Diskont- und Lombardsatzes die Zinssätze für Kredite anheben und damit die Zinsspanne der Banken (bei nicht so starker Erhöhung der Habensätze) tendenziell erweitern. Der Rentabilitätsverlust durch erhöhte Mindestreservehaltung kann hierdurch also wieder ausgeglichen werden.

Bei der statistischen Darstellung der Geldströme, die von der Mindestreservepolitik ausgelöst werden, werden nicht nur die Veränderungen der gesetzlichen Mindestreserven berücksichtigt, sondern auch die der darüber hinausgehenden Reserven (Überschußreserven). Ihre Veränderungen sind allein vom Verhalten der Kreditinstitute abhängig, sie stellen aber ebenfalls einen Geldstrom zur Zentralbank dar. Der Gesamtgeldstrom, der hier die Reservepolitik zum Ausdruck bringt, enthält also alle Gelder, die auf den Zentralbankkonten der Kreditinstitute bewegt werden (Mindestreserven und Überschußreserven) plus dem Zentralbankgeld, das die Geschäftsbanken in der Kasse halten. Eine für die Kreditschöpfungsfähigkeit der Banken relevante Veränderung dieses Gesamtgeldstromes tritt jedoch nur mit dem Heraufsetzen oder Senken des Mindestreservesatzes durch die Zentralbank ein, da die Überschußreserven und die Kasse von den Banken möglichst auf einem Minimum gehalten werden.

Zu 2: Ein zweiter Weg, einen Mangel oder Überfluß an Zentralbankgeld auszugleichen, steht den Kreditinstituten über die Inanspruchnahme oder Rückzahlung von Zentralbankkrediten offen. Wie bereits in einem früheren Abschnitt dargelegt wurde[11], gewährt die Notenbank den Kreditinstituten Kredit, und zwar entweder gegen Übernahme von Wechseln oder gegen Verpfändung von Wertpapieren, d. h. also in der Form des Rediskont oder des Lombardkredites. In Deutschland kommt hierzu noch die Rückgriffsmöglichkeit durch den Verkauf von Ausgleichsforderungen an die Notenbank, der unter bestimmten Bedingungen statthaft ist[12]. Durch Hingabe von Wechseln an die Zentralbank, Lombardierung von Wertpapieren oder Verkauf von Ausgleichsforderungen — d. h. also durch Refinanzierung — ist es den Banken möglich, sich Zentralbankgeld zu verschaffen, wenn daran ein Mangel herrscht. Bei einem Überschuß an Zentralbankgeld können die Banken umgekehrt ihre früher eingegangene Verschuldung bei der Notenbank abbauen, indem sie die rediskontierten Wechsel auslaufen lassen, ohne neue einzureichen, oder die aufgenommenen Lombardkredite zurückzahlen. Früher an die Notenbank verkaufte Ausgleichsforderungen erhalten die Banken zurück, sobald sich bei ihnen ein Zentralbankgeldüberschuß zeigt, denn diese Ausgleichsforderungen werden von der Zentralbank den Kreditinstituten nur vorübergehend bei besonders angespannter Liquiditätslage abgenommen.

Die Art und Weise, wie die Refinanzierung sich vollzieht, deutet schon darauf hin, daß ihre Bedeutung vor allem in dem Ausgleich von Liquiditätssalden liegt, die durch einen Mangel an Zentralbankgeld gekennzeichnet sind. Denn für eine Refinanzierung sind immer bestimmte Papiere, wie Wechsel, Akzepte oder lombardfähige Wertpapiere, erforderlich, die sich im Portefeuille der Geschäftsbanken befinden. Liquiditätssalden, die durch einen Überschuß an Zentralbankgeld gekennzeichnet sind, lassen sich auf diesem Wege nur dann ausgleichen, wenn die Kreditinstitute bereits bei der Notenbank verschuldet sind und die Verschuldung abgebaut werden kann. Ist das nicht der Fall, kann der Überfluß nicht auf dem Wege der Refinanzierung beseitigt werden, sondern dann müssen die Banken entweder Überschußreserven bilden oder die Überschüsse auf dem Wege der Offenmarkt-Politik (Kauf von Geldmarktpapieren) bzw. durch Anlage bei ausländischen Banken (Geldexport) ausgleichen. Der Ausgleich von Zentralbankgeldüberschüssen findet auf dem Wege der Refinanzierung, also in der Höhe der bestehenden Zentralbankschulden, seine Grenze. Ein Mangel an Zentralbankgeld kann dagegen durch Verschuldung der Banken bei der Notenbank in beliebiger

---

[11] Vgl. den Abschnitt „Die Geldversorgung durch die Notenbank" (Kap. 1a — zu 4) dieser Arbeit.

[12] Vgl. hierzu *Hahn*, Paul: „Das Gesetz über die Deutsche Bundesbank", Bonn, Juli 1957 — Erläuterungen zu § 21 des Gesetzes über die Deutsche Bundesbank — S. 82 f.

Höhe ausgeglichen werden, es sei denn, die Notenbank interveniert zusätzlich aus kreditpolitischen Gründen, z. B. indem sie Rediskontkontingente festsetzt.

Die Bedeutung der Refinanzierung liegt in der Zurverfügungstellung von Zentralbankgeld. Entscheidend ist der den Banken von der Notenbank zur Verfügung gestellte Geldstrom, weniger dagegen die Kosten für diese Mittelbereitstellung: der Diskontsatz und der Lombardsatz. Es ist hier nicht der Ort, den vermutlichen Einfluß der Diskont- und Lombardpolitik auf den Wirtschaftsverlauf zu erörtern; jedoch erscheint es notwendig, darauf hinzuweisen, daß durch quantitative diskont- und lombardpolitische Maßnahmen[13] die Zentralbankgeldströme und damit die Kreditschöpfungsfähigkeit der Banken verändert werden können. Diese Maßnahmen dürften fühlbarer sein als eine Veränderung der Zinssätze. Nachhaltige Wirkungen allein von Veränderungen der Zinssätze zu erwarten, hieße wahrscheinlich, den Einfluß des Zinses auf den Wirtschaftsablauf schlechthin überschätzen. Erst die Kombination von Zinsveränderungen und unterstützenden quantitativen Maßnahmen zur Beeinflussung der Refinanzierung ermöglicht eine optimale Diskontpolitik. Man würde ihre Durchschlagskraft auf die Zentralbankgeldströme außer Acht lassen, wenn man George N. *Halm* folgen[14] und die Diskontpolitik als Instrument der Geldmengenregulierung nur benutzen würde, „solange die Wirtschaft prompt auf Veränderungen von Zinssätzen reagiert". *Halm* selbst fügt hinzu, daß man mit dieser Reaktion nicht rechnen könne. Wenn Zinsveränderungen für das Verhalten der Nichtbanken vielleicht heute auch nicht mehr die Bedeutung haben wie noch vor einigen Jahrzehnten, bleibt die Diskontpolitik trotzdem ein wichtiger Faktor für den Liquiditätsausgleich bei den Kreditinstituten.

Die Bedeutung der Diskontpolitik hat sich geändert, und zwar beruht ihr Einfluß heute in erster Linie auf den von der Zentralbank ausgelösten Geldströmen, also auf der Rediskontierungsmöglichkeit, und nicht auf der Verteuerung oder Verbilligung des Kredites. In jüngerer Zeit setzt sich immer stärker die Meinung durch, daß der Einfluß von Zinsveränderungen auf das reale Wirtschaftswachstum nur gering ist und es stärker

---

[13] Hierunter sollen sämtliche Maßnahmen der Notenbank verstanden werden, die den Zweck haben, die Nachfrage nach Zentralbankgeld seitens der Banken durch mengenmäßige Begrenzung der Rediskontmöglichkeit zu beschneiden. Dazu gehören also vor allem die Rediskontkontingente, aber auch bestimmte Bedingungen, die an die Wechseleinreichung geknüpft werden (Anzahl der Wechselunterschriften, Ablehnung der Rediskontierung bestimmter Branchenwechsel usw.). Diese Bedingungen werden auch als qualitative Kontrolle bezeichnet. Allerdings bezwecken auch sie die mengenmäßige Begrenzung der Nachfrage. Vgl. auch *Schneider,* E.: „Einführung in die Wirtschaftstheorie" Teil III, Tübingen, 1952, S. 72 ff.

[14] *Halm,* George N.: „Geld, Außenhandel und Beschäftigung", München, 1954, S. 84.

darauf ankommt, durch Eingriffe in die flüssigen Mittel der Banken die Kreditschöpfungsmöglichkeiten zu beeinflussen, um so die Wirtschaftstätigkeit anzuregen oder zu stoppen. So kommt O. *Veit* in einer Studie über die veränderte Währungspolitik und ihre Folgen zu dem Ergebnis:[15] „Der Effekt einer Zinserhöhung zum Herbeiführen eines Konsumverzichts ist zu ungewiß, um Währungspolitik darauf zu gründen ... Damit verlagert sich das Augenmerk immer mehr auf die Liquiditätslage der Geschäftsbanken, auf das Potential zur Gewährung von Geldschöpfungskredit."

Wenn die Bedeutung des Zinses für den güterseitigen Wirtschaftsablauf vielleicht auch nur gering ist, so sollte allerdings nicht übersehen werden, daß er auf die Disposition der Kreditinstitute Einfluß hat. Je teurer für die Kreditinstitute die Beschaffung von Zentralbankgeld wird, um so mehr werden sie sich überlegen, ob sie noch alle Kreditwünsche erfüllen werden. Umgekehrt fällt den Geschäftsbanken die Entscheidung, einen Kredit zu gewähren, leichter, wenn sie wissen, daß ein vielleicht notwendig werdender Rückgriff auf die Zentralbank billiger wird als bisher. Diese Wirkung des Diskont- und Lombardzinses auf die Mittelbereitstellung der Banken ist jedoch nur dann gegeben, wenn die Kreditinstitute keine anderen, noch billigeren Rückgriffsmöglichkeiten haben, d. h. wenn die Notenbank es verstanden hat, die Mittel der Geschäftsbanken durch Mindestreserve-, Offenmarkt- und Devisenpolitik so zu binden, daß für umfangreiche Ausleihungen ein Rückgriff auf die Notenbank erforderlich wird[16]. Haben die Banken dagegen größeren Spielraum und können sich anderenorts Zentralbankgeld billiger und reichlicher beschaffen, dann bleibt allerdings dieser Einfluß einer Änderung des Diskont- oder Lombardsatzes ebenfalls aus. Eine gewisse stetige Verschuldung der Banken bei der Notenbank ist, um die Einflußnahme der Zentralbank immer zu sichern, deshalb durchaus erwünscht.

Zu 3: Ein dritter Weg, ihre Liquiditätssalden auszugleichen, steht den Kreditinstituten durch die Offenmarkt-Politik der Notenbank zur Verfügung. Die Banken können z. B. bei einem Liquiditätsüberschuß am Offenen Markt, d. h. über die Börse oder im Telefonhandel, im Bestand der Notenbank befindliche Wertpapiere kaufen, und zwar vor allem Schatzwechsel (Laufzeit bis zu drei Monaten) sowie unverzinsliche Schatzanweisungen (Laufzeit bis zu zwei Jahren), aber auch festverzinsliche Wertpapiere (z. B. öffentliche Anleihen). Umgekehrt können die

---

[15] Institut für das Kreditwesen — Prof. Dr. *Veit:* „Die veränderte Währungspolitik und ihre Folgen", Frankfurt a. M., 1957, S. 52.

[16] *Chandler,* L. V.: „The Economics of Money and Banking", New York, 1953, S. 333: „Changes in discount rates are most effective when many banks are in debt to the Federal Reserve or expect to be in the near future. They are not very effective when the banks are out of debt to the Federal Reserve or expect to remain so."

Banken durch einen Verkauf dieser Papiere an die Zentralbank über den Offenen Markt ihre Bestände an Zentralbankgeld erhöhen.

Auch hier ist der Besitz bestimmter Papiere die Voraussetzung für die Durchführung des Liquiditätsausgleichs: Im Gegensatz zur Diskontpolitik, bei der die dafür notwendigen Handelswechsel zuerst einmal im Bestand der Kreditinstitute sind, befinden sich Schatzwechsel und ähnliche Papiere zuerst im Bestand der Notenbank, die ja als „Hausbank" des Staates gegen Schatzwechsel usw. im Rahmen der gesetzlichen Bestimmungen Kredit gewähren kann. Daraus ergibt sich, daß die Offenmarkt-Politik vor allem zum Ausgleich von Liquiditätssalden geeignet ist, die durch einen Überfluß an Zentralbankgeld gekennzeichnet sind. In einem solchen Fall können die Kreditinstitute das überflüssige Zentralbankgeld zu einem bestimmten Zinssatz in diesen Geldmarktpapieren anlegen. Für Liquiditätssalden, die durch einen Mangel an Zentralbankgeld gekennzeichnet sind, eignet sich die Offenmarkt-Politik nicht immer. Solche Liquiditätssalden können nämlich nur dann über die Offenmarkt-Politik ausgeglichen werden, wenn die Banken bereits früher einmal Zentralbankgeldüberschüsse hatten, die sie in Schatzwechseln angelegt haben. Nur dann können sie durch Rückgabe der in ihrem Bestand befindlichen Geldmarktpapiere den Mangel an Zentralbankgeld beseitigen. Der Ausgleich eines Mangels an Zentralbankgeld auf dem Wege der Offenmarkt-Politik ist also begrenzt durch den Bestand an solchen Papieren bei den Geschäftsbanken. Dagegen kann ein Überfluß in beliebiger Höhe ausgeglichen werden, da im allgemeinen die vorhandenen Papiere bei der Notenbank, angesichts der meist sehr hohen Staatsschuld, hierzu ausreichen[17].

Die Wirksamkeit der Offenmarkt-Politik wird — diesen Eindruck kann man jedenfalls aus der theoretischen Literatur gewinnen — oftmals überschätzt. Dies scheint daran zu liegen, daß man der Meinung ist, Umfang und Intensität der Offenmarkt-Politik hingen allein vom Wollen der Zentralbank ab, könnten also ähnlich geregelt werden wie die Veränderung der Mindestreserven. So schreibt z. B. George N. *Halm*[18]: „Von ihrem strategischen Wert für die Zentralbank aus betrachtet, besitzt die

---

[17] In Deutschland war das nach der Währungsreform, mangels einer Staatsschuld, nicht der Fall. Die Notenbank blieb deshalb jedoch keinesfalls aktionsunfähig, sondern beantragte bei der Bundesregierung die Umwandlung von langfristigen Titeln (Ausgleichsforderungen) in kurzfristige und mittelfristige Geldmarktpapiere, mit deren Hilfe sie dann den starken Liquiditätszustrom vor allem aus dem Auslandsgeschäft neutralisieren half. Vgl. auch:

Day, A. C. L.: „Outline of Monetary Economics", Oxford, 1957, S. 147: „... openmarket operations by the central bank arises from the facts that, before it can operate in the market it must have something with which to operate and there must be a market in which to operate."

[18] *Halm,* George N.: „Geld, Außenhandel und Beschäftigung", München, 1954, S. 86.

Offenmarkt-Politik eine gewisse Überlegenheit über die Rediskontpolitik. Bei ersterer ist die Initiative in den Händen der Zentralbank, während die Diskontpolitik insofern passiv ist, als ihre Wirksamkeit von der Reaktion der Kreditbanken und ihrer Kunden auf die Veränderung der Zinssätze abhängt." Noch deutlicher in dieser Richtung äußert sich E. *Schneider*[19]: „Mindestreserve- und Offenmarkt-Politik stellen einen unmittelbaren, direkten Angriff der Zentralbank auf die Barreserven und damit auf den Kreditspielraum der Kreditbanken dar. Kauft die Zentralbank z. B. Gold, Devisen oder Wertpapiere von den Banken und (oder) von Nichtbanken, so erhalten die Banken Zentralbankgeld, ohne daß die Zentralbank irgendwelche Bedingungen stellt. Das Nettoguthaben der Banken bei der Zentralbank vergrößert sich. Setzt die Zentralbank den Mindestreservesatz herab, so erhält die Bank eine zusätzliche Überschußreserve, ohne daß die Zentralbank daran Bedingungen knüpft. Die Initiative zur Erhöhung bzw. Verminderung des Bestandes an Zentralbankgeld bei den Kreditbanken liegt hier allein bei der Zentralbank. Das ist anders bei der Diskont- und Darlehenspolitik. Die Zentralbank setzt hier nur die Bedingungen, unter denen sie bereit ist, den Banken kurzfristigen Kredit zu gewähren. Es liegt bei den Kreditbanken, ob und in welchem Maße sie bereit sind, Zentralbankgeld zu den von der Zentralbank gesetzten Bedingungen in Anspruch zu nehmen und dadurch ihren Bestand an Zentralbankgeld zu erhöhen." Diesen Argumenten sind zwei andere Thesen gegenüberzustellen, die aus der Empirie abgeleitet werden und die souveräne Bedeutung der Offenmarkt-Politik der Notenbank in Frage stellen.

a) Die Geschäfte der Kreditinstitute und der Notenbank am Offenen Markt beruhen nicht auf einer rechtlichen Intervention — wie bei der Mindestreservepolitik —, sondern auf der Basis der Freiwilligkeit. Welchen Weg die Kreditinstitute bei dem Ausgleich ihrer Liquiditätssalden gehen, ist völlig offen. Die Kreditbanken können Geldmarktpapiere kaufen oder verkaufen, aber sie brauchen es nicht[20].

b) Ein Liquiditätsausgleich auf dem Wege der Offenmarkt-Politik kommt nur zustande, wenn die Zentralbank die Bedingungen, zu denen sie Geldmarktpapiere abgibt oder zurücknimmt, so gestaltet, daß dieser Weg der vorteilhafteste ist. Einen Mangel an Zentralbankgeld z. B. wird man nicht durch Rückgabe von Schatzwechseln beseitigen, sondern

---

[19] *Schneider*, Erich: „Einführung in die Wirtschaftstheorie", Teil III, Tübingen, 1952, S. 73.

[20] *Day*, A. C. L.: „Outline of Monetary Economics", Oxford, 1957, S. 147: „... commercial banks may not keep their reserve ratios constant. If, for example, the commercial banks are in such a liquid position that they do not mind a reduction in their cash ratios, open market sales by the central bank may have very limited effects."

durch Diskontierung ausgleichen, wenn der Rücknahmesatz der Zentralbank für Geldmarktpapiere[21] wesentlich über dem Diskontsatz liegt.

Im Gegensatz zur Mindestreservepolitik wird man bei der Offenmarkt-Politik nicht von einem Angriff auf die Barreserven der Kreditbanken sprechen können, da die Banken keinesfalls gezwungen sind, Offenmarkt-Papiere zu kaufen. Als z. B. in Deutschland nach 1951 infolge der hohen Außenhandelsüberschüsse ständig bei den Banken Zentralbankgeldüberschüsse entstanden, haben die Kreditinstitute diese Überschußreserven zuerst allein auf dem Wege der Entschuldung bei der Zentralbank (Rückgang der Refinanzierung) abgebaut und erst später auf Geldmarktpapiere zurückgegriffen, als die Refinanzierung auf einem Minimum angelangt war. Grund dafür, daß von den Banken dieser Weg eingeschlagen wurde, war die hohe Zinsersparnis durch Schuldenabbau bei der Zentralbank (Diskontkredit der Zentralbank z. B. 1954/55: 3½ %), die einen möglichen Zinsertrag aus der Anlage in Geldmarktpapieren (Schatzwechsel um die Jahreswende 1954/55: 2 ⅛ %) überkompensierte. Da der Diskontsatz meist über den Abgabesätzen für Geldmarktpapiere liegt, wird der Ausgleich eines Zentralbankgeldüberschusses im allgemeinen zuerst auf dem Wege der Verringerung der Refinanzierung und erst dann durch Anlage in Geldmarktpapieren vollzogen.

Der unterschiedliche Charakter der notenbankpolitischen Instrumente, die Tatsache nämlich, daß die Diskontpolitik vor allem dazu dient, einen Mangel an Zentralbankgeld zu beseitigen, die Offenmarkt-Politik dagegen insbesondere Überschüsse ausgleichen soll, kann nicht oft genug betont werden. Denn dieser unterschiedliche Charakter beider Maßnahmen läßt es unmöglich erscheinen, daß Offenmarkt-Operationen der Notenbank durch Diskontierungen oder Lombardierungen neutralisiert werden, wie dies in der Literatur teilweise angenommen wird. So heißt es z. B. bei R. *Stucken*[22]: „Dort wo die Notenbank sich beider Mittel nebeneinander bedient, muß sie befürchten, daß Kauf von Wertpapieren seitens der Notenbank, d. h. Zuführung von Barreserven zu den Kreditinstituten, zu einer Abnahme der Beanspruchung der Notenbank auf ihrem Wechselkonto führt, so daß also die Barreserven der Kreditinstitute tatsächlich gar nicht steigen. Und auf der anderen Seite bringt der Verkauf von Wertpapieren seitens der Notenbank, also Verminderung der Barreserven seitens der Kreditinstitute, es dahin, daß die Kreditbanken die

---

[21] Die Rücknahmesätze der Zentralbank für Offenmarktpapiere liegen stets höher als die entsprechenden Abgabesätze. In Deutschland liegt der Rücknahmesatz für Schatzwechsel aller Laufzeiten um ⅛ vH über dem höchsten Abgabesatz für Schatzwechsel, also dem für Schatzwechsel mit einer Laufzeit von 60 bis 90 Tagen. Die Rücknahmesätze für unverzinsliche Schatzanweisungen werden von der Deutschen Bundesbank von Fall zu Fall unter Berücksichtigung der Marktverhältnisse festgelegt.

Vgl. hierzu die Methodischen Erläuterungen im „Statistischen Handbuch der Bank deutscher Länder“, Frankfurt a. M., 1955, S. 288.

[22] *Stucken*, R.: „Geld und Kredit“, 2. Aufl., Tübingen, 1957, S. 103 f.

Notenbank vermehrt im Wechselsdiskontgeschäft beanspruchen und so den bisherigen Barliquiditätssatz aufrechterhalten." Ähnliche Gedanken finden sich auch in der angelsächsischen Literatur, so z. B. bei Hiram L. *Jome*[23]: „As the Federal Reserve authorities sell securities on the open market, the member banks may increase their borrowing from the Federal Reserve banks, if need be, to offset their loss of reserve or cash ... On the other side of the picture, if the Federal Reserve System purchases securities on the open market, the member banks can use the extra resources, to some extent at least, as we have already seen, to pay off any indeptedness they happen to owe to the Federal Reserve banks."

Es wird bei diesen Thesen offenbar nicht genügend berücksichtigt, daß die kreditpolitischen Eingriffe nicht Ursache, sondern Folge von Liquiditätssalden sind. Ein Überschuß oder ein Mangel an Zentralbankgeld tritt stets dann auf, wenn — wie das bereits dargestellt wurde[24] — güterseitige Ungleichgewichte zwischen der Zentralbank und den Nichtbanken Geldströme induzieren. Ist durch diese Ursachen ein Überschuß oder ein Fehlbetrag an Zentralbankgeld bei den Kreditinstituten entstanden, dann werden diese Liquiditätssalden in einer Richtung ausgeglichen, wobei nun entweder der Weg der Diskontpolitik oder der der Offenmarkt-Politik beschritten werden kann. In der Praxis wird sogar, z. B. bei einem Überschuß an Zentralbankgeld infolge anhaltender Außenhandelsüberschüsse der Kauf von Geldmarktpapieren noch von einem Abbau der Verschuldung der Banken bei der Notenbank begleitet sein. Daß in diesem Fall der Kauf von Geldmarktpapieren durch eine höhere Verschuldung liquiditätsmäßig kompensiert wird — ein Liquiditätsausgleich insgesamt also gar nicht zustande kommt —, ist schlechterdings bei vorhandenen Liquiditätssalden ein Widerspruch in sich. Einen Mangel an Zentralbankgeld, z. B. infolge von Kassenüberschüssen der Öffentlichen Hand, werden die Banken entweder durch Abgabe von Offenmarkt-Papieren oder durch Refinanzierung ausgleichen. Eine Kompensation der einen durch die andere Maßnahme ist schon deshalb nicht denkbar, da dann nie der bestehende Mangel ausgeglichen werden könnte. Nur wenn Liquiditätssalden insgesamt nicht bestehen und die Banken z. B. niedrig verzinsliche Schatzwechsel verkaufen, um damit ihre Verschuldung bei der Notenbank abzubauen, sind Kompensationen möglich, die dann aber geld- und kreditpolitisch uninteressant sind. Außerdem sind diese Fälle recht theoretisch — in dem angenommenen Fall hätten die Banken in der Wirklichkeit erst gar nicht Schatzwechsel erworben, sondern bei einem Mittelzustrom gleich ihre Verschuldung verringert — und dürften in der Praxis kaum zu finden sein.

---

[23] *Jome*, Hiram L.: „Principles of Money and Banking", Homewood, Illinois, 1957, S. 537.

[24] Vgl. den Abschnitt „Liquiditätssalden und ihre Ursachen" dieser Arbeit.

Zu 4: Die Kreditinstitute können Liquiditätssalden auch noch dadurch ausgleichen, daß sie einen Überschuß liquider Mittel bei der Zentralbank in Devisen umtauschen und diese Gelder dann bei ausländischen Banken oder in ausländischen Geldmarktpapieren anlegen. Umgekehrt können sie einem Mangel an Zentralbankgeld dadurch begegnen, daß sie Guthaben bei ausländischen Banken zurückrufen oder ausländische Geldmarktpapiere im Auslande verkaufen und den Devisenerlös bei der Zentralbank in heimische Währung umtauschen. Dieser Liquiditätsausgleich über den Geldexport der Banken eignet sich in erster Linie für Situationen, die durch einen Überschuß an liquiden Mitteln gekennzeichnet sind. Bietet diese Form des Liquiditätsausgleichs genügend Anreiz in dem zu erwartenden Zinsertrag, so können die Kreditinstitute grundsätzlich beliebig viel Überschüsse im Auslande anlegen. Dagegen ist der Ausgleich eines Liquiditätsmangels, der auf diesem Wege vorgenommen werden soll, begrenzt durch den Umfang an Forderungen gegenüber ausländischen Banken bzw. den Bestand an ausländischen Geldmarktpapieren.

Der Geldexport als Mittel des Liquiditätsausgleichs steht also in gewisser Konkurrenz zur Offenmarkt-Politik, die ja auch in erster Linie für den Ausgleich von Liquiditätsüberschüssen geeignet ist. Die Notenbank kann durch kreditpolitische Eingriffe die für die Wahl des einen oder anderen Weges des Liquiditätsausgleichs wichtigen Daten so setzen, daß die Kreditinstitute den Geldexport bevorzugen oder umgekehrt die Offenmarkt-Politik. Maßstab dafür, welche Möglichkeit die Banken wählen, ist der bei einem Ausgleich eines Liquiditätsüberschusses zu erzielende Ertrag bzw. bei einem Liquiditätsmangel die hinzunehmende Ertragseinbuße. Der erzielbare Ertrag wird z. B. bei der Offenmarkt-Politik von der Notenbank dadurch bestimmt, daß sie Abgabesätze für die zu verkaufenden Geldmarktpapiere, d. h. eine Verzinsung, festsetzt. Beim Geldexport hat die Notenbank auf den eigentlichen Zinsertrag keinen Einfluß, weil die Zinssätze ja im Auslande, entweder von einer anderen Notenbank oder in einem ausländischen Geldmarkt, bestimmt werden. Beim Geldexport spielen aber neben dem Zinsertrag auch noch die sonstigen Kosten des Geldexportes eine Rolle. Dabei handelt es sich hauptsächlich um die Kosten der Kurssicherung. Wenn nämlich ein Kreditinstitut im Auslande Geld zu den dort erzielbaren Zinssätzen anlegt, dann will es das Kursrisiko für die Laufzeit dieser Anlage ausschalten, um nicht unter Umständen später beim Rücktransfer der Auslandsanlage unvorhersehbare Kursverluste hinnehmen zu müssen. Dieses Kursrisiko einer Auslandsanlage kann dadurch ausgeschaltet werden, daß die im Auslande anlegende Bank bei dem Erwerb der Devisen, diese Devisen im gleichen Augenblick wieder verkauft, allerdings per Termin, also erst zu einem späteren Zeitpunkt, der bis zu drei Monaten vom Abschlußtage entfernt liegen kann. Auf dem Devisenmarkt steht der Nachfrage nach Kassadevisen also ein entsprechendes Angebot an Termindevisen gegenüber, wenn eine Bank Geld in das Ausland exportieren will. Während der Kassakurs in diesem Falle steigende Tendenz hat, wird der Terminkurs der gleichen Devise rückläufig sein. Der Zinsertrag des Geldexporteurs wird mithin verringert um die Differenz zwischen Kassakurs und Terminkurs, d. h. um den sogenannten Swapsatz. Da Kassa- und Terminkurse laufend an den Devisenbörsen notiert werden, hat die geldexportierende Bank stets einen Überblick über die im Geldexport zu erzielenden Erträge.

Eine Notenbank hat nun aber durchaus die Möglichkeit, diesen Swapsatz zu beeinflussen, indem sie selbst als Anbieter oder Nachfrager auf dem Devisenkassa- oder Devisenterminmarkt auftritt. (Swappolitik). Wünscht sie z. B. einen Geldexport, der ohne ihren Eingriff vielleicht nicht zustande kommt, da die freie Konkurrenz dazu führt, daß der Swap-Satz, d. h. die Kurssicherungskosten, gerade so hoch sind wie die Differenz zwischen den höheren ausländischen und den niedrigeren inländischen Zinssätzen, so kann die Zentralbank Termindevisen nachfragen. Sie erhöht damit den Terminkurs, verringert den Swapsatz und gestaltet einen Geldexport für die Banken lukrativer. Sie kann diese Nachfrage soweit steigern, daß der Terminkurs über den Kassakurs zu liegen kommt und jeder Geldexporteur dadurch eine Prämie erhält. Die Notenbank kann mit einer solchen Politik auch dann einen Geldexport in Gang bringen, wenn das inländische Zinsniveau höher liegt als das ausländische, der Gesamtertrag aus niedrigerem ausländischen Zins plus Swapprämie aber größer ist als der Zinsertrag einer entsprechenden inländischen Anlage. Umgekehrt kann eine Notenbank durch Vergrößerung der Swapprämie einen nicht erwünschten Geldexport stoppen.

Abschließend sei noch auf zwei Dinge hingewiesen: a) auf die Gültigkeit der Thesen über den Liquiditätsausgleich nur für die Bankensphäre und b) auf den begrenzten Einfluß des Liquiditätsausgleichs auf das Wirtschaftswachstum.

Zu a): Wenn im Vorangegangenen davon die Rede war, daß der Liquiditätsausgleich durch Reservepolitik, Offenmarkt-Politik, Diskontpolitik und Geldexport einen Überschuß oder Mangel an Zentralbankgeld ausgleicht, so gilt diese Feststellung, das muß noch ausdrücklich betont werden, grundsätzlich nur für die Banken. Die Liquiditätssalden selbst, die durch Nichtbankentransaktionen mit der Notenbank entstehen und in der Nichtbankensphäre ebenfalls Liquiditätsüberschüsse oder -fehlbeträge entstehen lassen, werden von den kreditpolitischen Ausgleichstransaktionen nicht berührt[25].

---

[25] Die kreditpolitischen Interventionen der Notenbank umfassen in Deutschland ausschließlich Transaktionen zwischen der Zentralbank und den Geschäftsbanken. Das gilt in Deutschland grundsätzlich auch für die Offen-

Ein Überfluß an Zentralbankgeld, selbst wenn er mit kreditpolitischen Mitteln bei den Banken entfernt würde, bessert aber die Guthaben-Schulden-Position der Nichtbanken gegenüber den Banken und macht sie vom Bankkredit unabhängiger. Umgekehrt kann der Mangel an Zentralbankgeld bei den Banken durch den Liquiditätsausgleich und bei der Wirtschaft durch Bankkredit ausgeglichen werden. In diesem Fall verschlechtert sich die Position der Nichtbanken gegenüber den Geschäftsbanken, was in einem gewissen Umfang auf den Wirtschaftsverlauf kontraktiv wirkt.

Zu b): Aus dieser geringen Einflußmöglichkeit der Kreditpolitik auf Liquiditätsüberschüsse oder -fehlbeträge im Nichtbankenbereich geht die begrenzte Wirkung der Kreditpolitik auf das güterseitige Wirtschaftsgeschehen hervor; es bedarf erst einer starken indirekten Beeinflussung der Mittelbereitstellung der Banken über den Liquiditätsausgleich, um auf die Preise oder die Investitionen einzuwirken. Es kommt noch hinzu, daß die Auswirkungen der Kreditpolitik auf die güterseitige Entwicklung längere Zeit benötigen, ehe sie wirksam werden. Daher ist ein genaues Abwägen der Intensität und des Zeitpunktes für das Einsetzen kreditpolitischer Mittel besonders erforderlich. Da auf die güterseitigen Vorgänge direkt nur die Wirtschaftspolitik, die Finanzpolitik und die Außenhandelspolitik einwirken, ist eine Koordinierung aller dieser Mittel — auch das soll wiederholt werden — dringend geboten. Es ist daher abwegig und muß zu Enttäuschungen führen, der Kreditpolitik allein die Last der Verantwortung für ein gleichgewichtiges Wirtschaftswachstum aufzuerlegen[26]. Ganz im Gegenteil nehmen die nicht monetären

---

markt-Politik. Ein Verkauf oder Kauf von Geldmarktpapieren direkt an oder von Nichtbanken scheitert in Deutschland allein schon daran, daß die Konditionen für eine Offenmarkt-Politik mit Nichtbanken so ungünstig sind (vgl. Mantelvertrag zwischen den Spitzenverbänden, Wirtschaftsgruppen und Fachgruppen der Kreditinstitute vom 22. 12. 1936 — DRAnz. Nr. 299/36 — Habenzinsabkommen § 5), daß es für Nichtbanken stets lukrativer ist, überschüssige Barreserven auf Bankkonten verzinslich festzulegen. Erst ab Herbst 1960 hat die Bundesbank an öffentliche Kapitalsammelstellen Geldmarktpapiere abgegeben. In anderen Ländern, vor allem im angelsächsischen Bereich, gehören solche Offenmarkt-Operationen der Zentralbank mit Nichtbanken, und zwar auch mit der Wirtschaft, zum stets angewandten kreditpolitischen Instrumentarium. In diesem Fall werden dann allerdings nicht nur die Liquiditätssalden bei den Banken, sondern auch bei Nichtbanken ausgeglichen. Sollten bei einem Verkauf von Geldmarktpapieren an Nichtbanken eventuell bei den Kreditinstituten keine Überschußreserven mehr existieren, so können die Banken den eintretenden Liquiditätsverlust ihrerseits durch Rückgabe von im Bestand befindlichen Geldmarktpapieren an die Zentralbank oder durch Refinanzierung ausgleichen.

[26] Wie dringend notwendig auch heute noch ein solcher Hinweis ist, beweisen Worte von E. *Böhler* in seiner 1957 erschienenen 3. Auflage des Lehrbuchs „Nationalökonomie — Grundlagen und Grundlehren", Zürich, 1957. Dort heißt es (S. 174): „Neuerdings versucht man, die Notenbanken für die Aufrechterhaltung eines stabilen Preisstandes sowie einer dauernd günstigen Konjunktur verantwortlich zu machen, jedoch sind die Notenbanken allein dazu nicht imstande."

Einflüsse des Staates, der Verbände, der Gewerkschaften und der mit der Kreditpolitik nicht erfaßten Versicherungen immer stärker zu[27], so daß damit auch die nicht monetäre Konjunkturpolitik eigentlich immer mehr Bedeutung erlangen sollte, wenn der Staat auf die Steuerung des Konjunkturverlaufs nicht verzichten will. Die Kreditpolitik, deren Instrumentarium in den letzten beiden Jahrzehnten vor allem durch die Vervollkommnung der Offenmarkt-Politik und die Schaffung der Mindestreservepolitik[28] erheblich verbessert wurde, kann allein die konjunkturpolitischen Ziele eines Wirtschaftswachstums und der Vollbeschäftigung nicht gerecht werden.

ac) Offenmarkt-Politik als Mittel des Liquiditätsausgleiches und als Ursache von Liquiditätssalden

Bei der Behandlung der sich aus einem Mangel oder Überfluß an Zentralbankgeld bei den Kreditinstituten ergebenden Probleme wurde zwischen Transaktionen unterschieden, die zwischen der Zentralbank und Nichtbanken einerseits und der Zentralbank und den Geschäftsbanken andererseits abgewickelt werden. Während die finanziellen Transaktionen der Zentralbank mit Nichtbanken bei den Kreditinstituten einen Mangel oder Überfluß an Zentralbankgeld hervorrufen, also zu Liquiditätssalden führen, haben die finanziellen Transaktionen zwischen der Notenbank und den Geschäftsbanken die Aufgabe, diese Liquiditätssalden auszugleichen. Bisher wurden zu den Ursachen der Liquiditätssalden ausschließlich Transaktionen gezählt, die auf güterseitigen Vorgängen beruhen, wie die finanzielle Abwicklung des Auslandsgeschäftes, die Kassentransaktionen der öffentlichen Haushalte, Direktgeschäfte der Notenbank mit Wirtschaftsunternehmen außerhalb Banken und einige sonstige Transaktionen. Der Ausgleich der mit diesen Geldbewegungen bei den Kreditinstituten entstandenen Liquiditätssalden wird auf den vier kreditpolitischen Wegen der Reservepolitik, der Diskont- und Lombardpolitik, der Offenmarkt-Politik sowie der Swappolitik vorgenommen. Man ist in Deutschland gewohnt, daß alle diese kreditpolitischen Interventionen ausschließlich gegenüber Banken vorgenommen werden, nicht

---

[27] *Burns,* Arthur F.: „Prosperity without Inflation", New York, 1957, S. 53: „I have suggested that various financial developments — the growth of government expenditures, our steep tax rates, the lesser dependence of corporations on external financing, the greater flexibility of loan instruments, the relatively decline of commercial banks among financial intermediarees, and the large holdings of Treasury securities by financial institutions — have all tended to reduce the effectiveness of traditional monetary restraints."

[28] *Burns,* Arthur F.: „Prosperity without Inflation", New York, 1957, S. 54: „The essential point of the preceding analyses, however, is that in order to achieve a particular effect on the nation's total expenditure in today's environment, the degree of credit restriction which needs to be taken is likely to be appreciably greater than was the case a generation ago."

dagegen auch mit Nichtbanken. Während dies bei der Diskontpolitik und der Mindestreservepolitik auch in anderen Ländern so ist, kommen in Deutschland Offenmarkt-Käufe oder -Verkäufe mit den Nichtbanken in nennenswertem Umfang nicht zustande, weil die im Habenzinsabkommen festgelegten ungünstigen Konditionen einen Erwerb oder Verkauf von Geldmarktpapieren durch Nichtbanken von vornherein ausschließen[29].

Anders ist das dagegen im Ausland, vor allem in den angelsächsischen Ländern. In England z. B. verkauft und kauft die Notenbank Geldmarktpapiere immer über sogenannte Diskonthäuser, das sind Institute, die diese Papiere en bloc übernehmen oder der Zentralbank geben und in eigener Rechnung für die Unterbringung dieser Papiere sorgen[30]. Dabei gehören zu den Kunden der Diskonthäuser sowohl Nichtbanken als auch Kreditinstitute[31]. Auch in den Vereinigten Staaten sind bei der Offenmarkt-Politik des Federal Reserve System nicht nur die Mitgliedsbanken Partner der Notenbank, sondern ebenfalls auch Nichtbanken. *Jome* schildert die Offenmarkt-Operationen in den USA folgendermaßen[32]: „The Federal Open Market Comittee makes it purchases and sales of securities through a small group of selected dealers. These dealers generally buy and sell securities for their own account. The selected dealers have contracts with other dealers and institutional investors, such as commercial banks, insurance companies, business corporations and trustees, as well as with individual investors."

Die Ausdehnung der Offenmarkt-Politik über die Kreditinstitute hinaus auf die Nichtbanken ist von besonderer Bedeutung. Die Notenbank hat nämlich mit der Offenmarkt-Politik, die sich an Nichtbanken wendet, ein Instrument in der Hand, die Liquiditätssalden direkt zu beeinflussen, d. h. ihren Umfang zu regulieren. Sonst hat die Notenbank mit Ausnahme der fast bedeutungslosen direkten Kreditgewährung an die Wirtschaft außerhalb Banken keine Möglichkeit, auf die Ursachen, die zu einem Mangel oder Überfluß an Zentralbankgeld führen, unmittelbar einzuwirken, es sei denn, sie tut es auf dem Umweg über eine Absprache mit der Öffentlichen Hand, die dann ihre Kassentransaktionen entsprechend einstellt. Mit einer Offenmarkt-Politik gegenüber Nichtbanken braucht sie sich aber nicht allein auf den konstatierenden Ausgleich der Liquiditätssalden zu beschränken: Wenn z. B. infolge aktiver

29 An Nichtbanken abgegebene Geldmarktpapiere wurden ausschließlich von öffentlichen Kapitalsammelstellen übernommen.

30 *Sayers,* R. S.: „Modern Banking", Oxford, 1958, S. 116: „... the impact of the bank's purchases may fall upon the discount houses who sometimes act as a ‚cushion' in the market for long-term government securities."

31 Vgl. hierzu *Sayers,* R. S.: „Modern Banking", Oxford, 1958, Kap. 5: The Business of central banks, S. 79 ff.

32 Jome, *Hiram* L.: „Principles of Money and Banking", Homewood, Ill., 1957, S. 513.

Zahlungsbilanz ein Geldstrom zu den Banken und in die übrige Wirtschaft fließt, so kann sie durch Verkauf von Wertpapieren an Nichtbanken dieses Geld nicht nur bei den Banken, sondern auch aus der übrigen Wirtschaft wieder abziehen, da ja die Zeichnung dieser Wertpapiere von der Wirtschaft (außerhalb Banken) durch Scheck zu Lasten ihrer Bankguthaben vorgenommen wird[33]. Umgekehrt kann die Notenbank bei einem Mangel an Zentralbankgeld in der Wirtschaft (außerhalb Banken) mit einer Rückgabe früher an Nichtbanken verkaufter Wertpapiere rechnen. Auch in diesem Falle würde sie die Liquiditätssalden direkt beeinflussen und könnte dadurch z. B. die Wirkung von Einnahmenüberschüssen der Öffentlichen Hand auf die flüssigen Mittel der Nichtbanken und Banken mildern.

Allerdings sollte die Eingriffsmöglichkeit der Notenbank in die Geldmenge auf dem Wege der Offenmarkt-Politik mit Nichtbanken nicht überschätzt werden. Denn Wertpapiere werden nur dann erworben, wenn entweder bei den Nichtbanken umfangreiche flüssige Mittel vorhanden sind und sich „bessere" Anlagemöglichkeiten nicht finden oder wenn die Unternehmer keine freien Gelder mehr in Investitionen anlegen, d. h. wenn sich eine kontraktive Entwicklung anbahnt oder im Gange ist. Ebenso wie das schon über die Offenmarkt-Politik mit Banken gesagt wurde, eignet sich dieses kreditpolitische Mittel vor allem zum Abschöpfen überschüssigen Zentralbankgeldes. Gering dürfte der Einfluß der mit Nichtbanken getriebenen Offenmarkt-Politik auch dann sein, wenn die Wirtschaft stark expandiert und das verfügbare Geld in erster Linie für Investitionen benutzt wird. Sind die Investitionen zu umfangreich und gefährden sie die Preisstabilität, dann wird die Notenbank unter anderem versuchen, die Geldmenge auf dem geschilderten Wege durch Verkauf von Wertpapieren einzuschränken. Da die Zinserträge aus solchen Papieren jedoch verhältnismäßig gering sind, geringer jedenfalls als die Gewinnspannen, mit denen der Unternehmer bei einer Neuinvestition rechnet, wird sich kaum ein Käufer für diese Papiere finden. Gerade in einer konjunkturellen Situation, in der ein Verkauf von Wertpapieren durch die Notenbank dringend erforderlich wäre, scheitert er an der „Freiwilligkeit" der Offenmarkt-Politik. Die Notenbank wird daher, auch wenn sich ihre Offenmarkt-Politik an Nichtbanken wendet, auf andere kreditpolitische Mittel, insbesondere auf die Mindestreserve-Politik und eventuell auf Rediskontkontingente, zurückgreifen müssen.

Wenn in Zeiten eines stürmischen Aufschwungs die Chance gering ist, mit Hilfe von Offenmarktoperationen Zentralbankgeld aus dem Wirt-

---

[33] *Day,* A. C. L.: „Outline of Monetary Economics, Oxford, 1957, S. 138: „The members of the public who are buying the securities from the central bank will normally pay for them by means of cheques drawn against their deposits at the commercial banks."

schaftskreislauf zu entziehen und damit eine Übersteigerung direkt zu zügeln, so werden doch von den Bemühungen der Notenbank schon allein über den Zinsmechanismus tendenziell dämpfende Einflüsse auf die Wirtschaft ausgehen. Das Angebot an Offenmarktpapieren bei nur geringer Nachfrage der Wirtschaft muß nämlich zu Kursrückgängen führen, d. h. läßt die Effektivverzinsung steigen. Je nachdem, ob die Notenbank kurzfristige Wertpapiere (wie Schatzwechsel) oder langfristige Wertpapiere (wie Anleihen) anbietet, ist die Zinserhöhung zuerst am Geldmarkt oder zuerst am Kapitalmarkt spürbar[34]. Will die Notenbank die Wirtschaftstätigkeit dagegen anregen und tritt als Käufer von Offenmarktpapieren auf, so wird sie unabhängig vom Liquiditätseffekt dieser Käufe zu Kurssteigerungen, d. h. Zinssenkungen, beitragen[35].

Dieser Zinseffekt von Offenmarktoperationen bildet eine wichtige Ergänzung der Diskontpolitik. Während durch Änderung der Diskontrate und des Lombardzinses durch die Notenbank in erster Linie die kurzfristigen Zinssätze beeinflußt werden, hat die Zentralbank mit der Offenmarktpolitik — insbesondere beim Verkauf und Kauf langfristiger Wertpapiere — ein Mittel in der Hand, auch die Kapitalmarktzinsen direkt zu beeinflussen. Vor mehreren Jahren hat *Stucken*[36] geäußert, daß z. B. die sinkenden Kurse bei einem Angebot von Offenmarktpapieren durch die Notenbank unerwünscht sein können und deshalb der Anwendung der Offenmarkt-Politik Grenzen setze. Eine solche Feststellung kann sich aber eigentlich nur auf Extremfälle beziehen, in denen die Kurssenkungen stärkeren Umfang annehmen, denn die Nebenwirkungen solcher Kurssenkungen, wie Verschlechterung des Emissionsklimas, sind in einer konjunkturellen Situation, die als überhitzt bezeichnet werden muß und zu den Offenmarktverkäufen der Notenbank führt, sicher zu vertreten. *Stucken* selbst ist offenbar von diesem Gedanken später abgerückt; jedenfalls findet er sich in jüngerer Zeit bei ihm nicht mehr[37].

Bei einer Analyse der Geldversorgung in angelsächsischen Ländern müßte bei der Darstellung der Liquiditätssalden die Position „Offenmarkt-Politik" hinzugefügt werden. Hier wären dann die Geldströme aufzuführen, die durch Kauf oder Verkauf von Geldmarktpapieren von oder an Nichtbanken ausgelöst werden.

---

[34] Bei kurzfristigen Papieren gilt das nur, wenn sich am freien Markt die Kurse nach Angebot und Nachfrage bilden können. Das ist z. B. in den USA und in Großbritannien der Fall. In der Bundesrepublik werden die Konditionen der Schatzwechsel durch Festsetzung von Abgabesätzen seitens der Bundesbank bestimmt.

[35] Vgl. *Schneider,* E.: „Einführung in die Wirtschaftstheorie", Teil III, Tübingen, 1952, S. 57 ff.

[36] *Stucken,* R.: „Geld und Kredit", 1. Aufl., Tübingen, 1949 S. 165.

[37] *Stucken,* R.: „Geld und Kredit", 2., stark veränderte Auflage, Tübingen, 1957.

ad) Der „leverage" Effekt: Ein Multiplikator der Offenmarkt-Politik

Der englische Nationalökonom A.C.L. *Day* hat in seinem Buch „Outline of Monetary Economics"[38] darauf hingewiesen, daß die Offenmarkt-Politik auf das Geld- und Kreditwesen einen stärkeren Einfluß habe, als es die absoluten Käufe oder Verkäufe vermuten lassen. Dabei muß betont werden, daß *Day* bei seiner Argumentation die Offenmarkt-Politik im Auge hat, die sich an die Nichtbanken wendet. Die von ihm geschilderten Einflüsse beziehen sich daher auch nicht auf Offenmarkt-Operationen direkt mit Kreditinstituten, wie sie in Deutschland üblich sind. In Deutschland tritt bei Verkäufen von Geldmarktpapieren durch die Notenbank an die Geschäftsbanken nur an die Stelle der Barreserve der Schatzwechsel. Bei der den Schatzwechsel übernehmenden Bank wird dadurch weder die Zahlungsfähigkeit noch die Kreditschöpfungskapazität ernstlich berührt, denn die Geschäftsbanken können ja diese Geldmarktpapiere jederzeit der Notenbank zurückgeben oder sie lombardieren lassen und sich auf diesem Wege wieder Zentralbankgeld beschaffen.

Im Falle eines Verkaufes von Offenmarkt-Papieren an Nichtbanken ergeben sich jedoch andere Auswirkungen. Sie werden im folgenden unter Zugrundelegung der Arbeit von *Day*, aber unter Hinweglassung der für diese Frage weniger entscheidenden Probleme[39], angedeutet: Verkauft die Zentralbank einem privaten Kunden — also keiner Bank — ein Geldmarktpapier, so wird der Kunde im allgemeinen der Bank einen Scheck in Höhe des Kaufpreises übergeben, der zu Lasten seines Bankkontos bei seiner Geschäftsbank ausgestellt ist. Nachdem die Zentralbank der Geschäftsbank diesen Scheck präsentiert und die Geschäftsbank ihn eingelöst hat, zeigen sich folgende Veränderungen in den Bilanzen: In der privaten Wirtschaft (außerhalb Banken) haben sich die Bankguthaben verringert, die für die Wirtschaft verfügbare Geldmenge (Kasse + Bankguthaben) ist also kleiner geworden. Dafür hat sich dort der Bestand an Geldmarktpapieren erhöht. Bei den Kreditinstituten steht der Verringerung der Einlagen der privaten Kundschaft eine Abnahme der Zentralbankguthaben gegenüber.

Dieser Rückgang der Einlagen schafft also, ohne daß die Mittelbereitstellung sich verringert hätte, bei den Kreditinstituten Liquiditätssalden in Form eines Mangels an Zentralbankgeld (Rückgang der Barreserve) und gefährdet die Zahlungsbereitschaft und die Kreditschöpfungskapazität der Geschäftsbanken. Hierzu ein Beispiel, das ebenfalls der ausführlichen Analyse von *Day* entnommen ist: Zahlungsfähigkeit und Kreditschöpfungskapazität sollen gewahrt sein, wenn das Verhältnis von

---

[38] Oxford, 1957, S. 135 ff.

[39] z. B. über die Einwirkung der Offenmarkt-Politik auf die Zusammensetzung der Barreserve (Minor Effect) vgl. hierzu *Day*, a. a. O., S. 140.

Barreserve zu Einlage 10 vH beträgt. Bevor die Zentralbank ihre Geldmarktpapiere verkaufte, sollen die Barreserve (Kasse + Zentralbankguthaben) 2 Mrd. DM und die Einlagen 20 Mrd. DM betragen haben. Wenn die Notenbank 0,1 Mrd. DM an Geldmarktpapieren verkauft hat, dann betragen die Barreserve nur noch 1,9 Mrd. DM und die Einlagen 19,9 Mrd. DM. Das Verhältnis von Barreserve zu Einlagen hat sich dann verändert von

$$\frac{2{,}0}{20{,}0} = 10 \text{ vH auf } \frac{1{,}9}{19{,}9} = 9{,}5 \text{ vH.}$$

Ist aber ein Verhältnis von 10 vH notwendig, dann sind die Geschäftsbanken durch diese Liquiditätssalden in eine illiquide Situation geraten. Day schaltet jetzt die Möglichkeit aus, diese Liquiditätssalden durch Rediskontierung auszugleichen, und gibt folgende Alternative an, die aus dem Dilemma führen kann: Entweder die Geschäftsbanken verkaufen nun ihrerseits auch Schatzwechsel oder sie verringern ihre Ausleihungen an die Nichtbanken. In beiden Fällen müssen nach Ansicht von Day die Banken darauf hinarbeiten, ihre Mittelbereitstellung und damit die Nichtbankeneinlagen zu verringern, um das alte Verhältnis von 10 vH zwischen Barreserven und Einlagen wiederherzustellen und somit die Zahlungsfähigkeit zu wahren. Dies wird erreicht, wenn die Banken ihre Ausleihungen insgesamt um 0,9 Mrd. DM reduzieren, wodurch sich die Einlagen auf 19 Mrd. DM verringern würden. *Day* kommt also zu dem Ergebnis, daß bei einer zehnprozentigen Reservehaltung bei einem Offenmarkt-Verkauf der Notenbank an Nichtbanken die Geldmenge um das Zehnfache verringert wird. Wörtlich sagt er[40]: „This leverage effect is of the greatest importance. As long as the commercial banks maintain constant cash reserve ratios a central bank operation in the open market has a greatly magnified effect upon the amount of money in the hands of the general public.“

Day verfeinert seine Analyse noch dadurch, daß er unterstellt, die Banken wollten auch nach der Offenmarkt-Operation der Notenbank die alte Relation zwischen Kasse und Zentralbankguthaben wieder herstellen. Er weist nach, daß dadurch die „Hebelwirkung“ der Offenmarkt-Politik etwas abgeschwächt wird[41]. Zusammenfassend kommt *Day* zu dem Ergebnis, daß die Einlagen der Kreditinstitute (d) bei Offenmarkt-Operationen mit Nichtbanken (o) sich um ein Vielfaches der gekauften

[40] *Day*, a. a. O., S. 142.

[41] *Day*, a. a. O., S. 145: „In this case the reduced holdings of central bank-notes by the general public in order to maintain constancy in the ratio of its holdings of the two kinds of money, have greatly weakened the effects of open market operations on the amount of deposits at the commercial banks.“

oder verkauften Geldmarktpapiere verändern. Diese Veränderung ist abhängig einmal von dem Verhältnis der Barreserve zu den Einlagen, das die Banken zu halten wünschen (f), und dem Verhältnis von Notenumlauf außerhalb der Banken und der Nichtbankeneinlagen bei den Kreditinstituten (g), als Ausdruck des multiplikativen Vorganges. Der Einfluß der Offenmarkt-Politik auf die Geldmenge kann somit gekennzeichnet werden durch den Ausdruck[42]:

$$d = \frac{1}{f+g} \cdot o$$

Diese Darstellung einer multiplikativen Wirkung der Offenmarkt-Politik setzt jedoch ebenso wie die bereits früher abgehandelte These des Giralgeldschöpfungsmultiplikators[43] voraus, daß alle sonstigen monetären Faktoren sich während des Ablaufs des multiplikativen Prozesses nicht ändern. Bei der Beurteilung der These einer multiplikativen Wirkung von Offenmarkt-Operationen müssen vor allem zwei Hinweise berücksichtigt werden:

a) Der multiplikative Prozeß als Folge von Offenmarkt-Transaktionen vollzieht sich nicht in der geschilderten Weise, wenn sonstige Zentralbankgeldströme während des Ablaufs zu- oder abfließen. Da dies in der Wirklichkeit aber im allgemeinen der Fall ist, liegt der Wert der Theorie des „leverage effect" vor allem im Aufzeigen der tendenziell wirksamen Kräfte. In der Wirklichkeit müssen stets die vielfältigen Geldströme, die zwischen Nichtbanken und Notenbank fließen, berücksichtigt werden; denn sie variieren das monetäre Bild ständig.

b) Das zweite Problem liegt in der Freiwilligkeit der Offenmarkt-Käufe und -Verkäufe. Diese Transaktionen sind nämlich, gleichgültig ob sie bei Kreditinstituten oder Nichtbanken vorgenommen werden, praktisch nur möglich, wenn die übrigen Geldströme zwischen Nichtbanken und der Notenbank bei den Kreditinstituten und der übrigen Wirtschaft einen Überschuß an Zentralbankgeld gebildet haben. Die Offenmarkt-Eingriffe nehmen den Banken und der übrigen Wirtschaft dann nur die Überschußreserven ab. Kontraktive Wirkungen durch Einschränkung der Ausleihungen der Banken sind kaum zu befürchten. Der Vorteil der Offenmarkt-Politik mit Nichtbanken ist nur, daß diese Überschüsse sowohl bei den Banken als auch bei den Nichtbanken ausgeglichen werden.

Nun ist allerdings noch folgender Fall denkbar: Auf Grund güterseitiger Vorgänge, z. B. infolge von Überschüssen im Außenhandel, entstehen Zentralbankgeldüberschüsse bei Nichtbanken und Banken. Die Notenbank interveniert vorläufig noch nicht mit Offenmarkt-Operationen.

[42] *Day*, a. a. O., S. 145.

[43] Vgl. den Abschnitt „Ergänzungen zum Giralgeldschöpfungsmultiplikator" dieser Arbeit.

Die Geschäftsbanken gleichen den Überschuß an Zentralbankgeld durch Abbau ihrer Refinanzierung bei der Notenbank aus. Davon wird aber der Zentralbankgeldüberschuß bei den Nichtbanken nicht berührt. Erst danach verkauft die Notenbank Geldmarktpapiere an die Nichtbanken gegen deren überschüssige Barmittel. Der dadurch hervorgerufene Rückgang der Einlagen bei den Geschäftsbanken verringert auch die Barreserve der Kreditinstitute, und da ja die ursprünglich vorhandene Überschußreserve bei den Banken durch die Rückführung der Refinanzierung schon abgebaut war, führt diese Offenmarkt-Operation zu einer Liquiditätsverknappung bei den Geschäftsbanken. Es ist aber nun nicht unbedingt zu erwarten, wie das beim leverage effect unterstellt wird, daß die Banken ihre Mittelbereitstellung an Nichtbanken einschränken. Vielmehr kann man erwarten, daß bei Auftreten eines größeren Mangels von Zentralbankgeld die Kreditinstitute zuerst einmal — sofern die Notenbank es ihnen ermöglicht — sich erneut durch Refinanzierung verschulden. Erst wenn die Zentralbank eine solche Verschuldung nicht mehr zuläßt, ist mit einem kontraktiven Einfluß auf die Ausleihungen und die Geldmenge zu rechnen.

b) Der Ausgleich von Liquiditätssalden über den Geldmarkt

ba) Partielle Überschuß- und Mangelerscheinungen an Zentralbankgeld

Bevor in diesem Abschnitt Fragen des Ausgleiches von Überschüssen oder Mangelerscheinungen an Zentralbankgeld behandelt werden, soll definiert werden, was hier unter Geldmarkt zu verstehen ist. Am umfassendsten ist jene Definition, die unter dem Geldmarkt alle kurzfristigen Kredittransaktionen versteht[44], also Ausleihungen, deren Laufzeiten nicht länger sind als bis zu vier Jahren, gleichgültig, wer die Mittel gewährt und wem sie gegeben werden. In dieser Untersuchung soll der Begriff des Geldmarktes jedoch auf die kurzfristigen Transaktionen Anwendung finden, die zwischen Geschäftsbanken abgewickelt werden. Wenn also hier vom Geldmarkt die Rede ist, sollen darunter weder die kurzfristigen Kreditbeziehungen der Geschäftsbanken mit der Zentralbank noch mit den Nichtbanken verstanden werden.

Die Transaktionen der Banken untereinander, die zum Zwecke des Liquiditätsausgleichs vollzogen werden, bestehen banktechnisch im Aktivgeschäft in der Anlage von Geldern bei anderen Banken (Nostrogut-

---

44 *Roosa*, Robert V.: „Federal reserve operations in the money and government security markets", New York, Juli 1956, S. 11: „Broadly defined, the money market could include all forms of short-term credit, as contrasted with the capital market which deals in long terms dept obligations and equities."

haben) oder in der Gewährung von Krediten an dritte Kreditinstitute. Diesen Vorgängen entsprechen im Passivgeschäft die Veränderungen von Einlagen gegenüber dritten Banken bzw. die Veränderungen von aufgenommenen Geldern von anderen Geschäftsbanken. Die beiden genannten Wege — Anlage von Geld oder Kreditgewährung — umfassen also sowohl den Geldhandel im engeren Sinne, also die Zurverfügungstellung von Tagesgeld, Monatsgeld, Dreimonatsgeld usw., als auch die Refinanzierung einer Bank mit Hilfe von Wechseln und Akzepten bei einem dritten Kreditinstitut. Schließlich sind bei einem Geldmarktausgleich von Liquiditätssalden auch jene Käufe und Verkäufe von Schatzwechseln und anderen Geldmarktpapieren zu berücksichtigen, die zwischen den Geschäftsbanken vorgenommen werden. Auch hier entspricht dem Kauf oder Verkauf von Geldmarktpapieren einer Geschäftsbank an die andere eine entsprechende Veränderung der Einlagen oder aufgenommenen Gelder auf der Passivseite der Bankbilanz.

Nun ist die Frage zu klären, welche Bedeutung dieser Ausgleich eines Überschusses oder eines Mangels an Zentralbankgeld für die Volkswirtschaft hat, wenn sich stets Aktiv- und Passivgeschäfte am Geldmarkt ausgleichen. Der Refinanzierung einer Bank bei einer anderen, z. B. auf dem Wege der Weitergabe von Wechseln und Akzepten (Passivgeschäft), entspricht eine gleich hohe Veränderung der Mittelbereitstellung an Banken (Aktivgeschäft). Zwischen der Mittelbereitstellung am Geldmarkt und dem Mittelaufkommen am Geldmarkt können also gesamtwirtschaftlich keine Differenzen entstehen. Mithin können also auch gesamtwirtschaftlich entstandene Liquiditätssalden, d. h. eine Differenz im gesamten Bankensystem, zwischen Mittelbereitstellung an Nichtbanken und Mittelaufkommen von Nichtbanken durch Geldmarkttransaktionen nicht ausgeglichen werden. Unterstrichen wird diese Tatsache auch noch dadurch, daß sich der Liquiditätsausgleich mit der Zentralbank automatisch vollzieht; ein Rest, der durch Geldmarkttransaktionen kompensiert werden könnte, bleibt gar nicht übrig.

Trotzdem ist der Ausgleich von Liquiditätssalden über den Geldmarkt von großer Bedeutung, und zwar für die einzelnen Banken und Bankengruppen. Selbst wenn nämlich im gesamten Bankensystem keine Liquiditätssalden bestehen sollten, das Mittelaufkommen von Nichtbanken und die Mittelbereitstellung an Nichtbanken sich also ausgleichen, ist es wahrscheinlich, daß innerhalb des Bankensystems trotzdem Liquiditätssalden vorhanden sind. Hierzu folgendes Beispiel: Infolge eines Außenhandelsüberschusses wird dem Bankensystem zusätzlich Zentralbankgeld zugeführt, mithin entstehen bei den Kreditinstituten Zentralbankgeldüberschüsse. Zur gleichen Zeit neutralisiert die Öffentliche Hand auf dem Wege von Einnahmeüberschüssen einen gleich hohen Betrag beim Zentralbanksystem, entzieht also diese Gelder den Geschäftsbanken. Der

Überschuß aus dem Auslandsgeschäft wurde in diesem Fall durch die Kassenüberschüsse der Öffentlichen Hand kompensiert. Insgesamt sind im Bankensystem Liquiditätssalden nicht entstanden. Von den angenommenen Transaktionen werden aber nun nicht alle Banken gleichmäßig betroffen. Die Devisenüberschüsse werden vor allem bei jenen Banken gutgeschrieben, die sich mit der Außenhandelsfinanzierung beschäftigen, während die Neutralisierung von öffentlichen Einlagen bei der Zentralbank sich wahrscheinlich zum größeren Teil bei den Staats- und Gemeindebanken bemerkbar macht, die entsprechende Verluste an Zentralbankgeld hinnehmen müssen. Selbst wenn also im gesamten Bankensystem keine Liquiditätssalden entstanden sind, so können doch zwischen den Kreditinstituten Mangel- und Überschußerscheinungen an Zentralbankgeld vorhanden sein.

bb) Der Liquiditätsausgleich, auch ein kalkulatorisches Problem

In dem angenommenen Fall von Außenhandelsüberschüssen und einer Neutralisierung von öffentlichen Geldern bei der Notenbank werden die Banken, die vor allem Außenhandelsgeschäfte betreiben, den bei ihnen entstandenen Überschuß an Zentralbankgeld auf dem Wege des Geldmarktgeschäftes an die Länder- und Gemeindebanken, die einen Mangel an Zentralbankgeld haben, weiterleiten. Man kann allerdings dieses Beispiel nicht grundsätzlich verallgemeinern, daß Kreditinstitute mit einem Überschuß dieses „Zu-viel-Geld" Banken mit einem Mangel an Zentralbankgeld geben. Ob sie das tun, ist in erster Linie eine Frage des Grades der bestehenden Verschuldung der Banken bei der Zentralbank und eine Frage der Konditionen für den Liquiditätsausgleich über die Zentralbank. Bei einem Überfluß an Zentralbankgeld stehen dem einzelnen Kreditinstitut drei Möglichkeiten offen, diesen Überschuß auszugleichen: Erstens über den Abbau der bestehenden Verschuldung bei der Zentralbank, zweitens über den Geldmarkt durch Weitergabe von Geld oder Übernahme von Wechseln, Akzepten und Geldmarktpapieren und drittens über den Kauf von Geldmarktpapieren bei der Notenbank[45]. Beim ersten Weg über den Abbau der Refinanzierung ersparen die Kreditinstitute für die verringerte Zentralbankschuld Zinsen in Höhe des Diskont- bzw. Lombardsatzes, die sie sonst zahlen müßten. Beim zweiten Weg, dem Geldmarktausgleich, erhalten sie von den Banken, denen die Überschüsse zufließen, Zinsen gutgeschrieben, deren Sätze unter, am

[45] Die Möglichkeit, über den Kauf von Devisen bei der Zentralbank (Geldexport) einen Überschuß an Zentralbankgeld auszugleichen, soll in den Kauf von Geldmarktpapieren eingeschlossen sein, da die Notenbank durch Änderung der Swapsätze die Bedingungen eines solchen Geldexportes festlegen kann. Der Geldexport bezw. der Rückruf von Auslandsanlagen kann als Spezialfall der Offenmarkt-Politik angesehen werden, bei dem die Notenbank statt inländischer Wertpapiere Devisen an- oder verkauft.

oder über dem Diskontsatz liegen können; und beim dritten Weg, dem Erwerb von Geldmarktpapieren von der Zentralbank, wird ihnen ein Zins gewährt, der stets die Untergrenze der verschiedenen Zinssätze am Geldmarkt bildet. Die Kreditinstitute werden also dementsprechend den für sie günstigsten Weg wählen, d. h. jenen, bei dem die Zinsersparnis oder der Zinsertrag am größten ist. Da bei auftretenden Liquiditätsüberschüssen die Zinssätze am Geldmarkt dazu tendieren, unter den Diskontsatz zu sinken, werden die Banken im allgemeinen zuerst ihre Refinanzierung bei der Notenbank abbauen, dann versuchen, das überschüssige Geld bei anderen Kreditinstituten anzulegen, und schließlich Schatzwechsel oder andere Geldmarktpapiere bei der Zentralbank zu erwerben suchen[46].

Ähnliche Überlegungen werden selbstverständlich auch von den Banken angestellt, die einen Mangel an Zentralbankgeld haben. Von den oben angenommenen Wegen und Bedingungen ist für Banken mit einem Zentralbankgeldmangel die Beschaffung von Zentralbankgeld über die Rückgabe von Schatzwechseln an die Zentralbank am billigsten. Verfügen die Banken nicht mehr über solche Papiere, dann werden sie versuchen, sich Geld bei anderen Banken zu Konditionen, die günstiger sind als der Diskontsatz, zu beschaffen, und erst, wenn dies auch nicht mehr möglich ist, werden sie sich bei der Zentralbank refinanzieren.

In dem angenommenen Fall eines Zuflusses von Zentralbankgeld infolge eines Außenhandelsüberschusses und der gleichzeitigen Neutralisierung dieser Gelder durch öffentliche Kassenüberschüsse bei der Notenbank werden die Banken mit Überschüssen an Zentralbankgeld also zuerst ihre Refinanzierung abbauen und die Banken mit einem Mangel an Zentralbankgeld ihre Bestände an Geldmarktpapieren der Zentralbank zurückgeben. Sobald diese Bestände abgestoßen sind, fragen die Banken mit Mangelerscheinungen verstärkt am Geldmarkt nach. Die Sätze steigen an oder über den Diskontsatz. Damit wird es für die Banken mit einem Überschuß an Zentralbankgeld interessant, nicht mehr nur die Verschuldung bei der Notenbank abzubauen, sondern nun auch Geld an andere Kreditinstitute abzugeben. Der Geldmarkt beginnt dann, seine liquiditätsausgleichende Funktion zu erfüllen. Das gleiche tritt ein, wenn die Verschuldung der Banken mit einem Überschuß an Zentralbankgeld bei der Notenbank bereits abgebaut ist, die Banken mit einem Mangel an Zentralbankgeld aber ihre Bestände an Geldmarktpapieren noch abstoßen. Die Banken mit Überschüssen versuchen dann, ihr Geld am Geldmarkt unterzubringen, die Geldmarktsätze nähern sich dadurch den Rücknahmesätzen für Geldmarktpapiere bzw. unterschreiten sie sogar.

---

[46] Der Kauf von langfristigen Wertpapieren zum Ausgleich von Zentralbankgeldüberschüssen tritt bei partiellen und vorübergehenden Liquiditätssalden in den Hintergrund, da die Kreditinstitute das Risiko möglicher Kursverluste scheuen.

Für die Banken mit einem Mangel an Zentralbankgeld wird es nun interessant, sich Geld nicht mehr durch Rückgabe von Offenmarkt-Papieren zu beschaffen, sondern es am Geldmarkt aufzunehmen.

Der Liquiditätsausgleich am Geldmarkt deutet also einmal darauf hin, daß die Liquiditätslage im Bankensystem zwischen den einzelnen Instituten oder Institutsgruppen sehr unterschiedlich ist: es sind gleichzeitig Banken mit Zentralbankgeldüberschüssen und andere mit Fehlbeträgen vorhanden. Zweitens ist ein Liquiditätsausgleich über den Geldmarkt nur dann denkbar, wenn die Banken mit Überschüssen ihr Obligo bei der Zentralbank nicht mehr vermindern können oder die Banken mit einem Mangel an Zentralbankgeld über keinen Bestand an Offenmarkt-Papieren verfügen, den sie der Zentralbank zurückgeben könnten. Erst wenn nach Ausgleich der Liquiditätssalden zwischen den einzelnen Instituten über den Geldmarkt dann noch ein Ungleichgewicht (Überschüsse oder Defizite) verbleiben sollte, wird ein Ausgleich über die Zentralbank erforderlich, und zwar bei einem Überfluß an Zentralbankgeld auf dem Wege der Beschaffung von Geldmarktpapieren und bei einem Mangel durch Refinanzierung.

bc) Vagabundierende Gelder im Bankenkreislauf

Während der bisher behandelte Ausgleich von Liquiditätssalden über den Geldmarkt den Ausgleich eines Überschusses an Zentralbankgeld bei einer oder mehreren Banken mit dem Mangel bei anderen Kreditinstituten zum Gegenstand hatte, sind drei Fälle denkbar, bei denen die Geldmarktpositionen in den Bilanzen der Kreditinstitute durch vagabundierende Gelder aufgebauscht werden.

1. Das ist einmal der Fall, wenn bei einem Überschuß an Zentralbankgeld bei den Geschäftsbanken und abgebautem Obligo der Banken bei der Zentralbank die Notenbank über keine Bestände an Geldmarktpapieren mehr verfügt. Der vorhandene Überschuß muß dann als Überschußreserve (Reservepolitik) ohne Zwang der Zentralbank „freiwillig" von den Banken in ihren Kassen gehalten werden. Keine Bank tut dies jedoch gern, und jede ist bemüht, den Schwarzen Peter weiterzureichen, indem sie versucht, das überflüssige Geld bei anderen Banken einzulegen. Da jede Bank so handelt, beginnt die Überschußreserve als Geldmarktanlage zwischen den Banken zu vagabundieren und erhöht in schnellem Tempo sowohl die Mittelbereitstellung an den Geldmarkt als auch das Mittelaufkommen aus dem Geldmarkt. Ursache dafür ist, daß bei allen Banken ein Liquiditätsüberschuß besteht, der nur durch die zinslose „Anlage" in der Kasse ausgeglichen werden kann. Dieser Sonderfall war z. B. in Deutschland in den ersten Monaten des Jahres 1955 zu beobachten, als die Banken infolge der zufließenden Außenhandels-

überschüsse Überschußreserven besaßen. Die Refinanzierung war damals bereits bis auf ein Minimum abgebaut, und die Zentralbank verfügte über keinerlei Bestände an Geldmarktpapieren[47]. Folge war, daß die Banken die Zinssätze am Geldmarkt herunterkonkurrierten, die Geldmarktpositionen anschwollen und die Zentralbank den notwendigen Kontakt mit dem Geldmarkt (Diskontsatz damals 3 %, Tagesgeldsatz 2%) völlig verlor.

2. Aber nicht nur, wenn das kreditpolitische Instrumentarium unvollständig ist, besteht die Möglichkeit eines Anschwellens der Geldmarkttransaktionen, sondern eine solche „Aufblähung“ der Geldmarktpositionen findet man — bewußt herbeigeführt — jeweils zu den Bilanzstichtagen der Kreditinstitute, also vor allem zum Jahresende und zu den Ausweistagen — in Westdeutschland bei mehreren Banken zum Ende jedes zweiten Monats.

Dabei vagabundieren nun allerdings keinesfalls überschüssige Reserven zwischen den Banken, sondern die Kreditinstitute tauschen zu steigenden Geldmarktzinsen vorhandene, jedoch nicht überflüssige Barreserven aus. Das Ergebnis ist, daß die Barreserven insgesamt zwar unverändert bleiben, dafür aber die Geldmarktpositionen, vor allem Nostroguthaben und Bank-zu-Bank-Einlagen, sowie die Bilanzsumme ansteigen. Zählt man die Nostroguthaben zu den liquiden Positionen der Banken[48], so hat nach diesem „window-dressing“ sich das Verhältnis von liquiden Aktivpositionen zu den Verbindlichkeiten erheblich verbessert. Diese Bilanzoptik vermittelt jedoch kein wahres Bild der Zahlungsfähigkeit der Banken. Die hohen Guthaben am Geldmarkt sollten nämlich nicht zu dem Schluß verleiten, daß umfangreiche Reserven für eine spätere Mittelbereitstellung vorhanden sind. Denn nur eine geringe Anspannung bei den Kreditinstituten wird die Banken veranlassen, diese Geldmarktanlagen abzurufen. Durch gegenseitige Aufrechnung von Forderungen und Verbindlichkeiten schmelzen diese Guthaben dann rascher dahin, als sie geschaffen wurden[49].

---

[47] Durch die seit Mai 1955 von der Bundesregierung gestattete Umwandlung von Ausgleichsforderungen in Geldmarktpapieren wurde später diesem Mangel begegnet.

Ein Geldexport schied damals wegen der noch bestehenden devisenrechtlichen Hemmnisse praktisch aus.

[48] *Stucken*, R.: „Liquidität der Banken“, Berlin, 1940, S. 152: „Nennenswerte Teile des deutschen Bankwesens sind nun bisher gewohnt, ihre Nostroguthaben als hauptsächliche Liquiditätsreserve zu betrachten ... Gegen die Einbeziehung der Nostroguthaben spricht sicherlich, daß durch den Rückgriff auf diese die Schwierigkeiten von den zuerst betroffenen Banken auf weitere übertragen werden ... Aber andererseits erscheint es durchaus angebracht, daß die zunächst betroffenen Kreditinstitute mit dem Mittel der Nostroguthaben liquide Reserven anderer geeigneter Institute mit zur Überwindung der Schwierigkeiten einsetzen können.“ Vgl. auch *Stucken*, R., a. a. O., S. 121 f.

[49] Diese Gefahr bewog den Gesetzgeber in Deutschland, vor allem nach

3. Auch die konjunkturelle Situation spielt für die Geldmarktentwicklung eine gewisse Rolle. Tritt z. B. nach einem Aufschwung eine gewisse Stagnation ein und werden, wie das dann häufig der Fall ist, die im Aufschwung mit kurzfristigen Geldern finanzierten Investitionen konsolidiert, so schrumpfen die Bilanzen der Kreditinstitute, die das kurzfristige Kreditgeschäft betreiben. Da die Barreserve dieser Banken so hoch gehalten wurde, daß sie die Zahlungsfähigkeit bei dem bisher gegebenen Einlagevolumen garantierte, entsteht mit dem Schrumpfen der Einlagen eine Überschußreserve, ohne daß Liquiditätssalden, d. h. ein Ungleichgewicht zwischen Einlagen und Mittelbereitstellung an Nichtbanken, eingetreten wären[50]. Auch hier werden die Kreditinstitute versuchen, erst ihre Verschuldung bei der Zentralbank abzubauen. Ist dies geschehen, wird man bemüht sein, die überschüssigen Gelder am Geldmarkt anzulegen. Da von der konjunkturellen Entwicklung alle Banken ziemlich gleichmäßig betroffen werden, beginnen die Überschußreserven zu vagabundieren und erhöhen rasch die Geldmarktpositionen in den Bankbilanzen. Sind die Zinssätze dann so weit herunterkonkurriert, daß sie die Sätze der Abgabezinsen für Geldmarktpapiere bei der Zentralbank erreichen, strömt die Überschußreserve dorthin ab. Die Banken erhöhen dann ihr Portefeuille an Schatzwechseln und ähnlichen Papieren.

Bei der umgekehrten konjunkturellen Situation eines Aufschwungs wird der Geldmarkt in entgegengesetzter Weise berührt. Auch hier ist der Mangel an Zentralbankgeld eine allgemeine Erscheinung, vorhandene Guthaben bei anderen Banken werden rasch abgerufen, die Geldmarktpositionen schrumpfen, und das fehlende Zentralbankgeld muß auf dem Wege des Rückgriffs auf die Notenbank beschafft werden.

c) Der Liquiditätsausgleich in Deutschland

ca) Zunehmende Geldschwemme

Der Liquiditätsausgleich der deutschen Kreditinstitute in den Jahren 1949 bis 1960 stand ganz im Zeichen der Außenhandelsungleichgewichte Die drei Phasen, die sich in diesen Jahren deutlich voneinander abheben, entsprechen daher auch weitgehend den Phasen in der Außenhandelsentwicklung. Die erste reicht von der Währungsreform bis in das Jahr 1951 und ist durch einen Mangel an Zentralbankgeld bei den Kreditinstituten gekennzeichnet, der insbesondere durch einen Rückgriff auf das

---

den Erfahrungen in der Weltwirtschaftskrise, die Nostroguthaben bei der Liquiditätsberechnung für die Kreditinstitute außer Ansatz zu lassen. Vgl. hierzu das „Gesetz über das Kreditwesen" in der Fassung vom 1. 10. 1939 (RGBl. I, 1939, S. 1955) § 16.

[50] Vgl. den Abschnitt „Liquiditätsausgleich ohne Liquiditätssalden" dieser Arbeit.

Zentralbanksystem beseitigt wurde. Die für die Finanzierung des Wiederaufbaues sowie zum Ausgleich des Verlustes an Zentralbankgeld infolge von Außenhandelsdefiziten notwendigen flüssigen Mittel mußten in dieser ersten Phase ausschließlich durch Geldschöpfung der Notenbank beschafft werden. Die 1949 noch sehr angespannte Liquiditätslage erfuhr bereits 1950 dadurch eine Lockerung, daß das Außenhandelsdefizit geringer wurde, der Liquiditätsverlust für die Banken also abnahm. Im Jahre 1951 setzte sich die Verbesserung der Handelsbilanz rasch fort; sie schloß schon im Sommer mit Überschüssen ab. In dieser ersten Phase begann die Bedeutung der Geldmarktgeschäfte zu wachsen. Schon damals waren die Umsätze im Geldmarktverkehr größer als die Liquiditätsströme zwischen Kreditinstituten und der Notenbank.

Die zweite Phase beginnt im Frühjahr 1951 mit den einsetzenden Außenhandelsüberschüssen, die den Kreditinstituten zusätzliches Zentralbankgeld zuführten. Diese Mittel flossen so reichlich, daß in der Folgezeit — mit Ausnahme des Jahres 1955 — weitere Rückgriffe bei der Notenbank nicht mehr erforderlich waren. Im Gegenteil, die Banken konnten darüber hinaus sogar ihre Verschuldung beim Zentralbanksystem abbauen. Diese zweite Phase hielt bis 1958 an, sie war gekennzeichnet durch Überschüsse an Zentralbankgeld, die auf verschiedenen Wegen in das Zentralbanksystem abflossen. Im Jahre 1955 wurde diese Entwicklung kurzfristig unterbrochen, als die Handelsbilanz der Bundesrepublik vorübergehend nur geringe Überschüsse aufwies. In dieser Zwischenperiode mußten die Kreditinstitute für einige Monate den Abbau ihrer Verschuldung bei der Notenbank stoppen und, um den anhaltend hohen Geldbedarf der Nichtbanken decken zu können, sich zusätzlich refinanzieren. Aber sehr rasch setzten sich dann, nachdem die Handelsbilanz wieder höhere Überschüsse aufwies, die Verflüssigungstendenzen und der Schuldenabbau erneut durch.

Auch in der zweiten Phase von 1951 bis 1958 erfüllten die Geldmarktgeschäfte ihre Funktion des partiellen Ausgleichs von Überschüssen und Fehlbeträgen innerhalb des Bankensystems. Die Höhe der dabei abgewickelten Aktiv- und Passivgeschäfte zeigte eine auffallende Konstanz von ungefähr 3 Mrd. DM auf jeder Seite. Nur vorübergehend in den Jahren 1954 und 1957 gingen die Geldmarktgeschäfte stärker über dieses Maß hinaus.

Besonders ausgeprägt verlief die Entwicklung dabei im Jahre 1957, in dem ebenfalls ein Überschuß an Zentralbankgeld ausgeglichen werden mußte. Dieses Jahr 1957 unterscheidet sich jedoch von den davor liegenden Jahren vor allem in zwei Punkten:

1. Der Liquiditätsstrom, der ausgeglichen werden muß, ist bedeutend umfangreicher als früher, und zwar vor allem deshalb, weil die Kassengebarung der Öffentlichen Hand entgegen der Tendenz in den voran-

gegangenen Jahren in die gleiche Richtung tendiert wie der Außenhandel, also verflüssigend wirkt. In den davorliegenden Jahren hatte die Kassengebarung der Öffentlichen Hand die Einflüsse des Außenhandels teilweise kompensiert. So schlossen die öffentlichen Ausgaben und Einnahmen 1949, als der Außenhandel der Wirtschaft und den Banken Geld entzog, mit einem Defizit ab, das einen Teil des Liquiditätsverlustes wieder ausglich. In den Jahren bis 1956, als der Außenhandel Zentralbankgeld der Wirtschaft und den Banken zuführte, neutralisierte der Fiskus einen Teil dieses Mittelzustroms auf dem Wege von Einnahmeüberschüssen im Zentralbanksystem. Im Jahre 1957 schlossen aber bei anhaltend hohen Außenhandelsüberschüssen auch noch die öffentlichen Kassen mit einem Ausgabeüberschuß ab, vor allem infolge steigender Rüstungsausgaben. Der sich auf die Banken ergießende Zentralbankgeldstrom konnte nur durch verstärkte Offenmarkt-Operationen und durch Mindestreservepolitik ausgeglichen werden. Der Liquiditätsausgleich über einen Abbau der Refinanzierung war kaum noch möglich, da die gesamte Verschuldung der Kreditinstitute bereits auf einem Minimum angelangt war und nur noch wenig verringert werden konnte.

2. Die rasch wachsenden Überschußreserven bei den Banken im Jahre 1957 versuchen die Kreditinstitute auch am Geldmarkt unterzubringen. Da jedoch sehr bald keine Bank mehr das angebotene Zentralbankgeld benötigt, beginnen die Gelder wieder zwischen den Banken zu vagabundieren, ehe sie ihren Weg zum Zentralbanksystem finden. Infolgedessen steigen die Aktiv- und Passivpositionen im Geldhandel auf bisher nicht gekannte Höhen. Mit über 7 Mrd. DM auf jeder Seite sind sie mehr als doppelt so hoch wie in den „Normaljahren".

Die dritte Phase des Liquiditätsausgleichs umfaßt die Jahre 1959 und 1960. Sie unterscheidet sich von den anderen beiden Phasen vor allem darin, daß die Bedeutung der einzelnen Formen des Liquiditätsausgleichs sich geändert hat. Mit der Einführung der Konvertibilität zur Jahreswende 1958/59 in elf europäischen Staaten rückt der Geldexport als Mittel des Liquiditätsausgleichs stärker in den Vordergrund.

cb) Liquiditätsausgleich über das Zentralbanksystem, vor allem durch Refinanzierung

In den Jahren von der Währungsreform bis Ende 1960, dem dieser Arbeit zugrunde liegenden Berichtszeitraum, sah sich das deutsche Zentralbanksystem recht erheblichen Liquiditätssalden gegenüber. In der ersten der hier unterschiedenen drei Phasen mußte es vor allem den infolge von Außenhandelsdefiziten entstandenen Mangel an Zentralbankgeld decken, während es in den anderen beiden Phasen, die 1951 begannen, seine Aufgabe war, den Banken die überschüssigen Zentralbankgelder abzunehmen.

Gleich nach der Währungsreform bestand das deutsche Zentralbanksystem seine erste Belastungsprobe bei der Sicherung der Geldversorgung. Infolge sehr hoher Einfuhren, die nicht zuletzt auch durch die frühzeitig eingeführte Liberalisierung ermöglicht wurden, trat bei den Kreditinstituten ein Mangel an Zentralbankgeld in Höhe von 2,58 Mrd. DM in Erscheinung. Eine Deckung dieses Fehlbetrages mit Hilfe der Offenmarkt-Politik schied praktisch aus, da die Kreditinstitute über keinerlei Bestände an Geldmarktpapieren verfügten[51]. Durch Rückgabe von Schatzwechseln konnten den Banken nur 0,24 Mrd. DM zugeführt werden. Der Ausgleich mußte also auf den verbleibenden Wegen der Refinanzierung (Diskontpolitik) und der Mindestreservepolitik vorgenommen werden. Zu diesem Zweck verringerte die Notenbank 1949 zweimal den Diskontsatz und zweimal die Mindestreservesätze. Obwohl die Einlagen der Nichtbanken bei Kreditinstituten rasch anstiegen, was im allgemeinen zu einer erhöhten Reservehaltung zwingt, konnten die Kreditinstitute 1949 infolge der Herabsetzung der Sätze über einen Teil ihrer Mindestreserven verfügen (0,28 Mrd. DM). Der überwiegende Teil des Zentralbankgeldmangels wurde aber auf dem Wege der Refinanzierung, vor allem durch Weitergabe von Handelswechseln, gedeckt (2,12 Mrd. DM). Der Geldexport spielte in diesem Jahre, wie auch in den folgenden Jahren bis einschließlich 1958, keine große Rolle. Die bei ausländischen Banken unterhaltenen Anlagen (Nostroguthaben) wurden in dieser Zeit nur für die finanzielle Abwicklung der Außenhandelsumsätze der Wirtschaft unterhalten.

Welche Bedeutung Liquiditätssalden und ihr Ausgleich für das gesamte Wirtschaftsgeschehen haben, wurde bereits in diesem ersten Jahr nach der Währungsreform offensichtlich: Die Außenhandelsdefizite hemmten die Geldversorgung in einem Umfang, daß bereits hier und da kontraktive Einflüsse in der Wirtschaft fühlbar wurden. Der Ausgleich der Liquiditätssalden hauptsächlich auf dem Wege der Refinanzierung war für die Banken recht kostspielig und führte dazu, daß die Kreditinstitute sich in ihren Ausleihungen stärker zurückhielten. Ein Mangel an Zentralbankgeld, auch wenn er auf kreditpolitischem Wege ausgeglichen wird, ist stets ein die Geldversorgung hemmender Faktor; Überschüsse an Zentralbankgeld, auch wenn sie von der Zentralbank abgezogen werden, erleichtern dagegen den Banken die Mittelbereitstellung. Der Einfluß dieser Liquiditätsströme ist dabei stärker als die gleichzeitig von der Notenbank verfügten Zinsänderungen. So erwähnt *Stucken*[52]

[51] Auch in späterer Zeit, insbesondere bis 1955, spielte die Offenmarkt-Politik mangels eines Bestandes an Geldmarktpapieren bei der Notenbank nur eine geringe Rolle. Vgl. hierzu *Veit,* O.: „Institut für das Kreditwesen": „Die veränderte Währungspolitik und ihre Folgen", Frankfurt a. M., 1957, S. 60 f.

[52] *Stucken,* R.: „Deutsche Geld- und Kreditpolitik 1914—1953", 2. Aufl., Tübingen, 1953, S. 245.

im Hinblick auf die damals durchgeführten Senkungen des Diskontsatzes und der Mindestreservesätze, daß von einem rechten Erfolg keine Rede sein konnte. Er fügt hinzu: „Wir möchten den mangelnden Erfolg darauf zurückführen, daß die Geschäftsbanken in der kritischen Zeit durch die Entwicklung der Außenhandelskonten massenhaft Notenbankguthaben verloren, dadurch zu vermehrtem Rediskont von Wechseln gezwungen wurden und so in ein riesiges Obligo der Notenbank gegenüber hineingerieten; das aber ist in der Regel nicht die richtige Lage, um bei den Banken die Bereitschaft zur Ausweitung der Kredite entstehen zu lassen, was zur Überwindung des schleppenden Geschäftsganges erforderlich gewesen wäre.“

Im Jahre 1950 trat eine geringe Entlastung der Liquidität der Banken dadurch ein, daß das Außenhandelsdefizit abnahm. Der in diesem Jahre noch vorhandene Mangel an Zentralbankgeld in Höhe von 0,75 Mrd. DM war vor allem auf einen erhöhten Zahlungsmittelumlauf, auf „Direktgeschäfte“ der Notenbank und auf Einnahmeüberschüsse der Öffentlichen Hand zurückzuführen. Die Wege für den Ausgleich dieser Liquiditätssalden waren noch schmaler geworden. Durch Offenmarkt-Politik konnte die Notenbank den Kreditinstituten nur 0,10 Mrd. DM zuführen. Darüber hinaus übernahm die Bank deutscher Länder noch 0,35 Mrd. DM von der im Besitz des Bundes befindlichen Bundesbahnanleihe von 1949[53]. Zwar hat die Bank deutscher Länder hierfür ebenfalls Zentralbankgeld zur Verfügung gestellt, jedoch kann man diese Übernahme nicht als echte Offenmarkt-Politik bezeichnen, da diese zur damaligen Zeit nicht marktgängige Anleihe außerhalb der Börse erworben wurde. Die bei der Notenbank vorhandenen Mindestreserven konnten zur Deckung des Fehlbetrages 1950 nicht herangezogen werden. Bei unveränderten Mindestreservesätzen und rasch steigenden Einlagen mußten die Banken vielmehr ihre Reserven bei der Notenbank noch erhöhen. Als nach Ausbruch der Korea-Krise die wirtschaftliche Entwicklung sich übersteigerte, erhöhte die Zentralbank zum Ende des Jahres sogar die Mindestreservesätze noch drastisch. Beides hatte zur Folge, daß die Geschäftsbanken 0,62 Mrd. DM zusätzlich an die Zentralbank abführen mußten. Zusammen mit dem durch güterseitige Vorgänge entstandenen Liquiditätssaldo von 0,75 Mrd. DM und den im Zuge der Geschäftsausweitung erhöhten Beträgen auf den Nostrokonten gegenüber ausländischen Banken trat bei den Banken also ein Fehlbetrag an Zentralbankgeld in Höhe von 1,69 Mrd. DM auf, wobei über die Offenmarkt-Politik bzw. durch teilweise Übernahme der Bundesbahnanleihe nur 0,45 Mrd. DM zu erhalten

---

[53] Vgl. Geschäftsbericht der Bank deutscher Länder für das Jahr 1950, Frankfurt a. M., 1951, S. 68 f. Diese Bundesbahnanleihe wurde ab 1951 in unverzinsliche Schatzanweisungen der Bundesbahn Sonderreihe S umgewandelt und von der Bank deutscher Länder den Kreditinstituten am Offenen Markt verkauft.

waren. Mithin mußte auf dem Wege der Refinanzierung 1,24 Mrd. DM, also ein größerer Betrag, als der gesamte Liquiditätssaldo ausmachte, beschafft werden. Neben Handelswechseln, die die Kreditinstitute der Notenbank weiterreichten, und einigen kleineren Lombarddarlehen, die aufgenommen wurden, verkauften die Banken der Zentralbank vorübergehend einen Teil der in ihrem Bestand befindlichen grundsätzlich illiquiden Ausgleichsforderungen.

Das Jahr 1951 ist bereits das Übergangsjahr zur zweiten Phase, die durch einen Überschuß an Zentralbankgeld infolge rasch wachsender Gold- und Devisenbestände gekennzeichnet ist. Bis zum Frühjahr 1951 nahm das Außenhandelsdefizit Westdeutschlands ständig ab. Seitdem weist die Handelsbilanz Aktivsalden auf. Der sich insgesamt 1951 schon ergebende Außenhandelsüberschuß und der hauptsächlich daraus resultierende Zustrom von Zentralbankgeld zu den Banken wird jedoch durch einen hohen Zahlungsmittelumlauf und Einnahmeüberschüsse der Öffentlichen Hand fast kompensiert. Es verbleibt aber bereits ein Überschuß an Zentralbankgeld bei den Banken von 0,45 Mrd. DM. Die hohen Mindestreservesätze bei schnell steigenden Einlagen der Nichtbanken und die Zunahme der Nostroguthaben gegenüber ausländischen Banken zwingen die Kreditinstitute, 0,97 Mrd. DM bei der Notenbank zu binden, so daß durch Offenmarkt-Politik und Refinanzierung noch ein Fehlbedarf von 0,62 Mrd. DM zu decken ist, was zum größeren Teil durch Rediskontierung von Handelswechseln geschieht.

In den folgenden Jahren bis 1958 — der zweiten Phase — wird der bisher vorherrschende Mangel an Zentralbankgeld durch einen Überfluß infolge wachsender Außenhandelsüberschüsse abgelöst. Allerdings nehmen in den meisten dieser Jahre auch die Einnahmeüberschüsse der Öffentlichen Hand zu, die einen Teil des Geldstroms aus dem Auslandsgeschäft kompensieren. Dadurch bleiben die Liquiditätssalden mit Ausnahme des Jahres 1957 verhältnismäßig gering. Ein einheitliches Bild bietet vor allem der Liquiditätsausgleich in den Jahren 1952 bis 1954. Die Zentralbankgeldzuflüsse aus der Nichtbankensphäre sind in diesen drei Jahren größer als die Beträge, die die Geschäftsbanken bei dem wachsenden Einlagevolumen zinslos bei der Zentralbank zusätzlich unterhalten müssen. Mit den verbleibenden Überschüssen bauen die Kreditinstitute in diesen Jahren vor allem ihre 1949 bis 1951 bei der Notenbank eingegangene Verschuldung größtenteils ab, indem sie die früher zum Rediskont eingereichten Wechsel auslaufen lassen, die Lombardkredite abdecken und die der Notenbank vorübergehend verkauften Ausgleichsforderungen wieder in den eigenen Bestand übernehmen. Der Abbau der Verschuldung liegt bei einer beginnenden Verflüssigung ja stets sehr nahe, da die hierdurch erzielte Zinsersparnis größer ist als die Zinsgewinne bei einer Anlage der Überschüsse an Zentralbankgeld in Geld-

Tabelle 5: **Der Liquiditätsausgleich der Kreditinstitute in Deutschland durch die Bundesbank**
(Veränderungen in Mrd. DM)

	1949	1950	1951	1952	1953	1954	1955	1956	1957	1958	1959	1960
Liquiditätssalden bei den Kreditinstituten a)	*—2,58*	*—0,75*	*+0,45*	*+1,78*	*+1,31*	*+0,91*	*—0,65*	*+2,88*	*+6,44*	*+2,55*	*+0,96*	*+4,11*
Ausgleich durch:												
Kredite an inländische Banken (Refinanzierung) b)	*+2,12*	*+1,24*	*+0,30*	*—1,52*	*—0,70*	*—0,03*	*+1,29*	*—1,47*	*—1,30*	*—0,67*	*+0,27*	*+0,61*
Inlandswechsel	+1,75	+0,97	+0,39	-1,28	—0,59	+0,06	+1,19	—1,32	—1,24	—0,65	+0,13	+0,43
Lombardkredite	+0,19	+0,01	—0,06	—0,05	—0,02	+0,03	+0,13	—0,14	—0,21	+0,01	+0,17	+0,19
Angekaufte Ausgleichsforderungen	+0,18	+0,26	—0,03	—0,19	—0,09	—0,12	—0,03	—0,01	+0,15	—0,03	—0,03	—0,01
Offenmarktoperationen c)	*+0,24*	*+0,45*	*+0,22*	*—0,21*	*—0,27*	*—0,13*	*—0,02*	*—0,53*	*—2,60*	*—0,39*	*+1,44*	*—2,16*
Langfristige Wertpapiere	+0,00	+0,35	—0,03	—0,07	—0,12	—0,04	—0,02	+0,05	+0,12	+0,03	—0,04	+0,09
Ausgleichsforderungen (Mobilisierungspapiere)	—	—	—	—	—	—	—0,13	—0,38	—2,81	—0,17	+1,36	—2,15
Schatzwechsel u. ä.	+0,24	+0,10	+0,25	—0,14	—0,15	—0,09	+0,13	—0,20	+0,09	—0,25	+0,12	—0,10
Reservepolitik d)	*+0,28*	*—0,62*	*—0,96*	*—0,25*	*—0,31*	*—0,72*	*—0,55*	*—0,82*	*—2,14*	*—1,23*	*—1,17*	*—3,78*
Kassenreserven	—0,01	—0,04	—0,16	+0,02	—0,02	—0,06	—0,05	0,12	—0,08	—0,10	—0,07	—0,08
Sichteinlagen	+0,29	—0,58	—0,80	—0,27	—0,29	—0,66	—0,50	—0,70	—2,06	—1,13	—1,10	—3,70
dar. Mindestreserven	+0,20	—0,80	—0,41	—0,06	—0,39	—0,36	—0,82	—0,44	—1,73	—0,65	—1,09	—4,36
Geldexport der Kreditinstitute e)	*—0,06*	*—0,32*	*—0,01*	*+0,20*	*—0,03*	*—0,03*	*—0,07*	*—0,06*	*—0,40*	*—0.26*	*—1,50*	*+1,22*
Liquiditätsausgleich der Kreditinstitute	*+2,58*	*+0,75*	*—0,45*	*—1,78*	*—1,31*	*—0,91*	*+0,65*	*—2,88*	*—6,44*	*—2,55*	*—0,96*	*—4,11*

+ = Liquiditätshilfe der Bundesbank durch Geldvergabe an die Kreditinstitute.
— = Geldabstrom von den Kreditinstituten zur Bundesbank.
a) Siehe Tab. 4. — b) Pos. 5 Tab. 2. — c) Pos. 4 Tab. 2. — d) Pos. 8 u. 9 (Banken) der Tab. 2. — e) Pos. 1 (Geldexport) der Tab. 2.

marktpapieren. Das dürfte eine Erklärung für die Tatsache sein, daß in den drei Jahren von 1952 bis 1954 die Refinanzierung um 2,25 Mrd. DM abgebaut wurde, während die Banken in der gleichen Zeit nur für 0,61 Mrd. DM Geldmarktpapiere erwarben. Der Einwand, daß in diesen Jahren die Notenbank über keinen ausreichenden Bestand an Geldmarktpapieren verfügte, ist nicht stichhaltig, da bei größerem Bedarf an Geldmarktanlagen der Bund schon damals seine Zustimmung zum Umtausch von Ausgleichsforderungen in Geldmarktpapiere hätte geben können, wie das später im Jahre 1955 geschehen ist.

Erst als die Verschuldung der Banken bei der Notenbank weitgehend abgebaut war, sah sich die Notenbank nach offenmarktfähigen Titeln um. Mit Zustimmung des Finanzministeriums wurde dann dem Zentralbanksystem gestattet, einen Teil (2 Mrd. DM) der im Bestand der Notenbank befindlichen Ausgleichsforderungen (8 Mrd. DM), die ebenso wie die Ausgleichsforderungen bei den Banken grundsätzlich unveräußerlich sind, in Geldmarktpapiere umzutauschen (Mobilisierungspapiere), wenn die Zentralbank das für wünschenswert hält[54]. Diese Aktivierung der Offenmarkt-Politik kam ab Mai 1955 zum Zuge. Jedoch wurden 1955 aus dem Mobilisierungsfonds nur wenige Papiere verkauft. Im Gegenteil, viele Kreditinstitute gaben früher von der Notenbank verkaufte Schatzwechsel dem Zentralbanksystem wieder zurück. Insgesamt wurden den Banken 1955 durch Offenmarkt-Geschäfte nur 0,02 Mrd. DM entzogen. Der Grund für diese Zurückhaltung der Banken lag in den sich plötzlich bemerkbar machenden liquiditätsmindernden Einflüssen von Nichtbankenseite. So ging der Außenhandelsüberschuß 1955 etwas zurück und konnte den Abstrom an Zentralbankgeld von den Banken zur Notenbank vor allem infolge öffentlicher Kassenüberschüsse und steigenden Zahlungsmittelumlaufs nicht mehr ausgleichen. Der dadurch entstehende Mangel an Zentralbankgeld in Höhe von 0,65 Mrd. DM zusammen mit den als Folge wachsender Einlagen und erhöhter Mindestreservesätze steigenden Zentralbankguthaben (0,55 Mrd. DM) ließ für Offenmarkt-Operationen keinen Raum. Der gesamte Fehlbetrag an Zentralbankgeld von immerhin 1,29 Mrd. DM (Liquiditätssaldo aus Nichtbankentransaktionen, Mindestreserven, Offenmarkt-Verkäufen der Bundesbank und Erhöhung der Nostroguthaben gegenüber ausländischen Banken) wurde durch eine erneute Erhöhung der Verschuldung, insbesondere durch Rediskontierung von Handelswechseln, ausgeglichen.

Das Jahr 1955 mit dem plötzlich aufgetretenen Mangel an Zentralbankgeld blieb eine Ausnahme in der Periode anhaltender Flüssigkeit.

---

[54] Später hat der Finanzminister dem Umtausch des gesamten Bestandes an Ausgleichsforderungen (8 Mrd. DM) in Geldmarktpapiere zugestimmt. Die Notenbank hatte bis Ende 1957 davon bereits 4 Mrd. DM verkauft.

Vgl. auch Gesetz über die Deutsche Bundesbank vom 26. Juli 1957, (BGBl. I, 1957, S. 745 ff.) § 42.

Schon im folgenden Jahr konnten die Banken ihre eingegangene Verschuldung wieder abbauen und darüber hinaus auch frühere Verbindlichkeiten weiter verringern, denn die Devisenzuflüsse schwollen 1956, zum Teil auch infolge spekulativer Transaktionen, stark an und überstiegen die liquiditätsmindernden Faktoren recht erheblich (2,82 Mrd. DM).

DER LIQUIDITÄTSAUSGLEICH IN DEUTSCHLAND [1)]

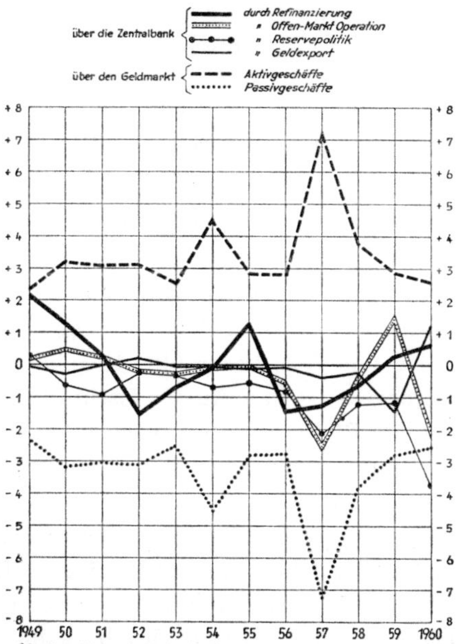

1) Graphische Wiedergabe der Tabellen 5 und 6

Von diesem Überschuß wurden 0,82 Mrd. DM zur Erhöhung der Mindestreserven, 0,06 Mrd. DM zur Aufstockung der Nostroguthaben bei ausländischen Banken benötigt und 1,47 Mrd. DM zum Abbau der Refinanzierung verwendet. Für die verbleibenden 0,53 Mrd. DM erwarben die Banken Geldmarktpapiere.

Im Jahre 1957 hielt der Außenhandelsüberschuß nicht nur an, sondern verstärkte sich sogar noch erheblich. Hinzu kam, daß die Öffentliche Hand jetzt nicht mehr durch Einnahmeüberschüsse dem Liquiditätsstrom aus dem Außenhandelsüberschuß entgegenwirkte. Vielmehr überstiegen die höheren Ausgaben, insbesondere für die Rüstung, die laufenden Einnahmen der Öffentlichen Hand und verstärkten den Zustrom von Zentralbankgeld erheblich. Nur der mit dem Sozialprodukt gestiegene Zahlungsmittelbedarf milderte diese Verflüssigungstendenzen noch etwas. Als Folge dieser Entwicklung trat bei den Kreditinstituten im Jahre 1957 ein Überschuß an Zentralbankgeld in Höhe von 6,44 Mrd. DM auf.

Beim Ausgleich dieser hohen Liquiditätssalden spielte die Refinanzierung nicht die entscheidende Rolle (vergl. voranstehendes Schaubild). Die Banken bauten nämlich ihre Verschuldung beim Zentralbanksystem „nur" um 1,30 Mrd. DM ab. Das hatte seinen Grund darin, daß die Gesamtverschuldung der Banken bereits auf ein Minimum gesunken war und somit ein weiterer Schuldenabbau bei einem so starken Überfluß an Zentralbankgeld nur noch geringe Bedeutung haben konnte. Dagegen trat 1957 die Offenmarkt-Politik, die sich für den Ausgleich von Zentralbankgeldüberschüssen am besten eignet, stärker in den Vordergrund. Die Deutsche Bundesbank verkaufte den Kreditinstituten Geldmarktpapiere, vor allem Mobilisierungspapiere, im Werte von 2,60 Mrd. DM. Aber auch die Reservepolitik spielte eine größere Rolle als in früheren Jahren, da allein 2,14 Mrd. DM auf diesem Wege ins Zentralbanksystem abflossen.

Im Jahre 1958 verringerte sich der Devisenzufluß wieder, nicht zuletzt als Folge der von Anfang des Jahres an betriebenen Politik der Zinssenkung. Die Kassentransaktionen der Öffentlichen Hand schlossen insgesamt mit einem Defizit ab, verstärkten also den Liquiditätsstrom noch zusätzlich. Jedoch floß ein Teil dieser öffentlichen Ausgaben im Jahre 1958 zur Bezahlung der deutschen Auslandsschulden sowie zur Anzahlung und Bezahlung von Rüstungsgütern in das Ausland, war also liquiditätsneutral. In der liquiditätswirksamen Rechnung schlossen die öffentlichen Kassentransaktionen nicht mit einem Defizit, sondern mit einem Überschuß ab, dem ein entsprechend höherer Devisenzustrom gegenüberstand. Insgesamt betrug der Überschuß an liquiden Mitteln bei den Kreditinstituten 2,55 Mrd. DM. Dieser Saldo wurde auf allen vier zur Verfügung stehenden Wegen ausgeglichen: durch erhöhte Mindestreservehaltung im Zusammenhang mit dem gewachsenen Geschäftsvolumen, durch Abbau der Refinanzierung, Kauf von Offenmarkt-Papieren und erhöhte Nostroguthaben gegenüber ausländischen Banken.

In der dritten Phase der Entwicklung des Liquiditätsausgleichs, ab 1959, tritt der Geldexport als Ausgleichsmöglichkeit stärker hervor. Die Einführung der Konvertibilität in Europa zur Jahreswende 1958/59 und der weitere Zinsabbau in Deutschland — der Diskontsatz z. B. wurde im Januar 1959 auf $2^3/_4$ % herabgesetzt — haben den Geldexport spürbar angeregt. Liquiditätsüberschüsse bei den einzelnen Banken wurden 1959 vor allem auf diesem Wege ausgeglichen, und zwar insgesamt 1,50 Mrd. DM. Das war mehr, als bei allen Kreditinstituten zusammen überhaupt Liquiditätsüberschüsse bestanden. Infolge des weiter abnehmenden Devisenzuflusses betrug der gesamte Liquiditätsüberschuß nur 0,96 Mrd. DM. Da neben dem Geldexport von 1,50 Mrd. DM erhöhte Mindestreserven, hauptsächlich infolge des gestiegenen Geschäftsumfangs, von 1,17 Mrd. DM gehalten werden mußten, sahen sich die Banken noch genötigt, bei der Bundesbank durch Rückgabe von Offenmarkt-Papieren und durch zusätzliche Refinanzierung sich 1,71 Mrd. DM zu beschaffen.

Die Entwicklung der Liquiditätssalden und des Liquiditätsausgleichs wurde 1960 weitgehend durch die restriktive Kreditpolitik der Bundesbank bestimmt. Die aus binnenwirtschaftlichen Gründen unter bewußter Außerachtlassung außenwirtschaftlicher Nebenwirkungen durchgeführte Zinserhöhung (eingeleitet Herbst 1959), zusammen mit den stärker werdenden Gerüchten über eine unumgängliche Aufwertung der D-Mark, führten zu einer erneuten Devisenschwemme und einem Liquiditätsüberschuß bei den Banken von 4,11 Mrd. DM. Trotz dieses Mittelzustroms zu den Kreditinstituten wurde ein großer Teil der 1959 in das Ausland exportierten Gelder wieder zurückgerufen, da trotz einer am Devisenmarkt durch die Intervention der Bundesbank zu erzielenden Swapprämie von $1^1/_2$ % die Anlage in inländischen Geldmarktpapieren lukrativer erschien. Die Banken riefen 1960 Auslandsanlagen in Höhe von 1,22 Mrd. DM wieder zurück und legten gleichzeitig 2,16 Mrd. DM in inländischen Geldmarktpapieren an. Neben diesen freiwilligen Transaktionen der Kreditinstitute erhöhte die Bundesbank die Mindestreservesätze mehrmals und entzog dadurch den Banken nicht weniger als 3,78 Mrd. DM. Dieser Geldentzug war so umfangreich, daß die Kreditinstitute sich auch 1960 angesichts eines gesamten Liquiditätsüberschusses von über vier Milliarden D-Mark noch durch Refinanzierung bei der Bundesbank Mittel beschaffen mußten (0,61 Mrd. DM).

cc) Gleichmäßige Entwicklung beim Liquiditätsausgleich über den Geldmarkt

Der partielle Liquiditätsausgleich zwischen den einzelnen Kreditinstituten zeigt bei weitem nicht so große Unterschiede zwischen den einzelnen Jahren wie der über die Zentralbank. Aber trotzdem heben sich die einzelnen Phasen des Liquiditätsausgleiches, wie sie im vorangegangenen Abschnitt angeführt wurden, voneinander ab. Die erste Phase, die im Zeichen eines abnehmenden Außenhandelsdefizits stand und von 1949 bis 1951 reichte, tritt hier hauptsächlich im Jahr 1949, als das Außenhandelsdefizit sich noch nicht verringerte, in Erscheinung. In diesem Jahr war noch ein Mangel an Zentralbankgeld bei allen Banken vorhanden. Liquiditätssalden in Form eines Überflusses waren tendenziell damals bei den Staatsbanken vorhanden als Folge von Kassendefiziten der Öffentlichen Hand. Dagegen bestand vor allem bei den Außenhandelsbanken ein Mangel an Zentralbankgeld infolge des noch wachsenden Außenhandelsdefizits. Da die Überschußreserven der von Defiziten der Öffentlichen Hand begünstigten Banken aber sehr bescheiden waren,

T a b e l l e 6: **Liquiditätshilfe der Kreditinstitute am Geldmarkt**

(Veränderungen in Mrd. DM)

	1949	1950	1951	1952	1953	1954	1955	1956	1957	1958	1959	1960
1. Barmittel des Geldmarktes [a]	+0,56	—0,36	+0,36	—0,08	+0,16	+0,09	—0,03	+0,56	—0,03	+0,13	—0,05	—0,18
2. Geldmarktausleihungen [b]	+1,80	+3,55	+2,72	+3,19	+2,36	+4,43	+2,89	+2,24	+7,30	+3,66	+2,93	+2,57
3. Mittelaufkommen aus dem Geldmarkt [c]	—2,36	—3,19	—3,08	—3,11	—2,52	—4,52	—2,86	—2,80	—7,27	—3,79	—2,88	—2,57
Summe	0,00	0,00	0,00	0,00	0,00	0,00	0,00	0,00	0,00	0,00	0,00	0,00

— = Geldzustrom.
+ = Geldabstrom (Liquiditätshilfe).

a) Barmittel ohne die bei der Bundesbank gebundenen Gelder (Kasse plus Zentralbankguthaben) = Pos. 1, Tab. 3 minus Pos. 8 u. 9 (Banken), Tab. 2. — b) Ohne die im Offenmarktgeschäft der Bundesbank angelegten Mittel = Pos. 2 Tab. 3 minus Pos. 4 Tab. 2. — c) Pos. 8 Tab. 3.

blieb auch der Liquiditätsausgleich über den Geldmarkt mit 2,36 Mrd. DM jeweils im Aktiv- und Passivgeschäft verhältnismäßig gering[55].

Aber schon 1950, als mit geringer werdendem Passivsaldo im Außenhandel bei den Außenhandelsbanken eine Entlastung ihrer bisher angespannten Barmittel eintrat, während gleichzeitig die von da an entstehenden Kassenüberschüsse der Öffentlichen Hand beim Zentralbanksystem anderen Kreditinstituten Zentralbankgeld entzogen, kam zwischen den Banken mit Überschüssen und denen mit Fehlbeträgen ein Liquiditätsausgleich in der Größenordnung von 3 Mrd. DM auf jeder Seite zustande. Das galt vor allem für die Jahre von 1950 bis 1952. Im Jahre 1953 war dieser Betrag etwas geringer (2,5 Mrd. DM), was offenbar mit der in diesem Jahr stark zurückgehenden Wirtschaftsaktivität zusammengehangen haben dürfte.

Im Jahre 1954 trat das erstemal nach dem Kriege eine ausgesprochene Geldschwemme auf. Das lag nicht zuletzt daran, daß die Refinanzierung der Banken schon erheblich abgebaut war und Geldmarktpapiere für ein Absaugen der Liquiditätsüberschüsse der Notenbank nicht zur Verfügung standen. Ehe die Kreditinstitute diese Mittel aber zinslos zur Zentralbank legten, versuchten sie, diese Gelder an andere Banken weiterzugeben, bei denen jedoch auch keine Verwendungsmöglichkeit vorhanden war. Die Gelder begannen zu vagabundieren und ließen die Aktiv- und Passivpositionen im Geldmarkt auf je 4,5 Mrd. DM ansteigen. Der in dieser Zeit einsetzende Zinsverfall — Tagesgeld wurde bei einem Diskontsatz von 3 vH teilweise unter 2 vH gehandelt — war hierfür ein deutliches Zeichen.

Diese Entwicklung kam jedoch 1955 zum Stillstand, und zwar einmal deshalb, weil die Zentralbank von da ab Offenmarkt-Papiere zur Hand hatte, um dieses freie Geld abzusaugen, hauptsächlich aber, weil der Zentralbankgeldstrom infolge der abgeschwächten Außenhandelsüberschüsse geringer wurde, während der Geldentzug bei den Banken durch erhöhten Zahlungsmittelumlauf und öffentliche Einnahmeüberschüsse wuchs. Das Volumen des Liquiditätsausgleichs über den Geldmarkt „normalisierte“ sich dadurch wieder. Es betrug 1955 und ebenso 1956 wieder rd. 3 Mrd. DM.

---

[55] In Tabelle 6 sind diese Aktiv- und Passivgeschäfte von 1949 bis 1960 wiedergegeben. Aus statistischen Gründen war es notwendig, einige Positionen in die Aktivgeschäfte aufzunehmen, die eigentlich nicht den Geldmarktgeschäften zuzurechnen sind. Dabei handelt es sich um die Postscheckguthaben, fällige Zins- und Dividendenscheine sowie Schecks und Inkassowechsel. Allerdings ist deren Bedeutung für die gezeigte Entwicklung gering. Trotzdem dürfte es zweckmäßig sein, sie von den echten Geldmarktausleihungen — Nostroguthaben und Kredite an Banken — zu trennen und besonders kenntlich zu machen. Das ist dadurch geschehen, daß diese Positionen als „Barmittel des Geldmarktes“ gesondert aufgeführt werden.

Das Jahr 1957 war dadurch gekennzeichnet, daß nicht nur der stark ansteigende Devisenüberschuß, sondern auch die Öffentliche Hand durch Ausgabeüberschüsse den Banken Zentralbankgeld zuführten. Partielle, unterschiedliche Liquiditätssalden entstanden dadurch nicht mehr; vielmehr wiesen alle Banken, unabhängig davon, ob sie hauptsächlich öffentliche Kassentransaktionen durchführten oder vor allem in das Außenhandelsgeschäft eingeschaltet waren, Zentralbankgeldüberschüsse auf. Obwohl die Notenbank den Kreditinstituten erhebliche Beträge durch Verkäufe von Offenmarkt-Papieren entzog, vagabundierte doch ein großer Teil des Überschusses zwischen den Banken und suchte bei sinkendem Zinstrend eine verzinsliche Anlage. Das hatte zur Folge, daß die Aktiv- und Passivpositionen im Geldhandel auf die bis dahin nicht gekannte Höhe von über 7 Mrd. DM anwuchsen.

Die Verringerung der Liquiditätsüberschüsse einerseits und die Ausdehnung des Geschäftsvolumens der Banken andererseits führten 1958 zu einem Rückgang des Mittelangebots am Geldmarkt. Die Gelder vagabundierten nicht mehr zwischen den Banken, sondern wurden im Geschäftsverkehr mit der Nichtbankenkundschaft und zur Auffüllung der Mindestreserven eingesetzt. Der Zuwachs der Aktiv- und Passivpositionen im Geldhandel ging daher auf ungefähr die Hälfte des Vorjahrstandes zurück.

In den Jahren 1959 und 1960, der dritten Phase des Liquiditätsausgleichs, lag der Zuwachs der Aktiv- und Passivpositionen im Geldhandel der Banken unter 3 Mrd. DM. Ursache dürfte zu einem Teil gewesen sein, daß die Kreditinstitute seit 1959 neben den bisherigen Wegen des Liquiditätsausgleichs auch über ihre Anlagen bei ausländischen Banken Liquiditätssalden ausgleichen konnten, wovon sie auch weitgehend Gebrauch machten. Der inländische Geldmarkt wurde mithin etwas weniger in Anspruch genommen. Hinzu kam, daß in beiden Jahren die Kreditinstitute nicht alle so liquide waren wie in den Vorjahren. Der Rückgang der Devisenzuflüsse 1959 und die Erhöhung der Mindestreservesätze 1960 brachten für den Geldmarkt eine gewisse Anspannung, die sich auch in einem Nachlassen der Geldanlagen zwischen den Kreditinstituten geäußert hat.

d) Zusammenhänge zwischen dem Liquiditätsausgleich über die Zentralbank und dem über den Geldmarkt: Ein Zinsproblem[56]

Bei der Behandlung des Problems, auf welchem Wege die Kreditinstitute einen Mangel oder einen Überfluß an Zentralbankgeld ausgleichen, wurden bisher die Möglichkeiten über die Zentralbank einerseits und

[56] Die hier geschilderten Zusammenhänge wurden einem Aufsatz des Verfassers über „Geldmarktsätze unter dem Einfluß der Zinspolitik der Noten-

über den Geldmarkt andererseits getrennt erörtert. Man muß nun allerdings noch die Frage stellen, warum die Geschäftsbanken den einen oder den anderen Weg des Ausgleichs wählen. Es wurden bereits die Möglichkeiten eines Ausgleichs über die Zentralbank dargestellt und die Bedingungen aufgezeigt, unter denen die Banken ihre Liquiditätssalden entweder über die Refinanzierung — zum Diskont- oder Lombardzinssatz — oder über die Offenmarkt-Politik — zu den für Geldmarktpapiere festgesetzten Abgabe- oder Rücknahmesätzen — beseitigen[57]. (Der Liquiditätsausgleich über Mindestreserven kann nicht als echte Alternative gelten, da er eine zinslose Anlage bedeutet bzw. eine Mobilisierung dieser Reserven nur mit Zustimmung der Notenbank möglich ist.)

Hinzu kommt nun noch der Ausgleich von Liquiditätssalden für die einzelne Bank bei einem anderen Institut zu den jeweils gültigen Geldmarktsätzen[58]. Es ist nun keinesfalls so, daß die Entwicklung der Zinssätze am Geldmarkt sich von den Notenbanksätzen (Diskontsatz und Lombardsatz) völlig lösen kann und eigenen Gesetzen folgt. Vielmehr bestehen zwischen den Notenbankzinsen und den Geldmarktsätzen enge Zusammenhänge. Dabei herrscht in Deutschland die Meinung vor, daß die Notenbank, wenn sie mit dem Geldmarkt in Fühlung bleiben will, sich der durch Angebot und Nachfrage bestimmten Entwicklung der Geldmarktsätze jeweils anpassen müßte[59]. Wenn dies zutreffen würde, dann hätte die Notenbank keinesfalls die Stellung als Steuerungsinstitution für die Geldversorgung, die ihr zukommt, sondern müßte in ihren Zinsentscheidungen, die ja in erster Linie auch güterseitige Rückwirkungen haben, den Zufällen des Geldmarktes folgen. Die Frage, die es hier zu untersuchen gilt, lautet also: Zwingt eine Verknappung oder Verflüssigung am Geldmarkt zu einer Diskontsatzänderung bzw. zu einer Ände-

---

bank" entnommen, der in der Zeitschrift „Konjunkturpolitik" Heft 1, 1957, S. 31 ff. veröffentlicht wurde.

[57] Vgl. den Abschnitt „Der Liquiditätsausgleich, auch ein kalkulatorisches Problem" dieser Arbeit.

[58] Man unterscheidet in Deutschland Zinssätze für Tagesgeld (Geld wird jeweils für einen Tag gegeben, bleibt aber auch länger liegen, wenn es nicht zurückgerufen wird), tägliches Geld (Kündigungsgeld mit eintägiger Kündigungsfrist — in Deutschland sind die Sätze für tägliches Geld mit denen für Tagesgeld identisch), Monatsgeld, Dreimonatsgeld, Halbjahresgeld, Jahresgeld und Geld über Ultimo.

[59] *Bloch*, V.: „Diskontmarkt" in Handwörterbuch des Bankwesen, Berlin, 1933, S. 158: „Da das Diskontgeschäft der meisten Länder stets durch die Möglichkeit beherrscht wird, im Notfall die Notenbank als Débouché für den Wechselbesitz zu finden, pflegen sich die Marktsätze für jenes Papier, das bei der Zentralbank rediskontierbar ist, unter deren offiziellen Rediskontsatz zu halten. Wo ein wirklich großer und gut funktionierender Diskontmarkt besteht, liegt die Initiative für die Zinsfußbewegung bei diesem. Wenn sich der Marktsatz, der ‚Privatdiskont', zu sehr von der Bankrate entfernt, wird diese herabgesetzt, wenn er ihr sich zu sehr nähert oder sie erreicht, finden sich die Bankleitung veranlaßt, mit einer Zinsfußerhöhung vorzugehen."

rung der Abgabesätze der Notenbank? Mit der Antwort auf diese Frage wird auch das Problem entschieden, ob die Zentralbank die notwendige beherrschende Rolle beim Liquiditätsausgleich spielt.

da) Der Diskontsatz: Obergrenze der Geldmarktentwicklung

Um die Zusammenhänge zwischen den von der Notenbank festgesetzten Zinssätzen und den Geldmarktsätzen darzustellen, ist es erforderlich, über die Form des Marktes, auf dem Geld zwischen den Banken untereinander und zwischen Kreditinstituten und der Notenbank gehandelt wird, sich ein klares Bild zu verschaffen. Betrachtet man nur den Geldhandel der Kreditinstitute untereinander, also außerhalb der Zentralbank, so kommt man zu der unbestrittenen Feststellung, daß sich die Geldmarktsätze wie der Preis jeder anderen Ware nach Angebot und Nachfrage richten. Die einzelnen Geldmarktsätze (Satz für Tagesgeld, für Monatsgeld, für Geld über Ultimo usw.) bilden den Schnittpunkt der jeweiligen Angebots- Nachfrage-Kurve. Läßt man es bei dieser Feststellung bewenden, dann lautet das Ergebnis, daß der jeweilige Geldmarktsatz ausschließlich die Folge eines mengenmäßig bestimmten Angebots und einer mengenmäßig bestimmten Nachfrage ist.

Eine solche Feststellung trifft aber nur für einen Markt zu, der „vollkommen" ist, d. h. auf dem der einzelne durch sein Angebot oder seine Nachfrage keinen Einfluß auf den Preis bzw. den Zins nehmen kann[60]. Eine solche preistheoretische Betrachtung des Geldmarktes geht aber an der Tatsache vorbei, daß die Beteiligten am Geldhandel zwischen den Banken die Möglichkeit eines Saldenausgleichs bei der Notenbank, der eigentlichen originären Geldquelle, haben. Der Geldhandel vollzieht sich also nicht allein auf einem Markt, der den Gesetzen von Angebot und Nachfrage bei freier Konkurrenz unterliegt, sondern vielmehr wird die Entwicklung des Geldmarktes einmal durch das Monopol Notenbank und zum anderen durch eine Vielzahl größerer und kleinerer Kreditinstitute bestimmt[61].

Das Monopol Notenbank setzt sowohl einen Monopolzins für das Geldangebot als auch einen Monopolzins für die Geldnachfrage fest. Der Monopolzins des Geldangebots durch die Notenbank ist der Diskontsatz. Er ist der Zins, zu dem die Notenbank bereit ist — wenn man Rediskont-

---

[60] Vgl. *Paulsen*, A.: „Allgemeine Volkswirtschaftslehre", Bd. I, Berlin, 1956, S. 89.

[61] Eine getrennte Betrachtung des Geldhandels der Kreditinstitute außerhalb der Zentralbank einerseits und zwischen Banken und Notenbank andererseits (vgl. *Brehmer*, E.: „Struktur und Funktionsweise des Geldmarktes der deutschen Bundesrepublik seit 1948" in: Beiträge zur reinen und angewandten Wirtschaftstheorie aus dem Wirtschaftswissenschaftlichen Seminar der Universität Kiel, Nr. 2, Tübingen, 1956, S. 6 und 43) wäre für die hier zu behandelnden Fragen unzweckmäßig.

kontingente und andere mögliche restriktive Eingriffe der Zentralbank außer acht läßt —, jede nachgefragte Menge an Geld zu gewähren[62]. Mit diesem Monopolpreis für das Geldangebot setzt die Notenbank am Geldmarkt eine obere Grenze, die von den anderen Beteiligten des Marktes grundsätzlich nicht übersprungen wird, da jede Menge Geldes zu dem weiligen Diskontsatz von der Notenbank zu erhalten ist[63].

db) Geldmarktsätze übersteigen den Diskontsatz nur in Ausnahmefällen

Von dieser grundsätzlichen Feststellung gibt es in der Wirklichkeit einige Ausnahmen. Die eine, vielleicht die wesentlichste, beruht darauf, daß das Angebot an Geld durch die Notenbank in allen den Fällen, in denen die Deckung des Geldbedarfs der Banken durch Rediskontierung von Wechseln vorgenommen wird — in Westdeutschland der überwiegende Teil der gesamten Refinanzierung —, über einen längeren Zeitraum bis zu drei Monaten „befristet" ist. Denn die Weitergabe eines Wechsels durch die Banken an die Zentralbank bedeutet vorzeitige Umwandlung von noch nicht fälligen Bargeldforderungen in Zentralbankgeld unter Hinnahme eines Zinsverlustes in Höhe des Diskontsatzes für die Zeitspanne bis zur Fälligkeit. Ein Kreditinstitut, das sich aber z. B. nur für einen oder zwei Tage flüssige Mittel zusätzlich beschaffen will, wird in der Regel nicht einen noch längere Zeit laufenden Wechsel der Zentralbank weiterreichen[64], sondern am Geldmarkt für diese Mittel u. U. einen höheren Satz als den Diskontsatz bezahlen, solange der Mehrpreis am Geldmarkt für die wenigen Tage geringer ist als der Zinsverlust, den dieses Kreditinstitut durch Refinanzierung eines noch längere Zeit laufenden Wechsels hinnehmen müßte.

Eine andere Ausnahme von der Regel, daß der Diskontsatz die Obergrenze der Geldmarktsätze ist, bildet die kreditpolitische Beschränkung des Geldangebotes durch die Notenbank. In Wirklichkeit ist nämlich das Geldangebot der Zentralbank nicht unbegrenzt, vielmehr läßt oftmals — so auch in Deutschland — die Notenbank einen Rückgriff auf die Zentralbank durch die Kreditinstitute mit Hilfe von Wechselrediskonten nur

---

62 Voraussetzung ist dabei, daß die Banken über ausreichende Bestände rediskontfähiger Papiere verfügen. Da die Kreditinstitute im allgemeinen die Möglichkeit haben, ihre Ausleihungen als Wechselkredite bereitzustellen, dürften grundsätzlich keine Schwierigkeiten bei der Beschaffung solcher liquiden Aktiva bestehen.

63 Vergleich zwischen dem Diskont- bzw. Lombardsatz und „dem" Geldmarktsatz betreffen den sogenannten Tagesgeldsatz, der in der Bankpraxis auch der Zinssatz für täglich kündbares Geld ist. Geldmarktsätze für längere Termine übersteigen den Tagesgeldsatz.

64 In Deutschland berechnet die Zentralbank für Wechsel bis zum Betrage von DM 5000,— wenigstens fünf Tage, für alle übrigen Wechsel wenigstens zehn Tage Zinsen, auch wenn ihre Laufzeit bis zur Fälligkeit geringer ist.

bis zu einer bestimmten Höhe zu. Ist dieses Limit erreicht, d. h. das sogenannte Rediskontkontingent voll in Anspruch genommen, ist eine weitere Geldbeschaffung der Banken nur noch am Geldmarkt oder zum höheren Lombardzins bei der Zentralbank möglich.

Sowohl bei der ersten Ausnahme — kurzfristige Refinanzierung zu höheren Geldmarktzinsen anstelle des Rediskonts eines noch längere Zeit laufenden Wechsels — als auch im Falle voll in Anspruch genommener Rediskontkontingente kann der Tagesgeldsatz am Geldmarkt den Diskontsatz überschreiten. Der steigende Geldmarktsatz erreicht in diesen beiden Fällen jedoch am Lombardsatz seine Grenze, da ein Lombardkredit von der Notenbank auch für nur einen Tag gegeben wird und die gewährten Lombardkredite nicht den Rediskontkontingenten angerechnet werden. Obwohl das Geldangebot der Zentralbank zum Lombardsatz praktisch unbegrenzt ist[65], kommt es trotzdem vor, daß selbst dieser Satz noch vom Tagesgeldsatz überschritten wird. Dabei sind dann allerdings keine Rentabilitätsgesichtspunkte mehr maßgebend, sondern ausschließlich bilanzoptische. Der Geldmarktsatz überschreitet den Lombardsatz praktisch nur zum Jahresultimo, wenn die Banken ohne Rücksicht auf die entstehenden Kosten eine „frisierte“ Bilanz vorlegen wollen. Dieses jährlich wiederkehrende window-dressing wird sich wohl erst dann verlieren, wenn die Bilanzkritik zu einer echten Analyse der Geschäftstätigkeit der Banken gekommen ist und nicht mehr auf Bilanzsumme, Liquiditätssatz und Gesamteinlagen das Hauptaugenmerk richtet

dc) Die Abgabesätze: Untergrenze der Geldmarktentwicklung

Sieht man von diesen Ausnahmen ab, so bildet im Geldhandel der Kreditinstitute untereinander bzw. zwischen Banken und Zentralbank der Diskontsatz grundsätzlich die Obergrenze der am Geldmarkt notierten Tagessätze. Das Marktbild dieses gesamten Geldhandels ist also keinesfalls das eines freien Marktes, sondern — im Sinne *Euckens*[66] — das eines Teilmonopols. Die Preisgestaltung, d. h. in diesem Fall die Bildung der Zinssätze am Geldmarkt, steht in einem direkten Zusammenhang zu der Höhe des Diskontsatzes. Der Diskontsatz ist gewissermaßen der Ausgangspunkt der Bewegungen der Geldmarktsätze, an dem sich der Geldmarkt „orientiert“. Liegen die Geldmarktsätze am Diskont, dann heißt das, daß der Geldmarkt fest ist oder zumindest nicht flüssig. Erst wenn

[65] Die Kreditinstitute können dieses Angebot nur dann nicht nutzen, wenn sie über keinen Bestand an lombardfähigen Wertpapieren verfügen. Da in Deutschland neben anderen Wertpapieren auch die durch die Währungsreform entstandenen Forderungen der Banken an die Öffentliche Hand (Ausgleichsforderungen) lombardfähig sind, dürfte ein Mangel an solchen Papieren sich praktisch kaum ergeben.

[66] *Eucken,* W.: „Die Grundlagen der Nationalökonomie“, 6. Aufl., Berlin, Göttingen, Heidelberg, 1950, S. 94 ff.

bei den Kreditinstituten Überschüsse an flüssigen Mitteln entstehen und die Banken diese Mittel an andere Banken abtreten wollen, also in Konkurrenz mit dem Geldangebot der Zentralbank treten, sinkt der Geldmarktsatz unter den Diskontsatz ab. Denn die Kreditinstitute haben grundsätzlich nur dann eine Chance, dieses ihr Geld bei anderen Banken unterzubringen, wenn sie „günstigere“ Konditionen als die Notenbank bieten. Mit zunehmender Verflüssigung des Bankenapparates, beispielsweise durch steigende Außenhandelsüberschüsse, verschiebt sich die Angebotskurve, deren Schnittpunkt mit der Nachfragekurve bisher am Diskontsatz gelegen hatte, ständig nach rechts. Der Geldmarktsatz sinkt ab.

Es ist eine abwegige Meinung, daß man mit einem Herabsetzen des Diskontsatzes, also mit einem Nachfolgen der Bankrate hinter den Geldmarktsätzen, die Entwicklung aufhalten oder stoppen könnte. Solange vielmehr Flüssigkeit am Geldmarkt besteht, d. h. solange Banken vorhanden sind, die Geld anderen Banken zur Verfügung stellen wollen und in Konkurrenz zum Geldangebot der Notenbank stehen, werden die Geldmarktsätze die Tendenz haben, den Diskontsatz zu unterschreiten, gleichgültig, ob dieser 5 vH, 3 vH oder 1 vH beträgt. Die Höhe des Diskontsatzes kann also grundsätzlich kein Kriterium der jeweiligen Geldmarktsituation sein. Wer Diskontsenkungen vornimmt, um den absinkenden Geldmarktsätzen zu folgen, tut nichts anderes als jemand, der seinem Schatten nachjagt und dadurch glaubt, die wilde Hetz aufhalten zu können[67].

Eine Zentralbank wird es nie gerne sehen, wenn die Geldmarktsätze sich vom Diskontsatz nach unten entfernen, da die Notenbank dann den notwendigen Kontakt mit dem Geldmarkt verliert. Die Senkung des Diskontsatzes scheint in einem solchen Falle der einzige Ausweg zu sein, den sinkenden Geldmarktsätzen zu folgen. Das ist jedoch nicht erforderlich, da die Geldmarktsätze eine bestimmte Untergrenze nicht unterschreiten können.

[67] Zur Begründung der Diskontsenkung im Juni 1953 hat die Bank deutscher Länder folgendes geäußert (Monatsbericht der BdL Juni 1953, S. 3): „Trotzdem war aber die Diskontsenkung nicht etwa ein mehr oder weniger zwangsläufiger Akt der Anpassung an die Marktsätze, ohne den das Zentralbanksystem Gefahr gelaufen wäre, immer stärker aus dem Markt verdrängt zu werden. Zunächst einmal sind die Aussichten, auf diese Weise den Kontakt zwischen dem Zentralbanksystem und dem Markt wieder enger zu gestalten, relativ gering, da das Maß, in dem das Zentralbanksystem vom Bankenapparat beansprucht wird, nicht vom Diskont, sondern vom Bedarf an Zentralbankgeld, also vom Refinanzierungsbedarf der Geschäftsbanken abhängt und der Diskontsatz für sich allein hierauf nur einen geringen und jedenfalls keinen unmittelbaren Einfluß hat. Bleiben die Faktoren, die dem Markte bisher immer neues Zentralbankgeld zuführten, weiter wirksam, so ist vielmehr zu erwarten, daß der Bankenapparat das Zentralbanksystem auch in Zukunft immer weniger beansprucht und daß sich in engem Zusammenhang hiermit auf niedrigerem Niveau erneut eine mehr oder weniger weite Spanne zwischen den Geldmarktsätzen des offenen Marktes und dem Zentralbankdiskont ergibt.“

Diese Untergrenze der Geldmarktzinsen wird von den sogenannten Abgabesätzen der Notenbank gebildet. Das sind Sätze, zu denen die Zentralbank bereit ist, Schatzwechsel, Schatzanweisungen oder ähnliche Papiere an die Banken abzugeben, oder, anders ausgedrückt, das sind die Sätze, zu denen die Notenbank bereit ist, jedes Geldangebot aufzunehmen. Eine Zentralbank, die über ausreichende Bestände an Geldmarktpapieren verfügt, kann den Geldmarktsätzen also zwei Grenzen ziehen: den Diskontsatz, zu dem im allgemeinen jede Nachfrage der Kreditinstitute nach Geld befriedigt wird, und die Abgabesätze, zu denen jedes Angebot der Banken von der Zentralbank aufgenommen wird. Nur hierzwischen können sich die Geldmarktsätze bewegen.

Die Angebots-Nachfrage-Kurven des Geldhandels zwischen den Kreditinstituten einerseits sowie den Banken und der Notenbank andererseits zeigen folgendes Bild: 1. Zwei vollständig elastische Angebots-Kurven der Zentralbank zu einem gegebenen Diskontsatz und einem gegebenen Lombardsatz, bei denen jede Menge — zum Diskontsatz bis zur Höhe der Rediskontkontingente — danach zum Lombardsatz — befriedigt werden kann. 2. Vollkommen elastische Nachfrage-Kurven der Zentralbank zu niedrigeren Abgabesätzen für Geldmarktpapiere, bei denen die Notenbank jedes Geldangebot der Kreditinstitute aufnimmt. Und dazwischen bewegen sich 3. die Angebots-Nachfrage-Kurven des Geldmarktes, also des Geldhandels der Kreditinstitute außerhalb der Zentralbank. Die Angebots- und Nachfrage-Kurven des Geldmarktes, die das Geldangebot und die Geldnachfrage zwischen den Kreditinstituten widerspiegeln, sind sogenannte unstete Nachfrage-Kurven. Sobald sie nämlich die vollständig elastischen Angebots- oder Nachfrage-Kurven der Zentralbank treffen, sind sie mit diesen identisch[68].

In dem folgenden Schaubild sind die erwähnten Angebots- und Nachfrage-Kurven des Geldhandels der Kreditinstitute untereinander und der Banken mit der Notenbank wiedergegeben. Die auf der Abszisse (horizontale Achse des Koordinatensystems) abgetragene Menge M_0—M_1 ist gleich den von der Zentralbank festgesetzten Rediskontkontingenten. Nur in diesem Umfang ist die Notenbank bereit, ihr Geldangebot zum

---

[68] In dem folgenden Schaubild sind die Angebots-Nachfrage-Kurven des Monopolisten (Notenbank) und die der anderen Marktteilnehmer zum Zwecke der hier vorzunehmenden Analyse getrennt dargestellt worden. Das ist ungewöhnlich, da das gezeichnete Bild eines beiderseitigen Teilmonopols eine in sich selbständige und geschlossene Marktform ist, die nicht als Mischung von Monopol und Konkurrenz angesehen werden darf. (Vgl. *Eucken*, W.: „Die Grundlagen der Nationalökonomie“, 6. Auflage, Berlin, Göttingen, Heidelberg, 1950, S. 105). In der Literatur werden Marktformen wie Teilmonopole oder Oligopole daher auch durch je eine — geknickte — Angebots- und Nachfrage-Kurve dargestellt. Vgl. *Stiegler*, George, J.: „The kinky oligopoly demand curve and riged prices“ in: Readings in Price Theory, London, 1953, S. 410 ff., und *Schneider*, E.: „Einführung in die Wirtschaftstheorie“, II. Teil, Tübingen, 1949, S. 74 u. 117.

Diskontsatz aufrechtzuerhalten. Übersteigt die Nachfrage der Kreditinstitute diese Menge (Rechtsverschiebung der unsteten Nachfrage-Kurve des Geldmarktes), dann wird der Geldmarktsatz über den Diskontsatz hinausgehen. In der Praxis werden die Geldmarktsätze den Diskontsatz bereits dann überschreiten, wenn mehrere Banken ihre Rediskontkontingente voll ausgenutzt haben und weiter Zentralbankgeld nachfragen, ohne daß schon das gesamte Rediskontkontingent aller Banken voll in Anspruch genommen wäre.

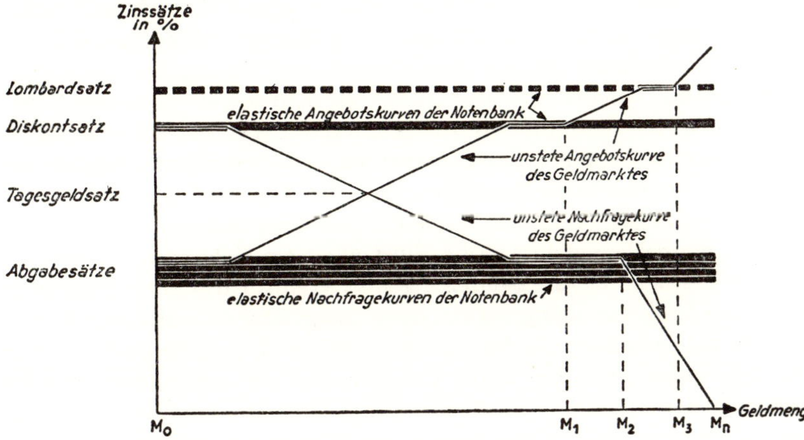

Die steigenden Geldmarktsätze würden am Lombardsatz zum Stillstand kommen. Sollte aber auch einmal der Fall eintreten, daß sich bei dem überwiegenden Teil der am Geldhandel beteiligten Banken auch der Bestand an lombardfähigen Titeln (M_0—M_3) erschöpft, wäre bei anhaltender Nachfrage nach Geld dem Anstieg der Geldmarktsätze keine Grenze mehr gesetzt.

Die auf der Abszisse abgetragene Menge M_1—M_2 ist gleich dem Bestand an Geldmarktpapieren bei der Zentralbank. Bis zu dieser Menge kann die Notenbank Zentralbankgeld von den Kreditinstituten zu den gebotenen Abgabesätzen aufnehmen. Übersteigt das Angebot diese Menge (Rechtsverschiebung der unsteten Angebots-Kurve des Geldmarktes) und erschöpft sich der Bestand an Geldmarktpapieren, wird sich ein Geldmarktsatz bilden, der unter den Abgabesätzen der Notenbank liegt, sofern nicht die Notenbank vorher ihre Abgabesätze zurücknimmt.

Der gesamte Geldhandel vollzieht sich also auf einem Markt, den man in der Terminologie von W. Eucken als beiderseitiges Teilmonopol bezeichnen würde. Aber auch der Geldmarkt selbst (Geldhandel der Kreditinstitute außerhalb der Zentralbank) ist in der Regel kein Markt mit selbständiger Konkurrenz, auf dem sich Angebot und Nachfrage durch Beteiligung einer Vielzahl von Kreditinstituten am Marktgeschehen bilden. Vielmehr wird der Geldmarkt im allgemeinen durch wenige große Banken bestimmt und unterliegt damit meist den Gesetzen eines oligopolistischen Marktes[69]. Die gesamten Geldtransaktionen zwischen Kreditinstituten und der Notenbank sowie zwischen den einzelnen Kreditinstituten werden also über einen Markt abgewickelt, den man als ein oligopolistisch beschränktes Teilmonopol bezeichnen könnte.

Im Falle eines ständig flüssiger werdenden Geldmarktes z. B. durch anhaltende Zahlungsbilanzüberschüsse sinken die Geldmarktsätze unter den Diskontsatz ab und die Angebots-Kurve verschiebt sich nach rechts. Die Nachfrage-Kurve wird mit sinkenden Zinsen immer unelastischer, d. h. die Zunahme der umgesetzten Mengen wird im allgemeinen kleiner. Die wachsende Unelastizität der Nachfrage-Kurve bei sinkenden Zinsen ist ebenfalls eine Besonderheit des Geldmarkts. Während nämlich an den Warenmärkten oder am Kreditmarkt bei zunehmendem Angebot und sinkenden Preisen bzw. Zinssätzen auch die Nachfrage zunimmt — die Nachfrage-Kurve also mit sinkenden Zinsen eher elastischer wird —, ist das am Geldmarkt nicht der Fall. Flüssigkeit am Geldmarkt ist eine allgemeine Erscheinung, die bei den meisten Kreditinstituten spürbar wird. Je stärker diese Verflüssigung ist, desto mehr sind die einzelnen Kreditinstitute bei sinkenden Geldmarktsätzen bestrebt, Geld bei anderen Banken unterzubringen, und desto weniger sind sie andererseits geneigt, Nachfrage nach diesem Geld zu entwickeln. Die Sätze am Geldmarkt werden aber nur so weit fallen, bis sie das Niveau der Abgabesätze erreichen; ein weiteres Absinken ist deshalb grundsätzlich ausgeschlossen, weil die Banken die Liquiditätsüberschüsse dann eher in Schatzwechseln oder in anderen Papieren beim Zentralbanksystem anlegen als das Geld zu niedrigeren Sätzen anderen Banken weiterzugeben.

In der Wirklichkeit gibt es auch hierbei zwei wichtige Ausnahmen, bei denen der Geldmarktsatz unter die Abgabesätze fallen kann. Die eine ergibt sich aus der Tatsache, daß die Rückgabe früher von der Notenbank abgenommener Schatzwechsel nur zu einem über dem Abgabesatz liegenden höheren Rückkaufsatz möglich ist. Wollen die Kreditinstitute in den vollen Genuß der von der Notenbank gebotenen Sätze kommen, müssen die Banken die abgenommenen Schatzwechsel bis zur Fälligkeit im Bestand behalten. Eine frühere Rückgabe dieser Papiere an die Zentralbank bedeutet immer eine Zinseinbuße. Bei kurzfristiger Rückgabe

---

[69] *Brehmer*, E.: „Struktur und Funktionsweise des Geldmarktes der Deutschen Bundesrepublik seit 1948" in: Beiträge zur reinen und angewandten Wirtschaftstheorie aus dem Wirtschaftswissenschaftlichen Seminar der Universität Kiel, Nr. 1, Tübingen, 1956, S. 48, betont, daß sich das Schwergewicht der auf dem westdeutschen Geldmarkt vorgenommenen Geschäfte auf wenige Banken konzentriert. „Berücksichtigt man das, dann kann man die Struktur des westdeutschen Geldmarktes mit einiger Annäherung als Oligopol im Sinne der morphologischen Marktform kennzeichnen."

kann sogar ein effektiver Zinsverlust eintreten. Die über längere Zeiträume — bis zu zwei Jahren — laufenden unverzinslichen Schatzanweisungen können in Deutschland vor Fälligkeit grundsätzlich nicht zurückgegeben werden[70]. Sie sind, wenn sie nicht mehr als noch ein Jahr laufen, lombardfähig. Insbesondere bei der kurzfristigen, auf wenige Tage begrenzten Anlage von Liquiditätsüberschüssen werden die Kreditinstitute daher dieses Geld auch zu Sätzen abgeben, die unter den offiziellen Abgabesätzen der Notenbank liegen. Die Differenz zwischen den niedrigeren Geldmarktsätzen und den Abgabesätzen wird aber nicht größer sein, als die prozentuale Zinsertragsminderung betragen würde, wenn die Kreditinstitute diese Gelder für nur einige Tage in Schatzwechseln angelegt hätten und danach diese Papiere zu den höheren Rückkaufsätzen wieder abgeben würden.

Die zweite Ausnahme, bei der der Geldmarktsatz unter die Abgabesätze fallen kann, ist dann gegeben, wenn die Zentralbank zu den festgelegten Abgabesätzen die Nachfrage nach Schatzwechseln oder ähnlichen Papieren mangels eines ausreichenden Bestandes nicht befriedigen kann. Zwar wird die Notenbank in einer solchen Situation, bevor die Geldmarktsätze das Niveau der Abgabesätze erreichen, in der Regel mit diesen zurückweichen; sofern sie dies jedoch nicht tut, werden die Sätze am Geldmarkt unter die Abgabesätze fallen.

dd) Höhe des allgemeinen Zinsniveaus von der Höhe der Notenbankzinsen abhängig

Sieht man von den denkbaren Ausnahmen ab, bei denen die Geldmarktsätze den Diskontsatz bzw. Lombardsatz übersteigen oder die Abgabesätze der Zentralbank für Schatzwechsel oder ähnliche Papiere unterschreiten können, so ist der Bewegungsspielraum der Geldmarktsätze durch die Zinssätze der Notenbank eindeutig begrenzt. Aus dieser Tatsache ergibt sich eine weitere Aussage: Die absolute Höhe der Geldmarktsätze besagt nichts über die jeweilige Lage am Geldmarkt. Flüssigkeit oder Festigkeit des Geldmarktes zeigen sich ausschließlich darin, in welchem Abstand die Geldmarktsätze unter dem Diskontsatz einerseits bzw. über den Abgabesätzen für Offenmarkt-Papiere andererseits liegen. Ein fester Geldmarkt wäre also z. B. dann gegeben, wenn bei einem Diskontsatz von 3 vH und einem Abgabesatz für Schatzwechsel unter 30 Tagen von 2 vH der Tagesgeldsatz zwischen 2⁷/₈ bis 3¹/₈ vH liegt. Von einem flüssigen Geldmarkt würde man dagegen wahrscheinlich dann

---

[70] Die Bank deutscher Länder hat von dieser Regel meist keinen Gebrauch gemacht. Die Rücknahme von unverzinslichen Schatzanweisungen wurde ebenfalls zu einem über dem Abgabesatz liegenden höheren Rückkaufsatz vorgenommen.

sprechen, wenn bei einem Diskontsatz von 6 vH und einem Abgabesatz für Schatzwechsel unter 30 Tagen von 5 vH der Tagesgeldsatz zwischen $4^7/_8$ bis $5^1/_8$ vH notierte.

Die Geldmarktsätze bewegen sich also gleichsam in einem Raum, durch dessen Wände sie grundsätzlich nicht hindurchtreten können, und je nachdem, ob sie an der Decke (Diskontsatz) hängen oder am Boden (Abgabesätze) sich befinden, wird man von festen oder flüssigen Geldmärkten sprechen. Nur wenn Decke oder Boden durch Rediskontkontingente bzw. infolge des Fehlens von Offenmarkt-Papieren durchlöchert ist, wird der Geldmarktsatz dort durchschlüpfen können. Der Raum selbst ist ein Fahrstuhl, der die Geldmarktsätze auf ein höheres oder niedrigeres Zinsniveau führen kann. Dies sollte jedoch nur geschehen, wenn güterseitige Vorgänge das für zweckmäßig erscheinen lassen. Dagegen ist es wenig sinnvoll, diesen Fahrstuhl in Bewegung zu setzen, wenn die Geldmarktsätze den Diskontsatz oder die Abgabesätze erreichen. Das hätte nur dann eine Berechtigung, wenn durch Rediskontkontingente oder fehlende Offenmarkt-Papiere die obere oder untere Grenze der Geldmarktsätze überschritten würde und die Notenbank durch Herauf- oder Herabsetzung ihrer Zinssätze mit dem Geldmarkt Kontakt halten wollte. Mit anderen Worten heißt das, daß eine Änderung der absoluten Höhe der Notenbankzinsen grundsätzlich nicht abhängig ist von der Entwicklung der Geldmarktsätze, sondern vielmehr umgekehrt die Geldmarktsätze automatisch durch Änderung der Notenbankzinsen mitgezogen werden. Eine Diskonterhöhung oder Diskontsenkung aus dem Grunde vorzunehmen, weil der Geldmarkt sehr flüssig oder besonders fest ist, wäre allein schon deshalb unzweckmäßig, weil dadurch die Flüssigkeit ja keinesfalls vermindert bzw. die Verknappung nicht beseitigt würde. Vielmehr dürfte sich an der Marktlage — sofern der Geldmarkt nicht durch äußere Einflüsse (z. B. veränderte Außenwirtschaftsbilanz) berührt wird — nichts ändern. Rein äußerlich würden sich wahrscheinlich die Geldmarktsätze aus den geschilderten Zusammenhängen nur um den Betrag der Diskontsenkung verschieben[71]. Es ist daher auch wenig sinnvoll, die Zinspolitik der Notenbank der Entwicklung der Geldmarktsätze anpassen zu wollen. Vielmehr sollten die von der Notenbank vorgenommenen Änderungen der Zinssätze ausschließlich zur Beeinflussung güter-

[71] Nachdem die Bank deutscher Länder Anfang September 1956 den Diskontsatz von $5^1/_2$ auf 5 Prozent gesenkt hatte, stellte sie zur Geldmarktentwicklung u. a. fest (Monatsbericht der BdL, September 1956, S. 6): „Der Satz für Tagesgeld, der die kurzfristigen Marktschwankungen am deutlichsten registriert, paßte sich dem mit Wirkung vom 6. September v. J. um ein halbes Prozent ermäßigten Diskontsatz verhältnismäßig rasch an und blieb auch weiterhin mit diesem in relativ engem Kontakt. Auch die Sätze für Monatsgeld und Dreimonatsgeld, die erheblich über dem Tagesgeldsatz liegen, sind nach der Diskontsenkung um durchschnittlich ein halbes Prozent zurückgegangen."

seitiger Vorgänge in der Wirtschaft, hauptsächlich der Investitionstätigkeit und der Lagerbildung, dienen.

de) Traditionsbestimmtes Verhalten und variabler Diskontsatz beseitigen die Obergrenze des Geldmarktes

Die aufgezeigten Zusammenhänge zwischen den Geldmarktsätzen und den Zinssätzen der Notenbank sind jedoch nur dann gegeben, wenn sich die Banken bei ihren Gelddispositionen ausschließlich von Rentabilitätsgesichtspunkten leiten lassen und nicht z. B. durch traditionelle Bindungen andere Transaktionen vorziehen. Mit anderen Worten bedeutet das, daß diese Zusammenhänge nur bestehen, wenn die Banken bereit sind, sofern das in einer gegebenen Situation der billigste Weg der Geldbeschaffung ist, sich durch Refinanzierung (Weitergabe von Wechseln und Akzepten und/oder Aufnahme von Lombardkrediten) bei der Notenbank zu verschulden bzw. bei einem Liquiditätsüberschuß und abnehmenden Geldmarktsätzen Gelder an die Notenbank durch Übernahme von Offenmarkt-Papieren abzugeben. In einigen Ländern steht diesem rentabilitätsbestimmten Handeln die Tradition entgegen. So suchen z. B. die Banken in den Vereinigten Staaten von Amerika zu vermeiden, sich bei der Zentralbank durch Refinanzierung zu verschulden. Zwar ist auch hier theoretisch der Diskontsatz die Obergrenze des Geldmarktes; tatsächlich ist eine solche Grenze aber nicht vorhanden, da von dem Geldangebot der Zentralbank in diesem Lande nur ein geringer Gebrauch gemacht wird. Die amerikanische Notenbank muß daher auf die Diskontpolitik als Mittel der Zinssteuerung des Geldmarktes wohl oder übel verzichten. Die Geldmarktsätze werden daher bei einer Verknappung am Geldmarkt den Diskontsatz übersteigen.

Auch in Kanada machen die Banken von der Refinanzierung bei der Zentralbank nur wenig Gebrauch. Jedoch wird der Diskontsatz dort nicht von den Geldmarktsätzen überschritten, da die Zentralbank von Kanada — seit November 1956 — den Diskontsatz jede Woche neu festsetzt, und zwar so, daß er jeweils um $^{1}/_{4}$ vH über dem am Geldmarkt sich bildenden Zinssatz für Schatzwechsel mit einer Laufzeit von mehr als drei Monaten liegt. Damit weicht die kanadische Zentralbank den Schwankungen am Geldmarkt mit dem Diskontsatz bei fester werdendem Markt aus bzw. folgt den Sätzen automatisch, wenn die Flüssigkeit zunimmt. Der Diskontsatz hat dadurch seine Bedeutung für die Beeinflussung der Geldmarktsätze verloren, da er selbst zur Resultante der Entwicklung auf dem Geldmarkt geworden ist. Darüber hinaus wird durch die Anpassung des Diskontsatzes an die Geldmarktsätze aber auch seine Bedeutung als Steuerungsmittel der güterseitigen Vorgänge in der Wirtschaft gemindert. Eine bestimmte, für die allgemeine konjunkturelle Entwicklung als zweckmäßig erachtete Höhe des Diskontsatzes läßt sich in Kanada praktisch nur noch durch entsprechende Offenmarkt-Operationen erreichen. Nur durch Käufe und Verkäufe von kurzfristigen oder mittelfristigen Wertpapieren ist es möglich, die Sätze am freien Markt so zu regulieren, daß auch der Diskontsatz die gewünschte Höhe erreicht bzw. beibehält. Kanada hat durch diese Maßnahme die Veränderungen des Diskontsatzes der Geldmarktentwicklung untergeordnet, während in anderen Ländern — so auch in der Bundesrepublik —, in denen grundsätzlich der Diskontsatz die Obergrenze und die Abgabesätze die Untergrenze des Geldmarktes bilden, die Geldmarktsätze weitgehend von der Zinsgestaltung der Notenbank abhängig sind.

Länder wie Kanada oder die Vereinigten Staaten können allerdings eher als z. B. die Bundesrepublik auf die Anwendung der Diskontpolitik zur Steuerung der Zinssätze am Geldmarkt verzichten, da bei ihnen die Voraussetzungen für die Beeinflussung des Geldmarktes durch Offenmarkt-Operationen besser gegeben sind als in Deutschland. Die Zentralbanken, ebenso wie die Geschäftsbanken in diesen Ländern, verfügen nämlich über einen ausreichenden Bestand an Schatzwechseln, Schatzanweisungen und Anleihen, mit deren Hilfe sowohl ein Liquiditätssaldo bei den Banken gelöst als auch die tendenzielle Beeinflussung des Geldmarktes durch die Notenbank erreicht werden kann. Ende Dezember 1960 entfielen von den Aktiven der Zentralbankbilanz in Kanada über 90 vH auf Offenmarkt-Papiere, in den USA rund 58 vH, jedoch in der Bundesrepublik dagegen nur 9 vH einschließlich der noch nicht in Schatzwechsel umgetauschten Ausgleichsforderungen[72]. Die Zusammenhänge zwischen den sich bildenden Zinssätzen beim Geldhandel der Banken untereinander und den für den Geldhandel der Banken und der Zentralbank festgesetzten Notenbankzinsen sind durch die traditionell bedingten Vorurteile der amerikanischen Banken gegenüber der Refinanzierung bei der Notenbank und in Kanada auch noch durch die flexible Diskontfestsetzung viel lockerer als z. B. in Deutschland. Man kann das im Hinblick auf die Bedeutung der Geldmarktentwicklung für die gesamtwirtschaftliche Entwicklung keinesfalls als Vorteil bezeichnen, da diesen Ländern die Diskontpolitik als wirksames Mittel der Geldmarktbeeinflussung nicht zur Verfügung steht, so daß die Wirkungen der Diskontpolitik auf den monetären Bereich der Wirtschaft vermindert werden. Während in den amerikanischen Staaten die Obergrenze des Geldmarktes recht variabel ist und starken Schwankungen unterliegen kann, ist eine solche Labilität in Deutschland bei der Untergrenze — den Abgabesätzen — gegeben, da der geringe Bestand an Offenmarkt-Papieren noch nicht ausreichend sein dürfte, einem größeren Druck flüssiger Mittel standzuhalten. Grundsätzlich besitzen aber alle Zentralbanken, sofern

[72] Vgl. Gesetz über die Deutsche Bundesbank v. 26. Juli 1957, (BGBl. I/1957, S. 745 ff.) § 42 Abs. 1.

sie über das Mittel der Diskontpolitik und der Offenmarkt-Politik verfügen, über die notwendigen Instrumente, die Entwicklung des Geldmarktes unter Kontrolle zu halten.

df) Deutsches Zentralbanksystem sieben Jahre ohne Offenmarkt-Fonds

Das deutsche Zentralbanksystem war nach der Währungsreform stets bemüht, durch eine möglichst enge Bindung zwischen den Konditionen für den Liquiditätsausgleich über die Notenbank und den über die Geldmärkte sich den Einfluß auf das kurzfristige Zinsniveau und damit auch auf den langfristigen Zins zu sichern. Diese Bemühungen scheiterten jedoch bis 1955 vor allem daran, daß die Notenbank über keinen ausreichenden Bestand an Offenmarkt-Papieren verfügte, um bei der einsetzenden allgemeinen Flüssigkeit, vor allem ab 1951, ein zu starkes Abgleiten der Geldmarktsätze unter den Diskontsatz zu verhindern. Diese Unvollkommenheit des kreditpolitischen Instrumentariums war in den ersten Jahren nach der Neuordnung des Geldwesens noch nicht so problematisch, denn bis Anfang 1951 bestand in allen Jahren insgesamt gesehen ein Mangel an Zentralbankgeld. Da dieser nur über die Zentralbank ausgeglichen werden konnte, war eine Bindung der Kreditinstitute an die Notenbank in dieser Zeit von vornherein gegeben.

Die Geldmarktsätze bewegten sich 1949 und 1950 noch im „luftleeren" Raum und hatten keine Tuchfühlung mit den Notenbanksätzen. Das lag aber vor allem daran, daß damals für die Geldmarktsätze eine Untergrenze, d. h. Abgabesätze für Offenmarkt-Papiere, völlig fehlte. Bei einem Diskontsatz von 5 vH, wie er bei der Währungsreform festgesetzt worden war, wurde im Jahre 1949 Tagesgeld mit rd. 3 % gehandelt. Erstmals zum Jahresultimo 1949 bekamen die Geldmarktsätze mit dem bis dahin in zwei Etappen auf 4 % herabgesetzten Diskontsatz Kontakt. In den folgenden Jahren bis 1951 ist diese Bindung weitgehend bestehen geblieben, und zwar vor allem, weil in dieser Zeit sich die Banken bei der Notenbank refinanzieren mußten, im allgemeinen also ein Mangel an Zentralbankgeld herrschte. Die Tagesgeldsätze orientierten sich daher an der Obergrenze der Zinsentwicklung, dem Diskontsatz. Nach der Diskonterhöhung auf 6 vH im Oktober 1950 stiegen die Geldmarktsätze mit an. Obwohl infolge der verbesserten Außenhandelssituation schon eine Entlastung spürbar wurde, bestand vor allem infolge Erhöhung der Mindestreservesätze noch ein erheblicher Refinanzierungsbedarf. Die Notenbank hatte aber gleichzeitig mit der Heraufsetzung des Diskontsatzes diese Rückgriffsmöglichkeit auf die Notenbank durch Verringerung der Rediskontkontingente eingeschränkt. Die Banken versuchten daher, ihren Bedarf an Zentralbankgeld darüber hinaus noch bei anderen Kreditinstituten zu decken. Dies hatte zur Folge, daß die Tagesgeldsätze den Diskontsatz erheblich überschritten. Nachdem ab Herbst 1951 der Außenhandel mit Ausfuhrüberschüssen abschloß, begannen die Geldmarktsätze zu sinken. Zum Jahresultimo 1951 wurde dieser Rückgang allerdings noch einmal unterbrochen, und die Tagesgeldsätze kletterten auf ihren bisher höchsten Stand von $6^3/_4$ %. Danach setzte sich jedoch der Rückgang wieder verstärkt fort.

DISKONTSATZ, ABGABESATZ DER ZENTRALBANK FÜR SCHATZWECHSEL MIT LAUFZEITEN BIS ZU 59 TAGEN UND SÄTZE FÜR TAGESGELD AM GELDMARKT

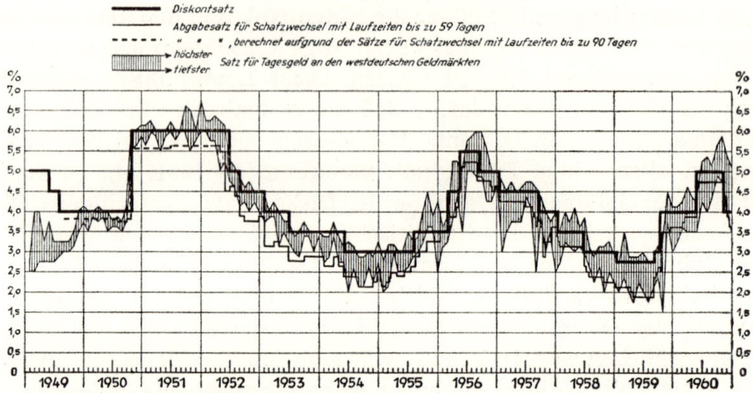

Quelle: Monatsberichte der Bank deutscher Länder und der Deutschen Bundesbank

Die Zentralbank legte ab Ende 1949 zwar Abgabesätze fest, jedoch spielten die wenigen damals verkauften Geldmarktpapiere mit Laufzeiten von mindestens 60 bis 90 Tagen und unverzinslichen Schatzanweisungen mit Laufzeiten bis zu einem halben Jahr keine Rolle. Da ein Mangel an Zentralbankgeld bestand, nahm die Notenbank noch die wenigen im Bestand der Banken befindlichen Papiere zurück, meist allerdings nur bei Fälligkeit. Die nur in geringem Umfang von der Öffentlichen Hand in dieser Zeit emittierten Papiere versuchte aber die Notenbank an Kreditinstitute zu verkaufen, da sie eine Kreditgewährung an die Öffentliche Hand möglichst nicht mit Zentralbankgeld, sondern nur mit Mitteln des Geldmarktes vornehmen wollte.

Ab 1952 wurden neben den Schatzwechseln mit Laufzeiten von 60 bis 90 Tagen und unverzinslichen Schatzanweisungen mit Laufzeiten bis zu einem halben Jahr auch kurzfristige Papiere, die 30 bis 59 Tage im Umlauf blieben, sowie unverzinsliche Schatzanweisungen, die für ein Jahr ausgegeben wurden, vom Zentralbanksystem angeboten. Das vorhandene Material reichte jedoch nicht aus, die infolge zunehmender Zentralbankgeldüberschüsse ab 1952 sinkenden Geldmarktsätze abzufangen. Das Zentralbanksystem beschränkte sich daher darauf, die wenigen zur Verfügung stehenden Papiere anzubieten und mit dem Geldmarkt dadurch Fühlung zu halten, daß es die Abgabesätze für Schatzwechsel und unverzinsliche Schatzanweisungen den fluktuierenden Geldmarktsätzen laufend anpaßte.

Von Zeit zu Zeit folgte das Zentralbanksystem den absinkenden Sätzen am Geldmarkt mit den Bankraten; es verminderte den Diskontsatz in den Jahren 1952 bis 1954 in fünf Etappen von 6 % auf 3 %. Allerdings ist hierin kein Beweis für die These zu erblicken, daß für die Zentralbank ein Zwang bestünde, ihre Diskontpolitik den fallenden Geldmarktzinsen anzupassen. Vielmehr entsprechen diese Zinssenkungen der güterseitigen Entwicklung. Vor allem die Überwindung der inflatorischen Einflüsse während der Korea-Krise und die Abschwächung des binnenwirtschaftlichen Wirtschaftswachstums im Jahre 1951 gaben für die zinspolitischen Maßnahmen den Ausschlag.

Eine weitere Zinssenkung im Jahre 1955 schien der Notenbank angesichts der erreichten Vollbeschäftigung und sich schon hier und dort zeigender Spannungen an den Gütermärkten nicht mehr angezeigt. Nun hätte allerdings die Zentralbank bei dem Mangel an Offenmarkt-Papieren ein weiteres Absinken der Geldmarktsätze nicht verhindern können, da der Zustrom von Zentralbankgeld aus dem Außenhandel noch anhielt. Die Notenbank erwirkte damals beim Finanzministerium die Genehmigung, einen Teil der in ihrem Bestand befindlichen Ausgleichsforderungen zum Zwecke der Offenmarkt-Politik in Geldmarktpapiere umzutauschen. Mit Hilfe dieser Papiere (Mobilisierungsfonds) konnte nun die Notenbank die Geldmarktsätze auf einem gewünschten Niveau stabilisieren. Wie sich im Laufe des Jahres 1955 herausstellte, war dies allerdings kaum notwendig, da der Außenhandelsüberschuß abnahm und der daraus resultierende Zentralbankgeldzustrom von dem erhöhten Zahlungsmittelbedarf der Nichtbanken und den Einnahmeüberschüssen der Öffentlichen Hand kompensiert wurde.

Dafür wurden die Mobilisierungspapiere zur Stabilisierung des Zinsniveaus am Geldmarkt in den folgenden beiden Jahren, vor allem aber 1957 und 1960, zu einem wichtigen kreditpolitischen Mittel. Der Finanzminister hatte seinerzeit jeweils nur einen Teilbetrag der Ausgleichsforderungen für Offenmarkt-Operationen freigegeben. So kam es, daß die Notenbank zeitweilig keine Papiere verfügbar hatte. In dieser Situation sanken die Geldmarktsätze sofort erheblich unter den Diskontsatz und die Abgabesätze. Erst mit der Freigabe neuer Papiere zogen die Sätze dann wieder auf das Niveau der Abgabesätze an.

Im Jahre 1959 zeigte sich erstmals auch die Kehrseite der Offenmarkt-Politik. Geringer Devisenzustrom aus dem privaten Auslandsgeschäft und hoher Geldexport hatten den Geldmarkt verknappt und führten zu einem Rückgang der Bestände an Geldmarktpapieren bei den Kreditinstituten. Hier zeigte sich deutlich, daß eine Zentralbank gegenüber einer — unter Umständen unerwünschten — Mittelbeschaffung durch Rückgabe von Geldmarktpapieren recht machtlos ist. Zwar kann die Zentralbank durch Heraufsetzen der Rückgabesätze eine Rückgabe noch nicht fälliger Papiere erschweren, jedoch kann sie nicht verhindern, daß die Banken fällige Papiere auslaufen lassen, ohne sie durch neue zu ersetzen.

e) Liquiditätsausgleich ohne Liquiditätssalden

Ausgangspunkt der bisherigen Betrachtung von Liquiditätsströmen war ein durch güterseitige Vorgänge ausgelöstes Ungleichgewicht zwischen den Ausleihungen der Banken an Nichtbanken und den von Nichtbanken den Kreditinstituten zugeflossenen Geldern. Der dabei entstehende Mangel oder Überfluß an Zentralbankgeld, also die Liquiditätssalden, bedingten einen Liquiditätsausgleich auf den Wegen der Kreditpolitik: den Mindestreserven, der Refinanzierung oder den Offenmarkt-Operationen sowie in jüngerer Zeit, dem Geldexport. Der Liquiditätsausgleich war hierbei also immer das Spiegelbild güterseitig bedingter Liquiditätssalden. Dieser Zusammenhang ist jedoch im Hinblick auf die tatsächliche Entwicklung nur dann richtig gesehen, wenn die Banken nicht einen Teil der ihnen zufließenden Gelder in bar als Reserve bei der Notenbank halten. Die Tatsache, daß aber jede Bank, schon um stets zahlungsfähig zu bleiben, einen Teil ihrer Einlagen in bar hält, zwingt die Kreditinstitute auch dann zu einem Liquiditätsausgleich, wenn gar keine Liquiditätssalden vorhanden sind.

Ein Beispiel mag diesen Zusammenhang beleuchten. Die Kreditinstitute sollen insgesamt über bare Mittel von 100,— verfügen, sollen 900,— Kredite (200,— Wechselkredite und 700,— Debitorenkredite) ausgeliehen und für 1000,—Einlagen der Kundschaft hereingenommen haben. Gleichzeitig wird unterstellt, daß alle Banken eine Bardeckung ihrer Einlagen von 10 vH für erforderlich halten. In dem angeführten Beispiel ist diese Notwendigkeit gerade erfüllt.

Barmittel	100,—	Einlagen	1000,—
Wechsel	200,—		
Debitoren	700,—		
Summe	1000,—	Summe	1000,—

In dieser Situation gewährt nun eine Bank einem Kunden einen Buchkredit von 500,— den der Bankkunde zu Überweisungen an seine Gläubiger verwendet. Da hierbei keinerlei Transaktionen zwischen Nichtbanken und der Zentralbank stattgefunden haben, sind auch keine Liquiditätssalden entstanden. Neuausleihungen an Nichtbanken und Neuzugänge von Einlagen der Nichtbanken halten sich bei den Banken gerade die Waage. Diese Transaktionen selbst zwingen also nicht zu einem Liquiditätsausgleich. Die Bilanz aller Kreditinstitute erhält nach dieser Kreditgewährung folgendes Bild:

Barmittel	100,—	Einlagen	1500,—
Wechsel	200,—		
Debitoren	1200,—		
Summe	1500,—	Summe	1500,—

Durch diese Kreditgewährung und die damit verbundene Zunahme der Einlagen hat sich nun das Verhältnis der Barmittel zu den Einlagen erheblich verschlechtert. Es beträgt nur noch 6,7 vH. Da die Banken aber ceteris paribus eine Bardeckung von 10 vH als erforderlich ansehen, müssen sie, obwohl ex definitione Liquiditätssalden nicht entstanden sind, sich die fehlenden Barmittel bei der Zentralbank beschaffen. Das wird in diesem Fall durch Weitergabe von Wechseln möglich sein, also auf dem Wege der Refinanzierung. Es ist ausreichend, wenn die Banken Wechsel im Werte von 50,— weitergeben, da sie dann die notwendige Bardeckung erreicht haben.

Barmittel	150,—	Einlagen	1500,—
Wechsel	150,—		
Debitoren	1200,—		
Summe	1500,—	Summe	1500,—

Man wird nun fragen, ob denn dann noch der Satz Gültigkeit habe, daß der Liquiditätsausgleich stets so hoch ist wie die Liquiditätssalden. Da in diesem Fall Liquiditätssalden nicht entstanden sind, müßte die Summe der ausgleichenden Zentralbankgeldströme gleich null sein. Das ist auch der Fall, denn die Erhöhung der Barreserve durch Refinanzierung bedeutet, daß zwei entgegengesetzte Geldströme zwischen den Kreditinstituten und der Zentralbank geflossen sind. Einmal fließt ein Geldstrom als Folge der Refinanzierung von der Notenbank zu den Geschäftsbanken, und zum anderen fließt ein weiterer Geldstrom von den Geschäftsbanken auf die Einlagekonten der Kreditinstitute bei der Zentralbank. Die Positionen des Liquiditätsausgleichs würden sich in dem angenommenen Fall wie folgt verändern (+ Liquiditätsstrom von der Notenbank zu den Kreditinstituten, — Liquiditätsstrom von den Kreditinstituten zur Notenbank):

Reservepolitik	— 50,—
Refinanzierung	+ 50,—
Insgesamt	0,—

Ohne daß also Liquiditätssalden entstanden sind, kann ein Mangel an Zentralbankgeld bei den Kreditinstituten eintreten, und zwar allein dadurch, daß bei einer Kreditexpansion der für notwendig erachtete Deckungssatz der Einlagen unterschritten wird. Ebenso ist es auch möglich, daß bei den Kreditinstituten ein Überfluß an Zentralbankgeld ohne güterseitige Ursachen eintritt. Das wird dann der Fall sein, wenn die Ausleihungen zurückgehen und damit sich auch die Einlagen verringern. Barmittel, die bisher der Deckung von Einlagen dienten, werden dann frei. Je nachdem, wozu diese Barmittel verwendet werden — erhöhte Ausleihungen an Kunden scheiden hier ja ceteris paribus aus —, ob zur Abdeckung einer bestehenden Schuld bei der Notenbank (Refinanzierung), zum Kauf von Geldmarktpapieren oder zum Geldexport, entspricht dem Zentralbankgeldstrom von der Notenbank zu den Geschäftsbanken (Verringerung der Zentralbankguthaben) ein umgekehrter Geldstrom für den Erwerb der Geldmarktpapiere bzw. den Abbau der Refinanzierung.

Ein Mangel oder Überfluß an Zentralbankgeld bei den Kreditinstituten kann also auftreten:

1. durch eine Differenz zwischen dem Mittelaufkommen von Nichtbanken und den Ausleihungen an Nichtbanken als Folge bestimmter güterseitiger Vorgänge, denen gemeinsam ist, daß sie einen Geldstrom zwischen der Notenbank und den Kreditinstituten auslösen, und

2. durch eine Erhöhung oder Verringerung der Mittelbereitstellung der Kreditinstitute, sofern die Banken ein bestimmtes Deckungsverhältnis zwischen Barmitteln und Einlagen für erforderlich halten bzw. ein solches Verhältnis durch die Zentralbank bestimmt wird.

f) Der Einfluß von Wertpapieremissionen auf den Liquiditätsausgleich

fa) Wirkungen auf die Barmittel der Banken

Zu prüfen ist nun noch die Frage, ob eine weitere Ursache, nämlich Wertpapieremissionen, ebenfalls — wie vor allem in der Bankpraxis angenommen wird — zu einem Mangel an Zentralbankgeld führen kann. Bei der Bejahung dieser Frage spielt offenbar die Vorstellung eine Rolle, daß eine Wertpapieremission die auf dem Kapitalmarkt und potentiell auch am Geldmarkt vorhandenen Gelder „absaugt" und so Mangelerscheinungen an Zentralbankgeld bei den Banken hervorruft bzw. eine vorhandene Flüssigkeit am Geldmarkt mildern oder beseitigen könnte. Es wird jedoch schwer fallen, sich dieser These in so allgemeiner Form anzuschließen. In der Tat besteht die Möglichkeit, daß eine Neuemission in einer Volkswirtschaft zu einem Mangel an Zentralbankgeld bei den Banken führt. Es ist aber ebenso gut möglich, daß die Zentralbankgeldmenge bei den Kreditinstituten unbeeinflußt bleibt, und in den meisten Fällen wird die Emission von Wertpapieren sogar eine Zunahme der Zentralbankgeldmenge bei den Kreditinstituten hervorrufen. Um ein abgerundetes Bild dieses Problemes zu erhalten, ist es notwendig, die verschiedenen Verwendungszwecke von Neuemissionen sowie die unterschiedlichen Zeichnungsarten zu berücksichtigen. Es sind zu unterscheiden:

a) Verwendungszweck der Emissionen

1. Emissionen zur Konsolidierung bestehender Bankschulden
2. Emissionen zur Finanzierung von Neuinvestitionen oder zum Zwecke der Betriebsmittelbeschaffung

b) Zeichnungsarten

1. Emission wird von Nichtbanken unter Verwendung bestehender Bankdepositen gezeichnet
2. Emission wird von Nichtbanken unter Verwendung der Kassenhaltung (Noten und Münzen) erworben
3. Emission wird von Nichtbanken gezeichnet. Die erforderlichen Mittel werden mit einem Bankkredit beschafft
4. Emission wird von den Banken in eigener Rechnung übernommen

Zwischen den Verwendungszwecken und den Zeichnungsarten sind Kombinationen denkbar. Es ergeben sich somit acht idealtypische Fälle:

1. Die Emission soll zur Konsolidierung bestehender Bankschulden verwendet werden. Die aufgelegten Papiere werden durch Nichtbanken unter Verwendung von Bankeinlagen gezeichnet[73]. Bei den Kreditinstituten ergeben sich dabei folgende Veränderungen:

Mit der Zeichnung von Wertpapieren verringern sich die Bankeinlagen der die Emission übernehmenden Bankkunden sowie die Barmittel der Kreditinstitute. Die Verwendung des von den Emittenten aufgenommenen Geldkapitals zur Konsolidierung führt bei den Kreditinstituten zu einem Rückgang des Kreditvolumens und zu einem erneuten Anstieg der Barmittel. Am Ende des Prozesses ist die Bilanzsumme um den Betrag der Emission gesunken, verursacht durch den Abzug von Einlagen und die Rückzahlung von Krediten. Die flüssigen Mittel bleiben in absoluter Höhe unverändert. Infolge des Schrumpfens der Bilanzsumme steigt das bisher als erforderlich erachtete oder im Rahmen der Mindestreservepflicht vorgeschriebene Verhältnis zwischen Barmitteln und Einlagen an, d. h. es entsteht überschüssiges Zentralbankgeld. Die Kredit-

[73] Vgl. hierzu *Veit*, O.: „Volkswirtschaftliche Theorie der Liquidität", Frankfurt a. M., 1948, S. 80 f.

institute werden damit entweder ihre Verschuldung gegenüber der Zentralbank zu verringern suchen oder Geldmarktpapiere erwerben (Liquiditätsausgleich)[74].

2. Die Emission soll ebenfalls zu Konsolidierung von Bankschulden dienen; die Neuemission wird jedoch mit Notenbankgeld (Kassenhaltung) von Nichtbanken gezeichnet. Während die Unterbringung der Emission in diesem Fall die Bilanzpositionen der Geschäftsbanken direkt nicht berührt[75], führt die Rückzahlung von Krediten zu einer Erhöhung der Barmittel im Verhältnis zu den Einlagen bei den Kreditinstituten. Die Bilanzsumme bleibt in ihrer Höhe unverändert. Bisher ausstehende Kredite, die der Vorfinanzierung der Investitionen gedient hatten, werden durch die Rückzahlung in Zentralbankgeld umgewandelt. Die Zeichnung der Papiere führt zu einer Enthortung, d. h. einer Verringerung der Kassenhaltung (Zahlungsmittelumlauf) der Nichtbanken, und zwar in diesem Falle zugunsten der Kreditinstitute. Wie in Punkt 1. nimmt auch hier die Überschußreserve der Banken zu; sie wird für den Schuldenabbau bei der Zentralbank oder zum Erwerb von Geldmarktpapieren verwendet werden.

3. Auch im dritten Fall soll die Emission der Rückzahlung bestehender Bankschulden dienen. Die für die Durchführung der Emission erforderlichen Mittel sollen durch Bankkredit aufgebracht werden. Dem dann neu geschaffenen Debitorenposten steht die Rückzahlung eines anderen Kredites gegenüber. Nach der Durchführung der gesamten Transaktion weisen die Bilanzen der Kreditinstitute das gleiche Bild auf wie vor der Emission. Die Liquidität bleibt also unverändert.

4. Ebenfalls unverändert bleibt die Liquidität der Kreditinstitute, wenn die Wertpapieremission, die durch Nichtbanken gezeichnet wird, der Finanzierung von Investitionen oder der Betriebsmittelbeschaffung dient und unter Verwendung schon bestehender Depositen gezeichnet wird. Die Zeichnung vollzieht sich wie unter (1), d. h. verringert die Bankeinlagen und die Barmittel. Da diese Mittel zur Bezahlung von Lieferanten verwendet werden, dürften sich diese Beträge aber wieder bei den Kreditinstituten als Mittelaufkommen und Barmittel niederschlagen. Das Verhältnis von Barmitteln zu Einlagen bleibt also unberührt. Es kann sein, daß auf dem Wege zwischen Zeichnung und Wiedereinzahlung durch zusätzliche Kassenhaltung oder Abfluß zur Notenbank für Einfuhrzahlungen bei den Kreditinstituten Verluste an Zentralbankgeld eintreten. Nur dann tritt als Folge einer Wertpapieremission, die von Nichtbanken gezeichnet wurde, ein Mangel an Zentralbankgeld in Erscheinung.

---

[74] Die einzelne Bank hat noch die Möglichkeit, eventuell bestehende Bank-zu-Bank-Verbindlichkeiten aus dem Geldhandel abzubauen.

[75] Die Kreditinstitute werden durch die Zeichnung nur berührt, wenn sie die technische Abwicklung der Emission übernommen haben.

5. Die Emission soll der Finanzierung einer Investition oder der Betriebsmittelbeschaffung dienen und durch Verringerung der Kassenhaltung gezahlt werden. Das von Nichtbanken zur Verfügung gestellte — enthortete — Geld fließt zum Emittenten, der es entsprechend den vorgesehenen Zwecken an seine Lieferanten weitergibt. Selbst unter Berücksichtigung der Tatsache, daß geringe Beträge die Kassenhaltung der Nichtbanken wieder vergrößern[76] oder durch Bezahlung von Einfuhren in das Zentralbanksystem fließen, dürfte sich der überwiegende Teil der gezeichneten Beträge bei den Banken niederschlagen und Einlagen sowie Barmittel erhöhen. In diesem Fall nimmt die Bilanzsumme infolge vermehrter Einlagen und Barmittel zu. Da die Ausdehnung der Einlagen ausschließlich durch Barmittel (Aktivseite) „gedeckt" ist, erhöht sich auch hier das Verhältnis von verfügbarem Zentralbankgeld zu den Einlagen, d. h. es entstehen Überschußreserven.

6. Nur in einem der sechs möglichen idealtypischen Fälle einer Wertpapieremission, die durch Nichtbanken gezeichnet wird, verringert sich die Liquidität. Das ist dann der Fall, wenn die Emission der Finanzierung von Investitionen oder der Betriebsmittelbeschaffung dient und die erforderlichen Mittel durch Aufnahme eines Bankkredits beschafft werden. Mit der Aufnahme dieses Kredits und der Bezahlung der Lieferanten wächst die Bilanzsumme, und zwar bei der Kreditgewährung um einen zusätzlichen Debitorenposten und bei der Bezahlung um eine zusätzliche Einlage. Die Barreserve hat nach Abschluß der Transaktion den gleichen Umfang wie vor der Emission. Relativ dagegen hat die Barreserve gegenüber den Einlagen abgenommen. Der Liquiditätsgrad ist geringer geworden.

Während eine Neuemission von Wertpapieren, die von Nichtbanken gezeichnet wird, in drei von sechs Fällen zu Zentralbankgeldüberschüssen führt, in zwei Fällen die Liquidität unverändert bleibt und nur in einem Fall das Verhältnis von Barmitteln zu Einlagen sinken läßt, treten bei einer Zeichnung der Emissionen durch Kreditinstitute keine Überschußreserven auf:

7. Dient eine von Banken gezeichnete Emission der Konsolidierung von Bankschulden, so werden in den Bankbilanzen der Kreditinstitute Kredite durch Wertpapiere ersetzt. Die Bilanzsumme und der Bardeckungssatz bleiben also unverändert.

8. Nehmen die Banken in eigener Rechnung neuemittierte Wertpapiere in den Bestand, deren Gegenwert für Investitions- oder Betriebsmittelausgaben vorgesehen ist, also nicht der Konsolidierung von Bank-

---

[76] Ceteris paribus war in diesem Fall der Zugang an Zentralbankgeld bei den Banken infolge Verringerung des Zahlungsmittelumlaufs bei der Zeichnung größer als die hier für möglich unterstellte Zunahme des Zahlungsmittelumlaufs bei der finanziellen Abwicklung der Investitionen.

Der Einfluß von Wertpapieremissionen

Fall	Verwendungszweck		Zeichnungsart				Wirkung auf Liquidität	Veränderungen		
	Konsolidierung	Investitionen	Einlagen der Nichtbanken	Kassenhaltung der Nichtbanken	Aufnahme von Krediten	Eigene Mittel der Kreditinstitute		der Bilanzsumme	des Mittelaufkommens von Nichtbanken	des Geldvolumens
1	x		x				+	—	—	0 —
2	x			x			+	0	—	—
3	x				x		0	0	0	
4		x	x				0 —	0 —	0	+ 0 —
5		x		x			+	+	0	+ 0 —
6		x			x		—	+	+	+ 0
7	x					x	0	0	0	0
8		x				x	—	+	+	+ 0

schulden dient, verschlechtert sich bei den Kreditinstituten das Verhältnis von Barmitteln zu Einlagen, es tritt also ein Mangel an Zentralbankgeld in Erscheinung. Diese Verschlechterung ist in jedem Fall gegeben, ohne daß eine Änderung der Kassenhaltung oder Einflüsse der Einfuhrfinanzierung — wie bei Punkt (4) — Voraussetzung wären. Die Übernahme der Wertpapiere bedeutet hier nämlich eine Ausweitung der Bilanzsumme bei unverändertem Bestand an Zentralbankgeld, wodurch der Deckungssatz sinkt. Die Bilanzsumme erweitert sich jedoch nur im Umfang des Wertpapierzuwachses, wenn der von den Banken zur Verfügung gestellte Gegenwert an Barmitteln in vollem Umfang den Kreditinstituten wieder zufließt. Sollten Liquiditätsverluste durch erhöhte Kassenhaltung eintreten, so wird der Zuwachs an Einlagen, der Barmittel und auch der Bilanzsumme entsprechend geringer sein. Der Mangel an Zentralbankgeld wird dann noch größer.

Wie diese kurze Analyse und die daraus entwickelte vorstehende Tabelle zeigen, ist der Einfluß einer Neuemission von Wertpapieren auf den Liquiditätsausgleich recht unterschiedlich. Welche Wirkung jeweils eintritt, ist von den einzelnen Voraussetzungen bei der Zeichnung und der Verwendung der Emission abhängig. Geht man davon aus, daß eine Wertpapieremission erst dann ihren Sinn erfüllt, wenn sie aus dem längerfristigen Mittelaufkommen finanziert wird, also durch „echtes" Sparen, so kann nicht gesagt werden, daß eine Wertpapieremission zu einem Mangel an Zentralbankgeld führt. Sogar falsch wäre es, dies bei Wertpapieremissionen anzunehmen, die durch Nichtbanken gezeichnet werden und der Konsolidierung von Bankschulden dienen.

fb) Wirkungen auf die Einlagenstruktur

Die Vorstellung, daß Emissionen auf die wirtschaftliche Entwicklung kontraktiv wirken, beruht offensichtlich auf der Tatsache, daß Emissionen in vier von den insgesamt acht denkbaren Fällen zu einer Verringerung des Geldvolumens, d. h. des Zahlungsmittelumlaufs plus der Sichteinlagen von Nichtbanken, führen können, also jener „Geldgröße", die immer frei verfügbar ist und potentielle Nachfrage darstellt. Darüber hinaus kann das Geldvolumen — unter bestimmten Voraussetzungen — in sieben Fällen unverändert bleiben; nicht in einem Fall muß es zunehmen.

Ein Rückgang des Geldvolumens tritt zwangsläufig ein, wenn die Wertpapieremissionen der Konsolidierung von Bankschulden dienen und aus der Kassenhaltung der Nichtbanken gezeichnet werden. Wie im Zusammenhang mit den Wirkungen des Absatzes von Wertpapieren auf die Bankenliquidität (Punkt 2) bereits gesagt wurde, ersetzen die über die Emittenten den Kreditinstituten zufließenden Zahlungsmittel der Nichtbanken die bisher ausstehenden Kredite bei den Banken. Der Verringerung der Kassenhaltung bei den Nichtbanken (Geldvolumen) entspricht eine Erhöhung der Kassenhaltung bei den Kreditinstituten. Das Geldvolumen hat sich vermindert.

Wird die Emission, die für eine Konsolidierung von Bankschulden gedacht ist, aus Einlagen gezeichnet, so verringert sich auf jeden Fall die Passivseite der Bankbilanzen, da mit der Abnahme von Debitoren auch die Einlagen — wie im Punkt (1) näher angeführt — zurückgehen werden (Kreditvernichtung). Wie weit das Geldvolumen von dieser Entwicklung berührt wird, richtet sich danach, welche Einlagen zur Zeichnung der Wertpapiere benutzt werden. Sofern ausschließlich Termin- und Spareinlagen abgezogen werden, bleibt das Geldvolumen unberührt.

Unverändert bleiben das Geldvolumen, das Mittelaufkommen und die Bilanzsummen, wenn die Emission der Konsolidierung bestehender Bankschulden dient und die für die Emission erforderlichen Mittel durch Kreditaufnahme beschafft werden (Punkt 3). In diesem Fall werden nur die Aktivseiten der Bankbilanzen berührt; die Passivseiten und ihre Zusammensetzung ändern sich nicht.

Die Veränderung des Geldvolumens bei Emissionen, die unmittelbar der Investitionsfinanzierung dienen, hängt ebenfalls davon ab, welche Einlagen die Nichtbanken bei den Kreditinstituten zur Zeichnung benutzen. Sofern die Emission durch Verringerung der Kassenhaltung oder der Einlagen gezeichnet wird, bleibt die Gesamtsumme der Einlagen unverändert, da sich der gezeichnete Betrag über die Emittenten entweder in der Kassenhaltung der Nichtbanken oder auf Einlagekonten bei den Kreditinstituten niederschlagen muß (Punkt 4 und 5). Wird der Betrag aus der Kassenhaltung der Nichtbanken entnommen, kann es sein, daß Teile davon die längerfristigen Einlagen erhöhen. In diesem Fall würde das Geldvolumen als Folge der Emission sinken. Das gleiche gilt, wenn der Betrag mit Hilfe von Sichteinlagen gezeichnet wurde, sich jedoch danach in Termin- oder Spareinlagen niederschlägt. Ist die Zeichnung dagegen mit längerfristigen Einlagen vorgenommen worden und die Mittel führen zu einer Erhöhung der Kassenhaltung oder der Sichteinlagen, so ist eine Zunahme des Geldvolumens die Folge. Sofern dagegen eine Übereinstimmung zwischen den Einlagearten (Geldvolumen und längerfristige Einlagen) zum Zeitpunkt der Zeichnung und des Niederschlags der Mittel bei den Kreditinstituten besteht, bleibt das Geldvolumen unverändert. Bei einer Emission zum Zwecke der Investitionsfinanzierung oder der Betriebsmittelbeschaffung und einer gleichzeitigen Verschuldung der zeichnenden Nichtbanken nehmen die Bilanzsumme und die Gesamtsumme der Einlagen zu (Punkt 6). Das Geldvolumen steigt daher nur, wenn die Lieferanten die bei der Bezahlung der Investitionen erhaltenen Gelder verfügbar im Geldvolumen halten. Legen sie dagegen diese

Mittel in längerfristigen Einlagen an, bleibt das Geldvolumen unverändert.

Die Übernahme von Wertpapieremissionen durch Kreditinstitute — für die Konsolidierung von Krediten — hat keine Veränderung des Einlagevolumens zur Folge (Punkt 7), da es sich hierbei — wie schon ausgeführt — nur um die Umwandlung einer Bankforderung in Wertpapiere handelt, die Passivgeschäfte der Kreditinstitute also unberührt bleiben.

Zu einer Zunahme der Einlagen führt eine Wertpapieremission, wenn diese Emission von Banken übernommen wird und Investitionszwecken dient (Punkt 8). Diese Übernahme entspricht einer zusätzlichen Mittelbereitstellung (Kreditschöpfung), der entsprechend höhere Einlagen gegenüberstehen. Da sich das nun geschaffene Geld sowohl im Geldvolumen als auch in längerfristigen Einlagen niederschlagen kann, ist es in diesem Fall möglich, daß das Geldvolumen steigt oder unverändert bleibt.

Von Wertpapieremissionen wird nur dann ein kontraktiver Einfluß auf die wirtschaftliche Entwicklung ausgehen, wenn das Geldvolumen abnimmt, d. h. wenn die Nichtbankenliquidität vermindert wird (Verlagerung zwischen verfügbaren und nicht verfügbaren Guthaben der Nichtbanken bei Kreditinstituten). In diesen Fällen führt die Wertpapieremission jedoch gleichzeitig zu einer Erhöhung der Bankenliquidität.

Man sollte allerdings Verschiebungen zwischen dem Geldvolumen und den längerfristigen Einlagen der Nichtbanken auch nicht überschätzen. Denn wenn auch die längerfristigen Einlagen nicht sofort verfügbar sind, so kann bei steigender Liquiditätsneigung der Nichtbanken erfahrungsgemäß ein großer Teil dieser „gebundenen" Einlagen — insbesondere die Termineinlagen — relativ rasch in Sichtguthaben umgewandelt werden[77].

Faßt man noch die Antworten auf die Frage nach den Wirkungen von Wertpapieremissionen auf die Gesamtsumme der Einlagen bei den Kreditinstituten zusammen, so zeigt sich, daß eine Wertpapieremission nur in zwei der denkbaren Fälle zu einer Schrumpfung des gesamten Mittelaufkommens führt[78].

[77] Bei der Behandlung der Frage des „aktiven und inaktiven Geldes" — als Problem der Liquidität — geht *Veit*, O. „Volkswirtschaftliche Theorie der Liquidität", Frankfurt a. M., 1948, S. 41, sogar noch weiter: „Ja, selbst Geld, das noch nicht in Erscheinung getreten ist, das aber in absehbarer Zeit auftreten kann — auf Grund gegebener Kreditzusagen oder auf Grund einer Ermächtigung an eine staatliche Stelle, die Geld ausgeben kann — ist unter Umständen als Liquidität zu betrachten."

[78] Vgl. tabellarische Übersicht im vorangegangenen Abschnitt.

5. Die Gesamtanalyse der Geldversorgung

a) Die Geldströme und ihre Probleme in einem Modell

Die Geldversorgung und ihre Probleme sind in der bisherigen Betrachtung getrennt nach Notenbank und Kreditinstituten behandelt worden. Dadurch war es möglich, die für die Notenbanksphäre und die Sphäre der Kreditinstitute typischen Fragestellungen herauszuarbeiten, die unterschiedlichen Aufgaben beider Sphären zu beleuchten und die zwischen der Notenbank und den Kreditinstituten bestehenden Interdependenzen darzustellen.

Eine Beurteilung der Geldversorgung für das Wirtschaftswachstum einer Volkswirtschaft macht es jedoch notwendig, beide Sphären zu „konsolidieren", d. h. vor allem die monetären Transaktionen zwischen Nichtbanken und Kreditinstituten und Nichtbanken und Zentralbank einerseits sowie die Bank-zu-Bank-Beziehungen zwischen Kreditinstituten bzw. zwischen Kreditinstituten und der Zentralbank andererseits zusammenzufassen. Probleme, die bei einer getrennten Darstellung hervortreten, können bei einer derartigen konsolidierten Betrachtung leicht verwischt werden. Das soll jedoch weitgehend vermieden werden. Daher ist es die Aufgabe der Gesamtanalyse der Geldversorgung, bei einer Zusammenfassung von Notenbanksphäre und Sphäre der Kreditinstitute die in den Einzeldarstellungen sich zeigenden Probleme — vor allem das der Liquiditätssalden — im Gesamtbild der Geldversorgung sichtbar zu machen.

Die Form, in der die gesamte Geldversorgung der Wirtschaft dargestellt wird, soll auch hier eine Bilanz sein — oder man kann es auch anders ausdrücken: eine Gleichung sein —, in der sich die von den Kreditinstituten und der Zentralbank bereitgestellten Mittel (Aktivseite) und die bei Geschäftsbanken und der Zentralbank aufgekommenen Mittel (Passivseite) gegenüberstehen. In ihr werden die gesamten Geschäfte der Notenbank und der Kreditinstitute, also sowohl die gegenüber Nichtbanken als auch die gegenüber Banken, erfaßt. Nur eine derartig geschlossene Betrachtung erlaubt eine vollständige Erfassung der Geldströme und gestattet, die Einflüsse des Geld- und Kreditwesens auf das reale Wirtschaftswachstum zu beurteilen. Die Art, in der die Mittel bereitgestellt werden — auf dem Wege des kurzfristigen oder des langfristigen Kredits, gegen Übernahme von Wertpapieren oder dem Eingehen von Beteiligungen —, weist auf die verschiedenen Bestimmungsgründe der Geldströme hin. Ebenso gibt die Analyse des Mittelaufkommens, je nachdem, in welcher Form das Geld gehalten wird, ob als Kassenhaltung[1] bzw. Sichteinlagen, also stets verfügbar, oder als Termineinlage, Spareinlage, aufgenommenes Geld usw., eine Anschauung über die Liquiditätsneigung der Nichtbanken und über die möglichen Veränderungen der monetären Nachfrage.

Die Gesamtanalyse soll mit der Feststellung begonnen werden, daß die gesamte Mittelbereitstellung aller Banken einschließlich der Zentralbank (G) stets gleich ist dem gesamten Mittelaufkommen aller Banken einschließlich der Zentralbank (M).

(1) $$G = M$$

Mittelbereitstellung und Mittelaufkommen entsprechen sich als zwei Seiten ein und derselben Größe. Für eine Diagnose des Wirtschaftsverlaufs ist eine solche Tautologie ohne große Aussagekraft. Es ist daher notwendig, die Bestandteile dieser Gleichung näher zu untersuchen.

Vorerst sollen auf jeder Seite die Geschäfte des Bankensystems mit Nichtbanken von denen zwischen den Banken getrennt werden.

(2) $$G_n + G_b = M_n + M_b$$

Die Summengleichheit zwischen Mittelbereitstellung und Mittelaufkommen wird damit durch die Formel wiedergegeben: Mittelbereitstellung an Nichtbanken (G_n) zuzüglich der Mittelbereitstellung an Banken (G_b) ist gleich dem Mittelaufkommen von Nichtbanken (M_n) und dem Mittelaufkommen von Banken (M_b).

Die vom Bankensystem an Nichtbanken bereitgestellten Gelder umfassen folgende Geschäftspositionen:

a) Bei der Notenbank sind das einmal die Nettobestände an Gold und Devisen, die ein Spiegelbild der Devisenbilanz der Volkswirtschaft sind[2]. Außerdem gehören hierzu alle Ausleihungen an die Öffentliche Hand, gleichgültig, in welcher Form sie gewährt werden (Kassenkredite, Wechselkredite, Anleihen, Münzgutschriften und in Deutschland die im Verlauf der Währungsreform entstandenen Ausgleichsforderungen, mit denen der Staat die Erstausstattung der Wirtschaft mit dem neuen Gelde vorgenommen hatte). Und schließlich zählen zu der Mittelbereitstellung

---

[1] Die Kassenhaltung, also die Bestände an Noten und Münzen bei Nichtbanken, wird bei der Zusammenfassung der Geschäftspositionen von Notenbank und Kreditinstituten selbst Bestandteil des Mittelaufkommens, da die Kassenhaltung nur ein anderer Ausdruck des bei der Notenbank passivierten Zahlungsmittelumlaufs ist.

[2] In goldproduzierenden Staaten kann sich der Goldbestand der Zentralbank auch mit der eigenen Goldproduktion erhöhen.

In dieser Arbeit wurde der Geldexport deutscher Banken an ausländische Banken von den Nettodevisenbeständen abgesetzt.

durch die Zentralbank auch alle Direktgeschäfte (Kreditgewährung) mit der Wirtschaft.

b) Die Mittelbereitstellung der Kreditinstitute an Nichtbanken schließt die Gewährung von kurzfristigen und langfristigen Krediten sowie die Übernahme von Wertpapieren und Beteiligungen ein. Sie enthält ferner die Mittelbereitstellung an das Ausland (ohne Geldexport). Bei der Mittelbereitstellung der Geschäftsbanken an die Öffentliche Hand kommen in Deutschland noch Ausgleichsforderungen und Deckungsforderungen[3] hinzu.

Die den Nichtbanken bereitgestellten Gelder schlagen sich entweder als Kassenhaltung der Nichtbanken (Noten- und Münzumlauf außerhalb der Kreditinstitute) oder als Sichtguthaben bei den Geschäftsbanken und der Notenbank nieder oder werden als längerfristiges Geld in verschiedenen juristischen Formen (Termineinlagen, Spareinlagen, aufgenommene Mittel, durchlaufende Mittel, Schuldverschreibungen oder eigene Mittel) bei den Kreditinstituten gehalten.

Ein ähnliches Bild ergibt sich bei den Geschäftspositionen, auf denen die Transaktionen innerhalb des Bankensystems sich abspielen. Während die Kreditinstitute anderen Banken Geld in Form von Nostroguthaben, Krediten oder gegen Übernahme von Geldmarktpapieren zur Verfügung stellen, gewährt die Notenbank den Kreditinstituten Mittel auf dem Wege des Refinanzierungskredits (Diskontkredit und Lombardkredit) sowie durch Ankauf von langfristigen Wertpapieren und Geldmarktpapieren. Der Geldexport der Banken soll ebenfalls diesen Bank-zu-Bank-Geschäftspositionen zugerechnet werden. Auch hier entspricht der Mittelbereitstellung ein gleich hohes Mittelaufkommen in Form von Einlagen und aufgenommenen Geldern sowie Zahlungsmitteln innerhalb des Bankensystems (Kassenhaltung).

Liquiditätssalden werden bei dieser Gesamtbetrachtung nicht sichtbar. Bei einer getrennten Betrachtung der Geldströme bei der Notenbank und bei den Kreditinstituten äußerten sich diese Liquiditätssalden in einer Differenz zwischen dem Mittelaufkommen von Nichtbanken und der Mittelbereitstellung an Nichtbanken bei Kreditinstituten. Ein Zentralbankgeldmangel bei den Kreditinstituten z. B. war also dadurch gekennzeichnet, daß das Mittelaufkommen von Nichtbanken kleiner war als die Mittelbereitstellung an Nichtbanken. Das bedeutete, daß es bei der Notenbank — und hierin lag ja auch die Ursache dieses Zentralbankgeldmangels —

[3] Im Rahmen der Altsparerentschädigung wurden den Entschädigungsberechtigten von den Banken die Entschädigungsbeträge sofort gutgeschrieben bzw. ausgezahlt. Die Zuweisung dieser Gelder durch den Lastenausgleichsfonds an die Banken konnte jedoch nicht in voller Höhe sofort vorgenommen werden, da es dem Lastenausgleichsfonds an Mitteln fehlte. Für die Übergangszeit, bis zur Überweisung der Entschädigungsbeträge an die Banken, entstanden die sogenannten Deckungsforderungen.

umgekehrt war: Das Mittelaufkommen von Nichtbanken bei der Notenbank überstieg in diesem Fall — z. B. infolge von Einnahmeüberschüssen der Öffentlichen Hand — die Mittelbereitstellung an Nichtbanken. Diese zu geringe Mittelbereitstellung der Notenbank und die zu große Mittelbereitstellung der Kreditinstitute auf der einen Seite bzw. das zu große Mittelaufkommen bei der Zentralbank und das zu kleine bei den Kreditinstituten auf der anderen Seite wird bei einer Gesamtanalyse konsolidiert. In diesem Augenblick verschwinden die Differenzen zwischen Mittelaufkommen und Mittelbereitstellung im Bankensystem. Die gesamte Mittelbereitstellung an Nichtbanken ist dann genau so groß wie das gesamte Mittelaufkommen von Nichtbanken. Zwischen den einzelnen Faktoren der Gleichung (2) bestehen also folgende Beziehungen:

(3) $G_n = M_n$ und folglich
(4) $G_b = M_b$

Neben der Summengleichheit von Mittelbereitstellung an Nichtbanken und Mittelaufkommen von Nichtbanken besteht bei einer konsolidierten Rechnung also auch eine zwischen der Mittelbereitstellung für Kreditinstitute und dem Mittelaufkommen von Kreditinstituten. Denn auch hier verschwinden die bei einer getrennten Rechnung sichtbaren Differenzen zwischen den Aktiv- und Passivpositionen im Bank-zu-Bank-Verkehr, sobald die Rechnung konsolidiert wird. In der konsolidierten Bilanz werden also weder die Liquiditätssalden noch der Liquiditätsausgleich als Differenzen zweier Geldströme sichtbar. Es wird vielfach angenommen, daß für eine Diagnose des Geld- und Kreditwesens im Hinblick auf das Wirtschaftswachstum nur ein Teil der zusammengefaßten Bilanz von Interesse sei, der die Geschäftstätigkeit mit den Nichtbanken umfaßt. Die innerhalb der Kreditinstitute abgewickelten Transaktionen werden meist nicht berücksichtigt, gerade weil sie sich ausgleichen und daher bequem wegstreichen lassen. Die bekannten konsolidierten Bilanzen von Bankensystemen berücksichtigen daher nur die Nichtbankengeschäfte[4].

Eine solche Betrachtungsweise ist jedoch zu global und gestattet keinen ausreichenden Einblick in die Zusammenhänge des Geld- und Kreditwesens, denn die Bank-zu-Bank-Positionen sind ja, wenn auch die Höhe der Aktivpositionen und der Passivpositionen summengleich ist, keinesfalls in ihrer Wirkung auf den gesamten Wirtschaftsablauf neutral. Das haben schon die Ausführungen über die Liquiditätssalden und über den Liquiditätsausgleich deutlich gezeigt. Es ist daher unzweckmäßig, in einer konsolidierten Rechnung einen wesentlichen Bestandteil des Geld- und Kreditwesens, nämlich die Geldmarktbeziehungen der Kreditinsti-

---

[4] Vgl. u. a. die von der Deutschen Bundesbank monatlich veröffentlichten konsolidierten Bilanzen in Abschnitt I, 1 des statistischen Teils der Monatsberichte.

tute untereinander und die Geschäfte zwischen Noteninstitut und Kreditinstituten, fortzulassen, da dadurch eine Beurteilung der monetären Entwicklung so gut wie unmöglich gemacht wird. Erst in der unterschiedlichen Entwicklung von Nichtbankengeschäften und Bankengeschäften — denen der Zentralbank einerseits und denen der Kreditinstitute andererseits — lassen sich die vielfachen Probleme der Geldversorgung erkennen.

Bei der folgenden Analyse des gesamten Geld- und Kreditwesens sollen zwar einerseits die Geschäfte der Notenbank und die der Kreditinstitute zusammengefaßt werden, gleichzeitig soll aber auch zwischen Notenbanktransaktionen und Transaktionen der Kreditinstitute, und zwar einmal mit Nichtbanken und zum anderen innerhalb des Bankensystems, unterschieden werden. Der meist gewählte Weg der Konsolidierung, bei dem die Gleichung $G_b = M_b$ fortfällt und nur noch die Gleichung $G_n = M_n$ untersucht wird, soll hier nicht beschritten werden. Vielmehr erscheint es angebracht, den ursprünglichen Ausdruck (2): $G_n + G_b = M_n + M_b$ weiter zu unterteilen, und zwar unter Berücksichtigung der für zweckmäßig erachteten Zweiteilung in Notenbanksphäre und Sphäre der Kreditinstitute:

$$G_{nk} + G_{nz} + G_{bk} + G_{bz} = M_{nk} + M_{nz} + M_{bk} + M_{bz} \tag{5}$$

Die gesamte Mittelbereitstellung ist hier aufgeteilt in die Ausleihungen an Nichtbanken durch die Kreditinstitute (G_{nk}) und durch die Zentralbank (G_{nz}) und die Mittelbereitsstellung für Banken ebenfalls durch Kreditinstitute (G_{bk}) und durch die Zentralbank (G_{bz}). Diese Mittelbereitstellung an Banken und an Nichtbanken ist gleich den aufgekommenen Mitteln von Nichtbanken bei den Kreditinstituten (M_{nk}) und bei der Zentralbank (M_{nz}) sowie den Mitteln, die Banken anderen Kreditinstituten (M_{bk}) und der Zentralbank (M_{bz}) zur Verfügung gestellt haben.

Für die Analyse des Wirtschaftsablaufs ist es vorteilhaft, diese Zusammenstellung noch so zu ordnen, daß die Nichtbankenpositionen, wie in den bekannten konsolidierten Bilanzen, besonders hervorgehoben werden. Zu diesem Zwecke sollen auf der einen Seite der Gleichung nur die Ausleihungen der Banken an Nichtbanken aufgeführt werden ($G_{nk} + G_{nz} = G_n$). Diesen Ausleihungen wäre dann das vollständige Mittelaufkommen der Nichtbanken gegenüberzustellen ($M_{nk} + M_{nz} = M_n$) und daran die Bank-zu-Bank-Positionen anzufügen:

$$G_{nk} + G_{nz} = M_{nk} + M_{nz} - (G_{bk} + M_{bk}) - (G_{bz} + M_{bz}) \tag{6}$$

$$G_n = M_n - (G_{bk} + M_{bk}) - (G_{bz} + M_{bz}) \tag{7}$$

Eine in dieser Form gegliederte Zusammenstellung ermöglicht einen vollständigen Überblick nicht nur über die Geldströme zwischen dem gesamten Bankensystem und den Nichtbanken, sondern gleichzeitig auch über die Probleme der Liquiditätssalden und des Liquiditätsausgleichs. Der erste Teil der Gleichung ($G_n = M_n$) — der Kreislauf des Geldes zwischen Banken und Nichtbanken — ist nichts anderes als die für die Diagnose des Geld- und Kreditwesens meist benutzte konsolidierte Bilanz. Dagegen bringen die beiden Klammerausdrücke den Umfang jener Geldströme zum Ausdruck, die Liquiditätssalden entstehen ließen bzw. die dem Ausgleich dieser Liquiditätssalden dienten.

Die Aussagekraft der beiden Klammerausdrücke wird sichtbar, wenn man sich ihren Zusammenhang mit den Liquiditätssalden und dem Liquiditätsausgleich vergegenwärtigt:

a) Liquiditätssalden sind definiert worden als eine Differenz zwischen den von Banken an Nichtbanken bereitgestellten Mitteln und dem Mittelaufkommen von Nichtbanken. Je nachdem, ob es sich bei diesen Liquiditätssalden um einen Mangel oder Überschuß an Zentralbankgeld handelt, ob sie also durch höhere Ausleihungen oder durch ein Überwiegen des Mittelaufkommens gekennzeichnet ist, ergibt sich eine positive oder negative Differenz (d)

(8) $$\text{Bei } G_{nk} > M_{nk} \text{ ist } G_{nk} - M_{nk} = +d \quad \text{oder}$$
$$\text{Bei } G_{nk} < M_{nk} \text{ ist } G_{nk} - M_{nk} = -d$$

b) Die Ursachen dieser Liquiditätssalden sind in monetären Transaktionen der Notenbank mit den Nichtbanken zu suchen. Ein Überfluß an Zentralbankgeld bei den Geschäftsbanken bedeutet, daß die Notenbank in dieser Höhe mehr an Nichtbanken ausgeliehen hat, als von Nichtbanken aufgekommen ist. Umgekehrt beruht ein Mangel an Zentralbankgeld bei den Geschäftsbanken auf einem entsprechend hohen Geldentzug der Notenbank bei den Nichtbanken. Da mithin die Liquiditätssalden eine Folge von Veränderungen der Geschäftspositionen der Notenbank gegenüber den Nichtbanken sind, entstehen bei der Notenbank gleich große Differenzen zwischen den Nichtbankenpositionen, nur mit umgekehrten Vorzeichen:

(9) $$\text{Bei } G_{nz} > M_{nz} \text{ ist } G_{nz} - M_{nz} = +d \quad \text{oder}$$
$$\text{Bei } G_{nz} < M_{nz} \text{ ist } G_{nz} - M_{nz} = -d$$

In der der Gesamtanalyse zugrunde gelegten Formel (7) sind die Nichtbankengeschäfte der Notenbank und der Kreditinstitute [(8) + (9)] zusammengefaßt. Die bei einer getrennten Darstellung sichtbar werdenden Differenzen zwischen Mittelaufkommen und Mittelbereitstellung (Liquiditätssalden) heben sich dabei gegenseitig auf, und zwischen der gesamten Mittelbereitstellung an Nichtbanken und dem gesamten Mittelaufkommen aus Nichtbanken besteht dann wieder Summengleichheit ($G_n = M_n$).

c) Wenn es auch notwendig erschien, im Interesse einer geschlossenen Darstellung der Geld- und Kreditströme zwischen Bankensystem und Nichtbanken auf die Darstellung der Liquiditätssalden in einer Gesamtanalyse zu verzichten (7), so bietet sich in dem Spiegelbild der Liquiditätssalden — dem Liquiditätsausgleich — die Möglichkeit, den Umfang dieser Differenzen trotzdem noch festzuhalten. Wie gezeigt wurde, entspricht einem Liquiditätssaldo bei den Kreditinstituten in gleicher Höhe ein Ausgleich dieses Liquiditätssaldos auf dem Wege der Refinanzierung, der Offenmarkt-Politik, des Geldexportes und/oder der Reservepolitik. Das bedeutet, daß der Mittelbereitstellung der Zentralbank an Nichtbanken — als Ursache eines Zentralbankgeldüberschusses bei den Kreditinstituten — ein entsprechend großer Geldstrom von den Geschäftsbanken zur Notenbank gegenübersteht. Dagegen wird ein infolge wachsender Nichtbankeneinlagen bei der Notenbank entstehender Mangel an Zentralbankgeld bei den Kreditinstituten ebenfalls automatisch durch einen entsprechend hohen Geldstrom von der Zentralbank zu den Geschäftsbanken ausgeglichen. Der Ausdruck (8), der in der konsolidierten Bilanz „verschwunden" ist, und der Saldo dieses Ausdrucks können also auch durch den Liquiditätsausgleich der Zentralbank dargestellt werden:

(10) Bei $G_{bz} > M_{bz}$ ist $G_{bz} - M_{bz} = + d$
= Mangel an Zentralbankgeld bei den Kreditinstituten
oder
bei $G_{bz} < M_{bz}$ ist $G_{bz} - M_{bz} = - d$
= Überfluß an Zentralbankgeld bei den Kreditinstituten

d) Die hier dreimal dargestellte gleich hohe Differenz zwischen Mittelbereitstellung und Mittelaufkommen erscheint auch noch ein viertes Mal, und zwar in den Bilanzen der Geschäftsbanken als Spiegelbild des Liquiditätsausgleichs durch die Zentralbank:

(11) Bei $G_{bk} > M_{bk}$ ist $G_{bk} - M_{bk} = + d$ oder
bei $G_{bk} < M_{bk}$ ist $G_{bk} - M_{bk} = - d$

In dieser Ausgleichsposition sind sowohl die Geldmarktgeschäfte der Banken untereinander enthalten als auch die Beträge, die durch Rückgriff auf die Notenbank aufgenommen worden sind[5].

Ebenso wie zwischen der Mittelbereitstellung des Bankensystems an Nichtbanken und dem Mittelaufkommen von Nichtbanken bei Banken

---

[5] Im Liquiditätsausgleich über den Geldmarkt werden allerdings nur die Ausleihungen der Geschäftsbanken an dritte Kreditinstitute (G_{bk}') und das entsprechende Mittelaufkommen (M_{bk}') berücksichtigt. Diese Größen lassen sich errechnen, indem man von den gesamten Forderungen der Banken an andere Banken, einschließlich der Notenbank, (G_{bk}) die Geldströme zur Zentralbank (M_{bz}) abzieht bzw. das Mittelaufkommen von Banken bei Banken (M_{bz}) um den Betrag des Rückgriffs auf die Zentralbank (G_{bz}) verringert:

$$G_{bk} - M_{nz} = G_{bk}'$$
$$M_{bk} - G_{bz} = M_{bk}'$$
$$G_{bk}' = M_{bk}'$$

ergibt sich auch zwischen der Mittelbereitstellung für Banken und dem Mittelaufkommen von Banken — (10) und (11) — eine Summengleichheit ($G_b = M_b$). Dementsprechend sind die beiden Differenzen, die der Gleichung $G_n = M_n$ angefügt worden sind (7), gleich null. Der Kürze wegen sollen diese Differenzen mit l_k und l_z — als Symbole für die Liquiditätssalden und für den Liquiditätsausgleich — bezeichnet werden:

$$(12) \qquad \begin{aligned} -(G_{bk} + M_{bk}) - (G_{bz} + M_{bz}) &= 0 \\ (G_{bk} - M_{bk}) + (G_{bz} - M_{bz}) &= 0 \end{aligned}$$

$$(13) \qquad l_k + l_z = 0$$

Obwohl dieser Ausdruck null ist, muß er in die Analyse einbezogen werden, da die Entwicklung von l_k und l_z Einfluß auf die Gestaltung der Geldmärkte, dadurch auf das Zinsniveau und somit auf den gesamten Wirtschaftsablauf hat. In der Gleichung

$$(14) \qquad G_n = M_n + (l_k + l_z)$$

kommen also nicht nur die Geldströme zwischen dem gesamten Bankensystem und den Nichtbanken zum Ausdruck — hierzu würde die konsolidierte Bilanz $G_n = M_n$ ausreichen —, sondern darüber hinaus werden die mit der Geldversorgung der Nichtbanken entstehenden Probleme von Liquiditätssalden und Liquiditätsausgleich, also konjunkturell expansive oder kontraktive Einflüsse, sichtbar gemacht. Die Zusammenhänge zwischen einer angemessenen Geldversorgung der Nichtbanken und der für das Wirtschaftswachstum wichtigen Frage der Liquiditätsveränderungen am Geld- und Kapitalmarkt werden damit verdeutlicht.

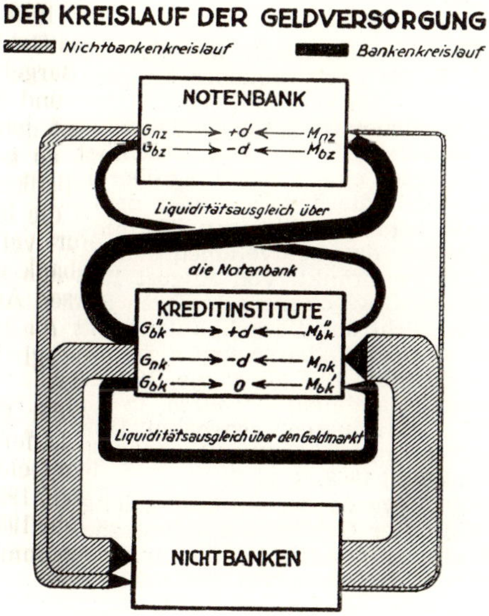

In der obenstehenden schematischen Darstellung ist der Kreislauf der Geldversorgung wiedergegeben.

b) Geldvolumen und Geldkapital

Das Ziel monetärer Analysen ist neben der Darstellung der im vorangegangenen behandelten Probleme nicht zuletzt eine Diagnose der Geldmengenveränderungen, die bis zu einem gewissen Grade die möglichen Nachfragebewegungen erkennen lassen. In den bisherigen Ausführungen über die Gesamtanalyse war — soweit sie die Passivseite der Bankbilanzen, d. h. die Guthaben der Nichtbanken bei den Banken, betrafen — meist die Rede vom Mittelaufkommen. Dieses Mittelaufkommen umfaßt auch Guthaben, die nicht zum Geld im engeren Sinne zu rechnen sind, da über sie nicht mittels Scheck verfügt werden kann.

Zur Beurteilung der Nachfrageentwicklung ist es jedoch notwendig, scharf zwischen dem sofort verfügbaren Teil des Mittelaufkommens und dem nicht sofort mobilisierbaren zu unterscheiden[6]. Es ist üblich geworden, jenen Teil, über den man sofort disponieren kann, als Geldvolumen zu bezeichnen. Dieses setzt sich aus dem Zahlungsmittelumlauf (Noten und Münzen) und den Sichteinlagen der Nichtbanken bei den Geschäftsbanken und der Notenbank zusammen[7]. Der nicht jederzeit verfügbare und nur unter bestimmten Voraussetzungen mobilisierbare Teil des Mittelaufkommens soll demgegenüber als Geldkapital bezeichnet werden[8]. Dieses Geldkapital liegt fast ausschließlich bei den Kreditinsti-

---

[6] *Goldenweiser,* E. A.: „American Monetary Policy", New York, Toronto, London, 1951, S. 24: „The sequence between more money and more business and the causel relationship between the two enter into a third aspect of the monetary phenomenon, the availabability of money."

[7] Die Deutsche Bundesbank hat von Dezember 1949 bis Mai 1953 in ihren monatlichen Berichten eine Aufstellung über das Geldvolumen in Westdeutschland veröffentlicht, die jedoch neben dem Bargeldumlauf und den Sichteinlagen auch die sonstigen Einlagen (Termin- und Spareinlagen) enthielt. Ab Juni 1953 wurde das Geldvolumen dann auf den verfügbaren Teil des Mittelaufkommens beschränkt. Von August 1955 an gebraucht die Bundesbank den Begriff des Geldvolumens in ihren Statistiken überhaupt nicht mehr, sondern veröffentlicht den Bargeldumlauf und die Bankeinlagen, ohne besonders zwischen sofort verfügbaren und nicht sofort verfügbaren Anteilen zu unterscheiden. Seit Herbst 1957 führt die Bundesbank vierteljährlich eine sogenannte „monetäre Gesamtanalyse" durch. In diesen Analysen wird wieder mit dem Begriff „Geldvolumen" gearbeitet. Über die möglichen Abgrenzungen dieses Begriffes und deren Zweckmäßigkeit vgl. Monatsbericht der Deutschen Bundesbank Juli 1958, S. 14 ff.

[8] Auch dieser Begriff wurde der Sprachregelung der Deutschen Bundesbank entnommen, die unter Geldkapitalbildung die Differenz zwischen dem gesamten Mittelaufkommen von Nichtbanken und dem Geldvolumen versteht. Dieser Begriff wird von der deutschen Notenbank seit 1951 verwendet (vgl. Geschäftsbericht der Bank deutscher Länder für das Jahr 1951, Frankfurt a. M., 1952, S. 24). Davor wurden die von Banken hereingenommenen langfristigen

tuten. Es umfaßt dort die Termineinlagen, Spareinlagen, die in den Umlauf gegebenen Schuldverschreibungen (Kapitalmarktmittel), die aufgenommenen, durchlaufenden sowie die eigenen Mittel. Das Mittelaufkommen bei der Notenbank ist dagegen im allgemeinen immer sofort verfügbar. Ausnahmen entstehen dadurch, daß der Gesetzgeber die Errichtung von Konten mit beschränkter Verwendung bestimmt (z. B. Bardepotzwang für Importgeschäfte) oder die Verwendung der Mittel von einer Genehmigung abhängig macht (in Deutschland: Gegenwert-, ECA- und GARIOA-Mittel). Diese Positionen bei der Notenbank sind ebenfalls dem Geldkapital zuzurechnen.

Diese Unterteilung des mit der Kreditgewährung entstehenden Mittelaufkommens in einen verfügbaren Teil (Geldvolumen) und einen nicht sofort mobilisierbaren Teil (Geldkapital) macht auch jene Einwände gegen die Kreditschöpfungstheorie verständlicher, die eine Zunahme der Geldmenge infolge Kreditgewährung bestreiten. Es ist in der Tat nicht möglich, von vornherein zu sagen, in welcher Form sich das auf dem Wege der Kreditgewährung zur Verfügung gestellte Geld auf den Bankkonten der privaten und öffentlichen Wirtschaft niederschlagen wird. Ist die Liquiditätsneigung der Nichtbanken groß, so werden die bereitgestellten Mittel insbesondere das Geldvolumen erhöhen. In diesem Fall wächst also die Geldmenge mit der Kreditgewährung. Bei einer geringeren Liquiditätsneigung in der gesamten Wirtschaft oder in einzelnen

---

Mittel nicht als eine einheitliche Mittelgruppe behandelt. Zum Beispiel ist im Geschäftsbericht der BdL für das Jahr 1950, Frankfurt a. M., 1951, S. 22, nur von Sparkapitalbildung die Rede. Der Begriff Geldkapitalbildung ist in dieser Arbeit ebenso abgegrenzt wie bei der Deutschen Bundesbank (vgl. z. B. Monatsbericht der Deutschen Bundesbank, Januar 1960, S. 18).

Neben den Begriffen Geldvolumen und Geldkapital sind außerdem in der Literatur noch zu finden:

a) Geldvermögen. Hierunter versteht man heute den Saldo zwischen Kasse plus Forderungen minus Verbindlichkeiten bei den Wirtschaftsunternehmen und Wirtschaftsgruppen. In der Gesamtwirtschaft ist dieser Saldo gleich den Netto-Gold- und Devisenbeständen. In der holländischen Literatur findet sich für diese Größe der Begriff „Geldbesitz". Das Deutsche Institut für Wirtschaftsforschung, Berlin, hatte bei dieser Größe zeitweilig von „Geldpotential" gesprochen. Es hat dann diesen Begriff aufgegeben und verwendet jetzt ebenfalls den Begriff Geldvermögen (vgl. hierzu *Stützel*, W.: „Volkswirtschaftliche Saldenmechanik — ein Beitrag zur Geldtheorie", Tübingen, 1958, S. 61).

b) Geldreserve. Hierunter versteht man den Bodensatz oder seine Veränderung an verfügbarem Geld (Zahlungsmittel und Sichteinlagen). Den Veränderungen der Geldreserve entspricht eine Änderung der Umlaufgeschwindigkeit des Geldes. Hierzu folgendes Beispiel: Als im Jahre 1958 die Sichteinlagen stärker stiegen, schrieb dazu die Bundesbank (Geschäftsbericht der Deutschen Bundesbank für das Jahr 1958, Frankfurt a. M., 1959, S. 40): „Es handelte sich dabei um die schon in anderem Zusammenhang erwähnte starke Erweiterung des ‚Geldvolumens', die jedoch mit einer auffälligen Verlangsamung der ‚Umlaufgeschwindigkeit' des Geldes einherging, d. h. weitgehend nur in einer Anreicherung der ‚ruhenden Geldreserve' bestand und insofern ein ‚Quasi-Sparen' reflektierte."

Bereichen fließt ein größerer Teil der gewährten Gelder in das Geldkapital als Termineinlagen, Spareinlagen, aufgenommene Gelder usw. und berührt die Geldmenge nur in geringem Umfang. Eine Zunahme der Mittelbereitstellung ohne Erhöhung der Geldmenge (Zahlungsmittelumlauf und Sichteinlagen) ist also durchaus denkbar. In einem solchen Fall muß dann aber das Geldkapital (längerfristiges Mittelaufkommen) entsprechend der Kreditausweitung gestiegen sein.

Wenn die Frage auch offen bleibt, in welchem Umfang die Mittelbereitstellung der Banken die Geldmenge oder das Geldkapital vergrößert, so steht doch fest, daß die Summe beider Größen — das Mittelaufkommen — das Spiegelbild der Mittelbereitstellung ist und mit dieser parallel verläuft. Die Erkenntnis, daß das Mittelaufkommen Folge der Mittelbereitstellung (Kreditschöpfung) ist, kommt keinesfalls — wie H. *Hellwig* meint — einer Aufweichung des Geldbegriffes gleich[9], solange zwischen dem verfügbaren und nicht verfügbaren Teil des Mittelaufkommens unterschieden wird. Allerdings bedeutet die Auffassung von der Entstehung des Mittelaufkommens durch die Mittelbereitstellung, daß nicht nur Sichteinlagen, sondern auch Termin- und Spareinlagen und der Absatz an Bankschuldverschreibungen „geschöpft" wird. Dieser Konsequenz auszuweichen, hieße die Kreditschöpfungstheorie in Frage zu stellen. Hierzu besteht nach allem, was theoretisch und empirisch bisher gesagt wurde, keine Veranlassung[10].

c) Ausreichende Geldversorgung der Nichtbanken bei zunehmender Verflüssigung der Banken

In Westdeutschland wurden im ersten Jahre nach der Währungsreform von den Geschäftsbanken und der Zentralbank insgesamt 11,57 Mrd. DM bereitgestellt, von denen jedoch nur 64 vH (7,37 Mrd. DM) in den Nichtbankenkreislauf flossen. Die relativ starke Mittelbereitstellung für Banken in Höhe von 4,20 Mrd. DM beruhte hauptsächlich auf den umfang-

---

[9] *Hellwig,* Hans: „Kreditschöpfung und Kreditvermittlung", Stuttgart, 1958, S. 31.

[10] *Hellwig,* Hans, a. a. O., S. 31: „Hier sind wir bereits an einem kritischen Punkt jener Deutung des Zusammenhangs von Aktiv- und Passivgeschäft angelangt, die, für das Bankensystem als Ganzes, in der Krediteinräumung die Voraussetzung der Depositenbildung erblickt. Da für einen großen Teil der Bankkredite die Mittel nicht aus Sicht-, sondern aus Termineinlagen stammen, müßte nach dieser Auffassung die Kreditgewährung der einen Bank die Ursache für die Termin- und Spareinlagen, ja für den Pfandbriefabsatz der anderen Bank sein. Dieser Folgerung kann man nicht ausweichen, sobald man einmal damit beginnt, eine Geldsumme durch mehrere Tauschakte zu verfolgen und eine Einlage dann als Ergebnis einer Kreditschöpfung anzusehen, wenn das eingezahlte Geld früher irgendwann zur Kreditauszahlung benutzt worden ist."

reichen Ausleihungen des Zentralbanksystems an die Kreditinstitute (Liquiditätshilfe), die eine Voraussetzung für die Finanzierung der Nichtbanken waren, da es den Kreditinstituten an Zentralbankgeld mangelte, um den hohen Kreditbedarf der Wirtschaft zu decken.

Im Jahre 1950 stieg die Mittelbereitstellung an Nichtbanken und an die Banken sprunghaft auf 15,52 Mrd. DM an. Dies war insbesondere eine Folge des im Juni 1950 ausgebrochenen Korea-Konflikts. Die diesen Konflikt begleitende Hausse, die vor allem durch starke Lageraufstokkungen in den Vereinigten Staaten von Amerika ausgelöst wurde, war anfangs durch Verringerung von Bankguthaben und Kassenbeständen in der Wirtschaft finanziert worden, sehr bald mußten jedoch Bankkredite den steigenden Geldbedarf decken[11]. Die zusätzlichen Ausleihungen an Nichtbanken betrugen in diesem Jahre 10,47 Mrd. DM. Gleichzeitig nahm aber auch die Mittelbereitstellung an Banken zu, allerdings prozentual etwas weniger als die Mittelbereitstellung an Nichtbanken. Der Anteil der den Nichtbanken gewährten Gelder am gesamten Geldkreislauf stieg dadurch etwas, nämlich auf 67 vH, an. Die Mittelbereitstellung an Banken blieb also weiterhin hoch. Auch das war wieder darauf zurückzuführen, daß die Kreditinstitute für die Ausleihungen an Nichtbanken und die rasch steigenden Nichtbankeneinlagen zusätzliche liquide Mittel benötigten. Bemerkenswert im Jahre 1950 ist, daß die dafür erforderlichen Beträge zum größten Teil über den Geldmarkt beschafft wurden. Zentralbankgeld nahmen die Kreditinstitute insbesondere durch Rediskontierung bei der Notenbank in verhältnismäßig geringem Umfang in Anspruch. Die Aktivierung des Geldmarktes war darauf zurückzuführen, daß innerhalb der Sphäre der Kreditinstitute unterschiedliche Liquiditätssalden entstanden. Bei jenen Banken, die an der Finanzierung von Außenhandelsgeschäften besonders beteiligt waren, traten infolge des Passivsaldos im Außenhandel Verluste an Zentralbankgeld auf, während andere Kreditinstitute, bei denen sich die Ausgabeüberschüsse der Öffentlichen Hand niederschlugen, Zentralbankgeldüberschüsse abgeben konnten. Beides bewirkte, daß der Rückgriff auf das Zentralbanksystem 1950 geringer war als 1949 (1,37 Mrd. DM gegenüber 2,30 Mrd. DM) und der Liquiditätsausgleich über den Geldmarkt zunahm (1949: 1,90 Mrd. DM, 1950: 3,68 Mrd. DM).

Die Mittelbereitstellung ging jedoch über die realen Wachstumsmöglichkeiten hinaus. Als Folge hiervon — verstärkt noch durch eine Hausse an den internationalen Rohstoffmärkten — begannen die Preise in

[11] Vgl. *Martell*, H., und *Wissler*, A.: „Konjunktur der deutschen Wirtschaft" in: Deutschlandjahrbuch 1953, Essen, 1953, S. 182: „Die erste Eindeckungswelle wurde überwiegend aus dem vorhandenen und ‚zufällig' entstehenden Dispositionsfonds finanziert. Im weiteren Verlauf des Aufschwungs bildete dann die Kreditgewährung der Banken eine wesentliche Finanzierungsquelle." Über die allgemeine Situation in der Korea-Hausse vgl. OEEC: „Financial Stability and the Fight against Inflation", Paris, 1951.

T a b e l l e 7: **Der Geldkreislauf in Deutschland**
(Veränderungen in Mrd. DM)

	Im Textteil benutzte Symbole	1949	1950	1951	1952	1953	1954	1955	1956	1957	1958	1959	1960
		Geldkreislauf insgesamt											
1. *Gesamte Mittelbereitstellung (3 + 6)*	G	*+11,57*	*+15,52*	*+13,23*	*+14,20*	*+17,07*	*+22,82*	*+21,83*	*+16,92*	*+22,92*	*+23,94*	*+26,58*	*+31,21*
2. *Gesamtes Mittelaufkommen (4 + 7)*	M	*+11,57*	*+15,52*	*+13,23*	*+14,20*	*+17,07*	*+22,82*	*+21,83*	*+16,92*	*+22,92*	*+23,94*	*+26,58*	*+31,21*
		Nichtbankenkreislauf											
3. *Mittelbereitstellung an Nichtbanken*	Gn	*−7,37*	*+10,47*	*+ 8,89*	*+12,36*	*+14,94*	*+17,61*	*+17,13*	*+14,77*	*+14,81*	*+19,59*	*+22,26*	*+24,43*
durch Kreditinstitute a)	Gnk	+0,15	+ 8,58	+ 6,73	+ 9,10	+11,30	+14,52	+14,92	+10,13	+ 9,39	+15,87	+21,98	+17,32
durch die Bundesbank b)	Gnz	+0,78	+ 1,89	+ 2,16	+ 3,26	+ 3,64	+ 3,09	+ 2,21	+ 4,64	+ 5,42	+ 3,72	+ 0,28	+ 7,11
4. *Mittelaufkommen von Nichtbanken*	Mn	*+7,37*	*+10,47*	*+ 8,89*	*+12,36*	*+14,94*	*+17,61*	*+17,13*	*+14,77*	*+14,81*	*+19,59*	*+22,26*	*+24,43*
bei Kreditinstituten c)	Mnk	+5,57	+ 7,83	+ 7,18	+10,88	+12,61	+15,43	+14,27	+13,01	+15,83	+18,42	+22,94	+21,43
bei der Bundesbank d)	Mnz	+1,80	+ 2,64	+ 1,71	+ 1,48	+ 2,33	+ 2,18	+ 2,86	+ 1,76	− 1,02	+ 1,17	− 0,68	+ 3,00
5. *Liquiditätssalden (3 ./. 4)*	Gn - Mn	*0,00*	*0,00*	*0,00*	*0,00*	*0,00*	*0,00*	*0,00*	*0,00*	*0,00*	*0,00*	*0,00*	*0,00*
bei Kreditinstituten	Gnk-Mnk	+2,58	+ 0,75	− 0,45	− 1,78	− 1,31	− 0,91	+ 0,65	− 2,88	− 6,44	− 2,55	− 0,96	− 4,11
bei der Bundesbank	Gnz - Mnz	−2,58	− 0,75	+ 0,45	+ 1,78	+ 1,31	+ 0,91	+ 0,65	+ 2,88	+ 6,44	+ 2,55	+ 0,96	+ 4,11
		Bankenkreislauf											
6. *Mittelbereitstellung an Banken*	Gb	*+4,20*	*+5,05*	*+4,34*	*+1,84*	*+2,13*	*+5,21*	*+4,70*	*+2,15*	*+ 8,11*	*+4,35*	*+4,32*	*+ 6,78*
durch Kreditinstitute e)	Gbk	+1,90	+3,68	+3,83	+3,37	+3,13	+5,40	+3,50	+4,21	+12,41	+5,67	+4,11	+ 7,11
durch die Bundesbank f)	Gbz	+2,30	+1,37	+0,51	−1,53	−1,00	−0,19	+1,20	−2,06	− 4,30	−1,32	+0,21	− 0,33
7. *Mittelaufkommen v. Banken*	Mb	*+4,20*	*+5,05*	*+4,34*	*+1,84*	*+2,13*	*+5,21*	*+4,70*	*+2,15*	*+ 8,11*	*+4,35*	*+4,32*	*+ 6,78*
bei Kreditinstituten g)	Mbk	+4,48	+4,43	+3,38	+1,59	+1,82	+4,49	+4,15	+1,33	+ 5,97	+3,12	+3,15	+ 3,00
bei der Bundesbank h)	Mbz	−0,28	+0,62	+0,96	+0,25	+0,31	+0,72	+0,55	+0,82	+ 2,14	+1,23	+1,17	+ 3,78
8. *Liquiditätsausgleich (6 ./. 7)*	Gb-Mb	*0,00*	*0,00*	*0,00*	*0,00*	*0,00*	*0,00*	*0,00*	*0,00*	*0,00*	*0,00*	*0,00*	*0,00*
bei Kreditinstituten	Gbk-Mbk	−2,58	−0,75	+0,45	+1,78	+1,31	+0,91	−0,65	+2,88	+ 6,44	+2,55	+0,96	+ 4,11
bei der Bundesbank	Gbz - Mbz	+2,58	+0,75	−0,45	−1,78	−1,31	−0,91	+0,65	−2,88	− 6,44	−2,55	−0,96	− 4,11

a) Pos. 3, 4 u. 5 (sonstige Mittelbereitstellung) der Tab. 3. — b) Pos. 1 (übrige Auslandsaktiva), 2 u. 3 der Tab. 2. — c) Pos. 6, 7 u. 10 der Tab. 3. — d) Pos. 6, 7, 9 (Nichtbanken) u. 10 der Tab. 2. — e) Pos. 1, 2 u. 5 (Geldexport) der Tab. 3. — f) Pos. 1 (Geldexport), 4 u. 5 der Tab. 2. — g) Pos. 8 u. 9 der Tab. 3. — h) Pos. 8 u. 9 (Banken) der Tab. 2.

Deutschland zu steigen, so daß die Bank deutscher Länder im Oktober 1950 eine Reihe restriktiver Maßnahmen ergriff, mit deren Hilfe es schließlich gelang, die Kreditexpansion zu stoppen. Allerdings wurden durch diese global wirkenden Kreditrestriktionen auch die Industriezweige belastet — insbesondere die Grundstoffindustrien —, die bis dahin am Aufschwung am wenigsten beteiligt waren und deren Umsatztätigkeit hätte gefördert werden müssen.

Der Korea-Hausse folgte 1951 ein Rückschlag auf den Weltrohstoffmärkten, der die teilweise spekulativen Lagereindeckungen beendete. Die sinkenden Preise veranlaßten die Konsumenten zu stärkerer Zurückhaltung, so daß zeitweise die Nachfrage langsamer wuchs als die Einkommen. Darunter litt insbesondere das Wachstum der Produktion in den Verbrauchsgüterindustrien. In einigen Industriezweigen konnten die angesichts der vorangegangenen Hausse vorgenommenen Investitionen nicht voll ausgenutzt werden, so daß sich dort krisenhafte Erscheinungen zeigten. Die gedämpfte Umsatztätigkeit und die verringerte Investitionsneigung blieben auch nicht ohne Rückwirkungen auf die Mittelbereitstellung an Nichtbanken, die 1951 auf 8,89 Mrd. DM zurückging. Allerdings ist anzunehmen, daß die Ausleihungen trotz dieser güterseitigen Einflüsse stärker angestiegen wären, wenn dies nicht durch die verschärfte Kreditpolitik des Zentralbanksystems, vor allem durch den auf selektiver Basis angeregten Abbau des kurzfristigen Kreditvolumens, verhindert worden wäre. Für die 1951 zusätzlich gewährten Mittel waren, trotz bereits steigender Außenhandelsüberschüsse und einer davon langsam ausgehenden Verflüssigung, für einzelne Banken erhöhte Rückgriffe auf den Geldmarkt und für alle Kreditinstitute zusammen auch auf die Zentralbank notwendig. Der Anteil des zwischen dem Bankensystem und den Nichtbanken fließenden Geldstroms am gesamten Geldkreislauf betrug wieder 67 vH. Der Anteilsatz blieb also noch fast unverändert, wenn auch ein Rückgang der Mittelbereitstellung an Banken sich bereits abzeichnete. Diese Verminderung der Bank-zu-Bank-Transaktionen war jedoch ausschließlich auf die Abnahme der Liquiditätshilfe des Zentralbanksystems zurückzuführen, während die Mittelbereitstellung der Geschäftsbanken an dritte Kreditinstitute gegenüber dem Jahre 1950 sogar noch etwas zunahm.

Das Sozialprodukt in Deutschland wuchs im Jahre 1952, trotz steigender Außenhandelsumsätze und zunehmender Ausfuhrüberschüsse, in einem etwas geringeren Tempo als in den vorangegangenen Jahren. Gebremst wurde die Entwicklung insbesondere im ersten Halbjahr 1952 durch einen Lagerabbau. Der immer noch beträchtlich steigende private Verbrauch (+10 vH) schlug daher nicht bis auf die Herstellerstufe durch. Vor allem die Konsumgüterproduktion und die Ausfuhr nahmen dagegen weiter zu. Darauf ist es wohl hauptsächlich zurückzuführen, daß die Mittelbereitstellung an Nichtbanken mit 12,36 Mrd. DM um 4 Mrd. DM größer war als 1951. Dieser Betrag machte jedoch 87 vH der gesamten bereitgestellten Mittel aus, d. h. 1952 sind — relativ und absolut — weniger Mittel in den Bankenkreislauf geflossen. Die Verringerung des Anteils der an Banken gewährten Gelder war ausschließlich auf den Rückgang der Kredite des Zentralbanksystems an die Geschäftsbanken zurückzuführen. Infolge der wachsenden Außenhandelsüberschüsse floß den Kreditinstituten so viel Zentralbankgeld zu, daß damit nicht nur die Ausleihungen an Nichtbanken vorgenommen, sondern darüber hinaus früher von der Notenbank aufgenommene Kredite zurückgezahlt werden konnten.

In den Jahren 1953 und 1954 setzte sich der Aufschwung der westdeutschen Wirtschaft fort, jedoch in gedämpftem Tempo (Jahreszuwachsraten des Brutto-Sozialprodukts 1953 und 1954 je 7 vH, dagegen 1952 12 vH und 1950 23 vH). Diese Verlangsamung der konjunkturellen Entwicklung, die auch in anderen westeuropäischen Ländern zu beobachten war, wurde in Deutschland vor allem durch einen gedrosselten Staatsverbrauch, aber auch durch einen geringeren Zuwachs des privaten Verbrauchs herbeigeführt. Die relativ starke Zurückhaltung der Konsumenten in den beiden Jahren 1953 und 1954 ist weniger auf die Verlangsamung des Einkommenszuwachses als auf eine erhöhte Spartätigkeit zurückzuführen. Diese Marktlage zwang die Unternehmer zu Preiszugeständnissen, die sie durch einen erhöhten Absatz auszugleichen suchten (Mengenkonjunktur)[12]. Der Zuwachs der Anlageinvestitionen verringerte sich in diesen beiden Jahren nur wenig, die Selbstfinanzierungsquote nahm dagegen ab[13]. Das bedeutete, daß die Unternehmungen stärker als bisher auf fremde Mittel zurückgreifen mußten. Die Aufrechterhaltung hoher Investitionen und die zunehmende Spartätigkeit, die die Wirtschaft zu einer erhöhten Verschuldung zwang, erklären das Ansteigen der Mittelbereitstellung an Nichtbanken in den Jahren 1953 und 1954.

Im Jahre 1953 erhöhte sich der Überschuß der Leistungsbilanz und führte der Wirtschaft und den Kreditinstituten wieder erhebliche flüssige Mittel zu. Trotz wachsender Mittelbereitstellung der Banken an Nichtbanken war es den Geschäftsbanken dadurch möglich, die Ver-

[12] Vgl. *Martell*, H., und *Rieckenberg*, I.: „Zur konjunkturellen Situation" in: Vierteljahreshefte des Deutschen Instituts für Wirtschaftsforschung, Berlin, Jg. 1953, H. 3, S. 263 ff.

[13]

	1952	1953	1954
Anlageinvestitionen (Zunahme gegenüber Vorjahr)	+14,4	+12,5	+12,3
Selbstfinanzierungsquote (Nicht entnommene Gewinne plus Rückstellungen für Sozialleistungen in vH der Nettoinvestitionen)	52,6	37,0	32,7

Quellen: Anlageinvestitionen: „Wirtschaft und Statistik", Stat. Bundesamt, Heft 5/1958, S. 267. — Selbstfinanzierungsquote: Berechnet unter Zugrundelegung der Gesamtrechnung des Deutschen Instituts für Wirtschaftsforschung, veröffentlicht im Vierteljahresheft Nr. 3/1957 des Instituts.

schuldung beim Zentralbanksystem weiter, wenn auch in geringerem Umfang als 1952, abzubauen. Die am Geldmarkt in Anspruch genommenen Mittel blieben in ihrer absoluten Höhe gegenüber dem Vorjahr fast unverändert. Auch der Anteil des Bankenkreislaufs an der gesamten Mittelbereitstellung betrug wie schon im vorangegangenen Jahre 87 vH.

Das Jahr 1954 wies eine ganz ähnliche Situation auf: Der Außenhandelsüberschuß schleuste zusätzliches Zentralbankgeld in die Wirtschaft, und die Banken konnten trotz weiter wachsender Mittelbereitstellung an Nichtbanken ihre Verschuldung beim Zentralbanksystem abbauen. Jedoch wurde im Gegensatz zum Jahre 1953 die Verflüssigung zu einer allgemeinen Erscheinung bei den Geschäftsbanken, d. h. die Überschüsse an Zentralbankgeld waren am Geldmarkt nur schwer unterzubringen und begannen, zwischen den Kreditinstituten hin und her zu vagabundieren. Dadurch schwoll der Bankenkreislauf rasch an. Die Mittelbereitstellung der Banken am Geldmarkt, d. h. an andere Banken, stieg von 3,13 Mrd. DM im Jahre 1953 auf 5,40 Mrd. DM im Jahre 1954. Damit verringerte sich 1954 auch der Anteil der den Nichtbanken gewährten Gelder (17,61 Mrd. DM) an der gesamten Mittelbereitstellung (22,82 Mrd. DM) auf 77 vH.

Im Jahre 1955 beschleunigte sich das güterseitige Wachstum erneut, und zwar recht erheblich (Wachstumsrate des Brutto-Sozialprodukts 14 vH). Gestützt wurde diese Belebung von einem Entsparungsprozeß, also wachsendem Verbrauch bei erhöhten öffentlichen Ausgaben, und einer ungewöhnlich starken Investitionstätigkeit. Diese Wandlung in der konjunkturellen Entwicklung leitete auch wieder zu einer Preiskonjunktur über. Die Selbstfinanzierungsquote nahm erneut zu[14]. Der Bedarf an Krediten war jedoch weiterhin groß und mußte von den Geschäftsbanken befriedigt werden. Die Mittelbereitstellung an Nichtbanken insgesamt erreichte allerdings nicht den Vorjahrsumfang, da die den Nichtbanken von der Zentralbank zugeflossenen Gelder abnahmen. Das lag ausschließlich an den geringeren Ausfuhrüberschüssen und dem damit zurückgehenden Gold- und Devisenzufluß. Die Verringerung des Zentralbankgeldstroms hatte noch zur Folge, daß die Kreditinstitute zur Deckung des Kreditbedarfs der Nichtbanken auf die Notenbank zurückgreifen mußten. Der Umfang des Bankenkreislaufes — Refinanzierung plus den zwischen den Geschäftsbanken gewährten Geldern — blieb relativ zum gesamten Geldkreislauf mit 78 vH fast unverändert.

14

	1954	1955	1956	1957
Anlageinvestitionen (Zunahme gegenüber Vorjahr)	+12,3	+23,5	+11,4	+ 4,1
Selbstfinanzierungsquote (Nicht entnommene Gewinne plus Rückstellungen für Sozialleistungen in vH der Nettoinvestitionen)	32,7	44,8	45,2	47,9

Quellen: Anlageinvestitionen: „Wirtschaft und Statistik", Stat. Bundesamt, Heft 5/1958, S. 267. — Selbstfinanzierungsquote: Berechnet unter Zugrundelegung der Gesamtrechnung des Deutschen Instituts für Wirtschaftsforschung, veröffentlicht in den Vierteljahresheften Nr. 3/1957 und 2/1958 des Instituts.

Von 1956 an setzte sich in der konjunkturellen Entwicklung Deutschlands eine langsame, aber stetige Dämpfung des wirtschaftlichen Wachstums durch, ausgelöst vor allem durch zunehmende Spartätigkeit, also einem relativ zurückbleibenden privaten Verbrauch, zu dem ab 1957 noch eine Verlangsamung der Auslandsnachfrage hinzukam. Die Ausfuhrüberschüsse nahmen aber noch ständig zu, wodurch der Wirtschaft erhebliche flüssige Mittel zugeführt wurden. Dieser Zentralbankgeldstrom verstärkte sich vor allem 1957 noch durch spekulative Devisenzuflüsse (hot money). Die Verflüssigung hatte 1956 und 1957 einen Rückgang der Kreditnachfrage der Nichtbanken und dadurch der gesamten Mittelbereitstellung zur Folge. Die Banken konnten ihre Verschuldung bei der Zentralbank rasch abbauen.

Im Jahr 1956 kompensierte dieser Schuldenabbau die schon stärker zunehmenden Geldmarktgeschäfte noch fast zur Hälfte, so daß derNichtbankengeldstrom im Verhältnis zum Bankenkreislauf zunahm. Die Mittelbereitstellung an Nichtbanken, gemessen an der gesamten Mittelbereitstellung, betrug 87 vH.

Im Jahre 1957 reichte der Liquiditätsausgleich über die Zentralbank, insbesondere durch Offenmarkt-Operationen und durch Abbau der Refinanzierung kaum aus, die Überschüsse an Zentralbankgeld bei den Banken zu beseitigen. Das überschüssige Zentralbankgeld vagabundierte daher zwischen den Geschäftsbanken und erhöhte die Mittelbereitstellung der Banken gegenüber anderen Kreditinstituten um das Drei- bis Vierfache früherer Jahre. Der Bankenkreislauf schwoll stark an, und das Verhältnis der Mittelbereitstellung an Nichtbanken zur gesamten Mittelbereitstellung verringerte sich auf 65 vH.

In den Jahren 1958/59 ließ der Zufluß liquider Mittel hauptsächlich infolge geringerer Devisenankäufe der Bundesbank etwas nach, und die Gelder vagabundierten nicht mehr zwischen den Banken, so daß der Umfang der Transaktionen innerhalb des Bankenkreislaufes wieder zurückging. Da gleichzeitig die Mittelbereitstellung der Kreditinstitute an Nichtbanken und das Mittelaufkommen von Nichtbanken zunahmen, stieg der Anteil des Nichtbankenkreislaufes an der gesamten Mittelbereitstellung auf 82 vH 1958 und 83 vH 1959. Erst als 1960 der Devisenzustrom wieder anschwoll und die Umsätze im Bankenkreislauf sich erhöhten, sank dieser Anteil erneut auf 78 vH.

d) Kreditvolumen und Geldkapital expandierten am stärksten

Eine Analyse der Mittelbereitstellung an Nichtbanken und des Mittelaufkommens von Nichtbanken läßt die geschilderten Tendenzen der wirtschaftlichen Entwicklung nach der Währungsreform in Deutschland noch deutlicher hervortreten.

Tabelle 8: **Die Geldversorgung der Nichtbanken im Bundesgebiet (Mittelbereitstellung)**

(Veränderungen in Mrd. DM)

	1949	1950	1951	1952	1953	1954	1955	1956	1957	1958	1959	1960
1. *Mittelbereitstellung durch die Bundesbank*	*— 0,78*	*+ 1,89*	*+ 2,16*	*+ 3,26*	*+ 3,64*	*+ 3,09*	*+ 2,21*	*+ 4,64*	*+5,42*	*+ 3,72*	*+ 0,23*	*+ 7,11*
im Auslandsgeschäft a)	*— 1,89*	*+ 0,97*	*+ 2,38*	*+ 3,14*	*+ 3,56*	*+ 2,80*	*+ 2,06*	*+ 4,66*	*+5,49*	*+ 3,33*	*— 0,41*	*+ 6,88*
an die Öffentliche Hand b)	*+ 1,10*	*+ 0,90*	*— 0,24*	*+ 0,10*	*+ 0,06*	*+ 0,29*	*+ 0,16*	*— 0,01*	*+0,02*	*+ 0,39*	*+ 0,69*	*— 0,23*
Kredite	+ 0,40	+ 0,64	+ 0,54	— 0,18	— 0,10	+ 0,22	+ 0,08	— 0,10	—0,06	+ 0,41	+ 0,59	+ 0,15
Münzgutschriften	+ 0,04	+ 0,14	+ 0,29	+ 0,29	+ 0,13	+ 0,06	+ 0,05	+ 0,08	+0,06	+ 0,06	+ 0,08	+ 0,09
Ausgleichsforderungen	+ 0,63	+ 0,12	+ 0,01	— 0,01	+ 0,03	+ 0,01	+ 0,03	+ 0,01	+0,02	— 0,08	+ 0,02	— 0,01
an die Wirtschaft (Direktkredite) c)	*+ 0,01*	*+ 0,02*	*+ 0,02*	*+ 0,02*	*+ 0,02*	*+ 0,00*	*— 0,01*	*— 0,01*	*—0,09*	*— 0,00*	—	—
2. *Mittelbereitstellung durch Kreditinstitute*	*+ 8,15*	*+ 8,58*	*+ 6,73*	*+ 9,10*	*+11,30*	*+14,52*	*+14,92*	*+10,13*	*+9,39*	*+15,87*	*+21,98*	*+17,32*
im Auslandsgeschäft d)	*+ 0,14*	*— 0,07*	*— 0,25*	*— 0,28*	*— 0,43*	*— 0,35*	*— 0,20*	*— 0,97*	*—0,37*	*+ 0,55*	*— 0,47*	*— 1,04*
an die Wirtschaft e)	*+ 6,57*	*+ 8,04*	*+ 6,09*	*+ 8,36*	*+10,05*	*+12,10*	*+12,92*	*+ 9,18*	*+9,28*	*+11,34*	*+18,28*	*+16,05*
Kredite	+ 6,37	+ 7,84	+ 5,83	+ 7,68	+ 8,68	+ 9,96	+11,08	+ 8,94	+6,92	+ 7,59	+13,74	+15,11
Wertpapiere	+ 0,16	+ 0,16	+ 0,19	+ 0,61	+ 1,26	+ 2,08	+ 1,71	+ 0,20	+1,24	+ 3,70	+ 4,43	+ 0,82
Beteiligungen	+ 0,04	+ 0,04	+ 0,07	+ 0,07	+ 0,11	+ 0,06	+ 0,13	+ 0,04	+0,13	+ 0,05	+ 0,11	+ 0,12
an die Öffentliche Hand f)	*+ 1,44*	*+ 0,61*	*+ 0,89*	*+ 1,02*	*+ 1,68*	*+ 2,77*	*+ 2,20*	*+ 1,92*	*+1,47*	*+ 3,98*	*+ 4,17*	*+ 2,31*
Kredite	+ 0,59	+ 0,45	+ 0,70	+ 0,80	+ 1,14	+ 1,60	+ 2,12	+ 1,74	+1,49	+ 4,08	+ 4,13	+ 2,28
Ausgleichsforderungen	+ 0,85	+ 0,16	+ 0,19	+ 0,22	+ 0,20	+ 0,16	— 0,24	+ 0,02	—0,05	— 0,08	+ 0,08	+ 0,07
Deckungsforderungen	—	—	—	—	+ 0,34	+ 1,01	+ 0,32	+ 0,16	+0,03	— 0,02	— 0,04	— 0,04
3. *Sonstige Positionen* g)	*+ 0,00*	*+ 0,00*	*— 0,43*	*— 1,65*	*— 0,63*	*— 0,76*	*— 1,87*	*— 0,64*	*+0,78*	*— 0,42*	*— 2,13*	*— 2,64*
Mittelbereitstellung insgesamt	*+7,37*	*+10,47*	*+8,46*	*+10,71*	*+14,31*	*+16,85*	*+15,26*	*+14,13*	*+15,59*	*+19,17*	*+20,13*	*+21,79*

Tabelle 8 (Fortsetzung): **Die Geldversorgung der Nichtbanken im Bundesgebiet (Mittelaufkommen)**

(Veränderungen in Mrd. DM)

	1949	1950	1951	1952	1953	1954	1955	1956	1957	1958	1959	1960
4. *Geldvolumen* h)	*+2,94*	*+2,64*	*+2,94*	*+2,79*	*+3,56*	*+4,51*	*+3,89*	*+3,16*	*+1,29*	*+4,96*	*+2,00*	*+5,00*
Kassenhaltung der Nichtbanken	*+1,41*	*+0,63*	*+1,14*	*+1,58*	*+1,15*	*+0,80*	*+1,29*	*+0,83*	*+1,60*	*+1,49*	*+1,40*	*+1,43*
Sichteinlagen der Wirtschaft	*+1,31*	*+1,88*	*+1,17*	*+0,68*	*+0,94*	*+2,12*	*+1,44*	*+1,30*	*+2,11*	*+3,26*	*+2,98*	*+1,67*
Sichteinlagen der Öffentlichen Hand	*+0,22*	*+0,13*	*+0,63*	*+0,53*	*+1,47*	*+1,59*	*+1,16*	*+1,03*	—2,42	*+0,21*	—2,38	*+1,90*
5. *Geldkapitalbildung*	*+4,43*	*+7,83*	*+5,52*	*+7,92*	*+10,75*	*+12,34*	*+11,37*	*+10,97*	*+14,30*	*+14,21*	*+18,13*	*+16,79*
der Wirtschaft	*+3,54*	*+3,13*	*+3,06*	*+5,41*	*+7,72*	*+8,40*	*+7,90*	*+6,99*	*+10,19*	*+12,09*	*+15,19*	*+13,33*
Termineinlagen	+0,53	+1,33	+1,03	+1,14	+0,98	—0,59	+0,47	+1,50	+2,14	+0,16	+0,35	+0,42
Spareinlagen	+1,46	+0,91	+0,81	+2,22	+3,53	+4,85	+3,63	+2,75	+4,74	+6,31	+7,39	+7,30
Aufgenommene Gelder	+0,05	+0,05	+0,14	+0,80	+0,93	+0,18	+0,10	+0,32	—0,02	—0,09	—0,06	+0,34
Schuldverschreibungen	+0,83	+0,53	+0,73	+0,74	+1,72	+3,54	+2,98	+1,68	+2,19	+4,38	+5,83	+3,44
Eigene Mittel	+0,67	+0,31	+0,35	+0,51	+0,56	+0,42	+0,72	+0,74	+1,14	+1,33	+1,68	+1,83
der Öffentlichen Hand	*+0,89*	*+4,70*	*+2,46*	*+2,51*	*+3,03*	*+3,94*	*+3,47*	*+3,98*	*+4,11*	*+2,12*	—2,94	*+3,46*
Termineinlagen	+0,41	+0,74	+0,49	+0,93	+1,20	+0,40	—0,46	+0,33	+1,33	+0,62	+0,81	+0,33
Spareinlagen	+0,00	+0,10	+0,10	+0,20	+0,31	+0,63	+0,32	—0,05	+0,09	+0,40	+0,78	+0,77
Aufgenommene Gelder	+0,48	+2,93	+1,72	+1,77	+1,93	+2,88	+3,67	+3,76	+2,88	+1,10	+1,35	+2,36
Gegenwertkonten bei der Bank deutscher Länder	—	+0,93	+0,15	—0,39	—0,41	+0,03	—0,06	—0,06	—0,19	—	—	—
Mittelaufkommen insgesamt	*+7,37*	*+10,47*	*+8,46*	*+10,71*	*+14,31*	*+16,85*	*+15,26*	*+14,13*	*+15,59*	*+19,17*	*+20,13*	*+21,79*

a) Pos. 1 (übrige Auslandsaktiva) der Tab. 2. — b) Pos. 2 der Tab. 2. — c) Pos. 3 der Tab. 2. — d) Pos. 5 (sonstige Mittelbereitstellung) der Tab. 3. — e) Pos. 3 der Tab. 3. — f) Pos. 4 der Tab. 3. — g) Pos. 10 der Tab. 3. — h) Geldvolumen plus Geldkapitalbildung gleich Pos. 6, 7 u. 9 (Nichtbanken) der Tab. 2 und Pos. 6 u. 7 der Tab. 3.

Im ersten Jahr nach der Währungsreform stellte das Bankensystem den Nichtbanken insgesamt 7,37 Mrd. DM zur Verfügung, mit deren Hilfe die Wirtschaft den Wiederaufbau begann. Diese Mittel wurden damals ausschließlich von den Geschäftsbanken aufgebracht. Darüber hinaus entstand in diesem Jahr in der Wirtschaft ein Verlust an Zentralbankgeld, hauptsächlich infolge von Einfuhrüberschüssen, in Höhe von 0,78 Mrd. DM. Auch dieser Liquiditätsverlust mußte von den Kreditinstituten gedeckt werden. Zum überwiegenden Teil wurden die Gelder auf dem üblichen Kreditwege zur Verfügung gestellt; die Mittelbereitstellung durch Übernahme von Wertpapieren oder durch Eingehen von Beteiligungen war, wie auch in den folgenden Jahren bis 1952, gering. Von den bereitgestellten Mitteln in Höhe von 7,37 Mrd. DM wurden 2,94 Mrd. DM von Nichtbanken zur Erhöhung der Bargeldbestände oder der verfügbaren Bankguthaben verwendet, während die Geldkapitalbildung — hauptsächlich in Form von Spareinlagen — 4,43 Mrd. DM betrug. Die im Jahre 1949 den Nichtbanken bereitgestellten Gelder betrugen 9 vH des in dieser Zeit entstandenen Brutto-Sozialprodukts. Diesen Anteil kann man als „normal" bezeichnen, wenn man davon ausgeht, daß Anteilsätze von 7 bis 9 vH in Deutschland nach dem Kriege am häufigsten waren. Veränderungen dieses Satzes deuten auf eine Zunahme oder Verringerung der fremden Mittel an der Gesamtfinanzierung des Wirtschaftsablaufes hin.

Aber schon im Jahre 1950 zeigte sich die erste Abweichung von dem „Normalsatz". Die vermehrte Geldvergabe im Zusammenhang mit der Korea-Hausse ließ den Anteil der Mittelbereitstellung am Brutto-Sozialprodukt auf 11 vH ansteigen. Zwar mußten auch hier die Kreditinstitute durch Kreditgewährung den größten Teil des Geldbedarfs der Wirtschaft decken, jedoch wurde die Geldversorgung dadurch etwas erleichtert, daß das Zentralbanksystem, vor allem durch Ausleihungen an die Öffentliche Hand, der Wirtschaft flüssige Mittel bereitstellte und dadurch 18 vH der gesamten Mittelbereitstellung übernahm. Wenn im Jahre 1950 trotz der starken Zunahme der Mittelbereitstellung die Preissteigerungen sich in Deutschland noch in engen Grenzen hielten, so war das nicht zuletzt darauf zurückzuführen, daß die Nichtbanken auf eine sofortige Verwendung dieser Gelder verzichteten und sie zum überwiegenden Teil festlegten. Bei einer Erhöhung der gesamten Mittelbereitstellung um 10,47 Mrd. DM nahm das Geldvolumen nur um 2,64 Mrd. DM zu, also weniger als 1949, während die Geldkapitalbildung 7,83 Mrd. DM betrug. Allerdings beruhte diese Geldkapitalbildung zu einem Teil — ungefähr eineinhalb Milliarden D-Mark — auf einem von güterseitigen Vorgängen unabhängigen Zugang von Gegenwertmitteln und Geldern, die dem Zentralbanksystem durch Einführung eines Bardepotzwanges für Importe zugeflossen waren.

Durch die restriktiven kreditpolitischen Maßnahmen ab Herbst 1950 wurde erreicht, daß die Mittelbereitstellung 1951 um zwei Milliarden D-Mark geringer war als 1950. Dabei nahm sogar noch die Mittelbereitstellung des Zentralbanksystems infolge der entstehenden Ausfuhrüberschüsse weiter zu. Die insgesamt geringere Mittelbereitstellung war ausschließlich auf eine weniger umfangreiche Kreditgewährung der Banken zurückzuführen. Diese Verschiebung in der Geldversorgung zwischen Zentralbank und Geschäftsbanken hatte zur Folge, daß die Zentralbank bereits ein Viertel der von Nichtbanken benötigten Mittel bereitstellte. Der Anteil der gesamten Mittelbereitstellung am Brutto-Sozialprodukt ging in diesem Jahr auf 7 vH zurück.

Obwohl die Geldversorgung 1951 insgesamt verknappt wurde, stiegen die Preise in Deutschland erheblich an[15]. Eine Erklärung hierfür findet sich im Nichtbankenkreislauf. Die Nichtbanken haben nämlich 1951 von den ihnen insgesamt zugeflossenen Mitteln relativ mehr als 1950 als Geldvolumen, also verfügbar, gehalten, während erheblich weniger längerfristig angelegt wurden.

Im Jahre 1952 trat dann allerdings wieder eine Normalisierung ein. Die erhöhte Mittelbereitstellung war der wachsenden Wirtschaftstätigkeit durchaus angemessen. Das Verhältnis zwischen Neuausleihungen und dem Brutto-Sozialprodukt betrug 8 vH. Der Umfang der vom Zentralbanksystem bereitgestellten Mittel nahm infolge unvermindert steigender Ausfuhrüberschüsse weiter zu. Ungefähr ein Drittel der neugewährten Mittel floß den Nichtbanken 1952 auf dem Wege über das Zentralbanksystem zu. Von der gesamten Mittelbereitstellung in Höhe von 10,71 Mrd. DM legten die Nichtbanken wieder den größeren Teil als Geldkapital fest (7,92 Mrd. DM). Hierin bzw. in dem geringeren Zuwachs des Geldvolumens kam bereits die Dämpfung der Gesamtnachfrage zum Ausdruck, die zu einer Stabilisierung des Preisniveaus führte.

Die Veränderung im konjunkturellen Klima — von einer Preiskonjunktur in den ersten Jahren nach der Währungsreform zu einer Mengenkonjunktur 1953 und 1954 — schlug sich sowohl im Umfang als auch in der Zusammensetzung des Nichtbankenkreislaufs nieder. Charakteristisch für die Finanzierung des Wirtschaftswachstums in diesen beiden Jahren ist die niedrige Selbstfinanzierungsquote der Wirtschaft, also die Tatsache, daß zur Aufrechterhaltung des Wirtschaftswachstums ein höherer Anteil fremder Mittel erforderlich war als in der vorangegangenen Zeit. Das erklärt einmal das Ansteigen der Mittelbereitstellung auf 14,31 bzw. 16,85 Mrd. DM, aber auch die Erhöhung der Mittelbereitstellung im Verhältnis zum Brutto-Sozialprodukt auf 10 vH 1953 und 11 vH 1954.

---

[15] Grundstoffe und industrielle Erzeugerpreise + 19 vH, landwirtschaftliche Erzeugerpreise + 12 vH, Einzelhandelspreise + 9 vH und Lebenshaltungskosten + 8 vH.

Obwohl die Mittelbereitstellung des Zentralbanksystems infolge hoher Ausfuhrüberschüsse umfangreich blieb, sank ihr Anteil an der gesamten Mittelbereitstellung bis auf 18 vH ab (1954). Die starke Zunahme der Ausleihungen der Kreditinstitute beruhte wieder zum überwiegenden Teil auf Kreditgewährung; aber auch die Mittelbereitstellung gegen Übernahme von Wertpapieren stieg erheblich an.

Die umfangreichen Ausleihungen in den Jahren 1953 und 1954 führten aber keinesfalls zu stärkeren Preissteigerungen. Auch das dürfte wieder darauf zurückzuführen sein, daß erhebliche Beträge der bereitgestellten Mittel — rund drei Viertel — für längere Zeit als Geldkapital festgelegt wurden. Nur rund ein Viertel fand im Geldvolumen seinen Niederschlag. Dieser Anteil mag immer noch sehr hoch erscheinen. Allerdings enthält er auch größere Beträge öffentlicher Gelder, die von der Öffentlichen Hand in Ausgleichsforderungen des Zentralbanksystems angelegt worden waren. Da die Rückgabe dieser Ausgleichsforderungen durch die Öffentliche Hand jederzeit möglich war und das Zentralbanksystem dann in gleichem Umfang Noten zur Verfügung stellen mußte, ist diese Anlage öffentlicher Gelder den Sichtguthaben zuzurechnen. Diese Gelder stellen zwar auf längere Sicht ebenfalls potentielle Nachfrage dar, zum Zeitpunkt ihrer Festlegung wirkten sie jedoch ebenso wie die sonstigen öffentlichen Einlagen, die bei der Zentralbank neutralisiert wurden, der Verflüssigung in der Wirtschaft infolge von Gold- und Devisenzuflüssen entgegen. Diese zum Geldvolumen zählenden öffentlichen Guthaben waren also in ihrer Wirkung kontraktiv — eine Tatsache, die nicht immer voll erkannt wurde[16].

Der Verzicht der Nichtbanken auf eine sofortige Verfügbarkeit der zugeflossenen Gelder war der fortschreitenden Gesundung der westdeutschen Wirtschaft, insbesondere den steigenden Realeinkommen, zu dan-

[16] *Forstmann*, A.: „Kurzfristiger Bankkredit und langfristige Investitionen mit besonderer Berücksichtigung der gegenwärtigen Situation" in: Adolf *Weber:* „Bankkredit und langfristige Investitionen", Berlin, 1954, S. 39: „Was an dieser Situation besonders paradox erscheint — und auch hierin zeigt sich der wirtschaftsschädigende Einfluß der gegenwärtigen anorganischen Finanzpolitik —, das ist die Tatsache, daß der Geldmarkt infolge der Kassenüberschüsse der Öffentlichen Hand — aber auch noch aus anderen noch aufzuzeigenden Gründen — durchaus flüssig ist."

Diese These blieb bereits in der Diskussion nicht unwidersprochen: *Hunscha* (Diskussionsbeitrag) in *Weber,* Ad., „Bankkredit und langfristige Investitionen", a. a. O., S. 106 f.: „... Sie meinten, daß die Höhe der Guthaben der Öffentlichen Hand die Liquidität hervorgerufen oder gefördert habe. Das Gegenteil ist der Fall. Wir haben die Liquiditätserscheinung, d. h. die relative Überfülle von Notenbankgeld auf dem Geldmarkt, in erster Linie dem Export, dem Devisenüberschuß zu verdanken, der dazu geführt hat, daß die Notenbank in den letzten Jahren Milliardenbeträge in ihr Gold- und Devisenportefeuille hineingenommen und dafür den Exporteuren oder den Banken, bei denen diese ihre Konten haben, Notenbankgeld zugeführt hat. Die öffentlichen Guthaben, jedenfalls soweit sie bei der Notenbank gehalten wurden, wirkten hiergegen als Bremse."

ken. Während in den ersten Jahren nach der Währungsreform die Zunahme des Geldkapitals hauptsächlich auf der Erhöhung der Termineinlagen beruhte — das Jahr 1949 bildete dabei eine Ausnahme —, entfällt seit 1952 der größte Anteil der gesamten Geldkapitalbildung auf die Zunahme der Spareinlagen. Ab 1953 traten dazu noch Schuldverschreibungen (Kapitalmarktmittel), die die Kreditinstitute auf Grund der damals vom Gesetzgeber gewährten steuerlichen Vergünstigungen in verstärktem Maße emittierten. Auch die von öffentlichen Stellen aufgenommenen Mittel haben seitdem größere Bedeutung.

Als 1955 das konjunkturelle Klima sich wieder wandelte und eine höhere Selbstfinanzierungsquote gestattete, gingen die Neuausleihungen zurück. Da sich der Überschuß im Außenhandel in diesem Jahr verringert hatte, nahm der Anteil des Zentralbanksystems an der gesamten Mittelbereitstellung noch weiter, nämlich auf 14 vH, ab. Die zunehmende Finanzierung des Wirtschaftswachstums mit eigenen Mitteln der Unternehmungen ließ auch den Anteilssatz der gesamten Mittelbereitstellung am Brutto-Sozialprodukt wieder auf seine „Normalhöhe" von 9 vH absinken. Rund ein Drittel der neugewährten Gelder wurde von Nichtbanken frei verfügbar im Geldvolumen gehalten. Die Nachfrage blieb also weiterhin kräftig, und nachdem im Jahre 1955 die Vollbeschäftigung erreicht wurde, stiegen die Preise leicht an.

Das änderte sich auch nicht in den beiden folgenden Jahren 1956 und 1957, obwohl das allgemeine güterseitige Wachstum bereits langsamer wurde. Die Neuausleihungen gingen 1956 leicht zurück, hielten sich dann aber 1957 auf dem höheren Niveau des Jahres 1955. In dem Umfang, in dem die Gold- und Devisenzuflüsse anstiegen, nahm auch der Anteil der Notenbank an der Mittelbereitstellung wieder zu; er betrug in beiden Jahren 33 bzw. 34 vH, also rund ein Drittel. Die Verlangsamung der Nachfrage der Nichtbanken nach Konsum- und Produktionsmitteln findet ihren Ausdruck darin, daß von der gesamten Mittelbereitstellung 1956 nur noch 22 vH und 1957 sogar nur noch 8 vH von Nichtbanken verfügbar gehalten wurden.

In den folgenden drei Jahren von 1958 bis 1960 verlief die Mittelbereitstellung an Nichtbanken weiterhin parallel zur Entwicklung des Bruttosozialprodukts. Der Anteil dieser Mittelbereitstellung gemessen am Sozialprodukt betrug in allen drei Jahren 8 vH. Allerdings waren Bundesbank und Kreditinstitute unterschiedlich an dieser Mittelbereitstellung beteiligt. Während die Bundesbank von den für Nichtbanken erforderlichen Mitteln 1958 noch knapp ein Fünftel zur Verfügung stellte, waren es 1959, insbesondere wegen des Rückganges der Devisenbestände, nur 1,4 vH. Mit den 1960 jedoch wieder rasch zunehmenden Devisenankäufen der Bundesbank, die in diesem Jahre Rekordhöhen erreich-

Tabelle 9: **Der Liquiditätsausgleich durch die Bundesbank und die Liquiditätshilfe des Geldmarktes (Aktivgeschäfte)**
(Veränderungen in Mrd. DM)

	1949	1950	1951	1952	1953	1954	1955	1956	1957	1958	1959	1960
Barmittel des Geldmarktes a)	*+0,56*	*—0,36*	*+0,36*	*—0,08*	*+0,16*	*+0,09*	*—0,03*	*+0,56*	*—0,03*	*+0,13*	*—0,05*	*—0,18*
Bei der Bundesbank gehaltene Barmittel	*—0,28*	*+0,62*	*+0,96*	*+0,25*	*+0,31*	*+0,72*	*+0,55*	*+0,82*	*+2,14*	*+1,23*	*+1,17*	*+3,78*
Kasse b)	+0,01	+0,04	+0,16	—0,02	+0,02	+0,06	+0,05	+0,12	+0,08	+0,10	+0,07	+0,08
Zentralbankguthaben c) ..	—0,29	+0,58	+0,80	+0,27	+0,29	+0,66	+0,50	+0,70	+2,06	+1,13	+1,10	+3,70
1. *Barmittel insgesamt* d)	*+0,23*	*+0,26*	*+1,32*	*+0,17*	*+0,47*	*+0,81*	*+0,52*	*+1,38*	*+2,11*	*+1,36*	*+1,12*	*+3,60*
Geldmarktausleihungen e) ..	*+1,89*	*+3,55*	*+2,72*	*+3,19*	*+2,36*	*+4,43*	*+2,89*	*+2,24*	*+7,30*	*+3,66*	*+2,93*	*+2,57*
Offenmarkt-Anlagen f)	*—0,24*	*—0,45*	*—0,22*	*+0,21*	*+0,27*	*+0,13*	*+0,02*	*+0,53*	*+2,60*	*+0,39*	*—1,44*	*+2,16*
2. *Ausleihungen am Geldmarkt insgesamt* g)	*+1,56*	*+3,10*	*+2,50*	*+3,40*	*+2,63*	*+4,56*	*+2,91*	*+2,77*	*+9,90*	*+4,05*	*+1,49*	*+4,73*
dar. Anlage bei Kreditinstituten	+0,59	+0,57	+0,93	+1,40	+1,33	+2,36	+0,28	+0,88	+4,55	+2,59	+0,37	+1,37
dar. Kredite an Kreditinstitute	+0,79	+2,29	+1,16	+1,90	+1,20	+2,28	+2,51	+1,35	+1,44	+1,00	+2,83	+2,24
dar. Schatzwechsel u. ä. ..	+0,18	+0,24	+0,41	+0,10	+0,10	—0,08	+0,12	+0,54	+3,91	+0,46	—1,71	+1,12
3. *Geldexport der Kreditinstitute* h)	*+0,06*	*+0,32*	*+0,01*	*—0,20*	*+0,03*	*+0,03*	*+0,07*	*+0,06*	*+0,40*	*+0,26*	*+1,50*	*—1,22*
I. *Summe der Aktivgeschäfte im Interbankverkehr*	*+1,90*	*+3,68*	*+3,83*	*+3,37*	*+3,13*	*+5,40*	*+3,50*	*+4,21*	*+12,41*	*+5,67*	*+4,11*	*+7,11*

Tabelle 9 (Fortsetzung): **Der Liquiditätsausgleich durch die Bundesbank und die Liquiditätshilfe des Geldmarktes (Passivgeschäfte)**

(Veränderungen in Mrd. DM)

	1949	1950	1951	1952	1953	1954	1955	1956	1957	1958	1959	1960
4. *Mittelaufkommen aus dem Geldmarkt* i)	*+2,36*	*+3,19*	*+3,08*	*+3,11*	*+2,52*	*+4,52*	*+2,86*	*+2,80*	*+7,27*	*+3,79*	*+2,88*	*+2,39*
Einlagen	+0,19	+0,42	+0,97	+1,86	+1,65	+2,42	+0,62	+1,48	+4,84	+3,22	+1,47	+1,54
Aufgenommene Gelder	+0,42	+2,00	+1,27	+2,14	+1,31	+2,37	+2,41	+1,50	+1,50	+1,53	+2,15	+2,49
Wechsel und Akzepte	+0,23	+0,21	+0,19	+0,72	—0,18	+0,08	+0,33	—0,23	—0,04	—0,21	+0,64	+0,26
Statistische Fehler	+1,52	+0,56	+0,65	—1,61	—0,26	—0,35	—0,50	+0,05	+0,97	—0,75	—1,38	—1,90
5. *Refinanzierung bei der Bundesbank* k)	*+2,12*	*+1,24*	*+0,30*	*—1,52*	*—0,70*	*—0,03*	*+1,29*	*—1,47*	*—1,30*	*—0,67*	*+0,27*	*+0,61*
Inlandswechsel	+1,75	+0,97	+0,39	—1,28	—0,59	+0,06	+1,19	—1,32	—1,24	—0,65	+0,13	+0,43
Lombardkredite	+0,19	+0,01	—0,06	—0,05	—0,02	+0,03	+0,13	—0,14	—0,21	+0,01	+0,17	+0,19
Angekaufte Ausgleichsforderungen	+0,18	+0,26	—0,03	—0,19	—0,09	—0,12	—0,03	—0,01	+0,15	—0,03	—0,03	—0,01
II. *Summe der Passivgeschäfte im Interbankverkehr*	*+4,48*	*+4,43*	*+3,38*	*+1,59*	*+1,82*	*+4,49*	*+4,15*	*+1,33*	*+5,97*	*+3,12*	*+3,15*	*+3,00*
Liquiditätsausgleich (I ⁒ II)	*—2,58*	*—0,75*	*+0,45*	*+1,78*	*+1,31*	*+0,91*	*—0,65*	*+2,88*	*+6,44*	*+2,55*	*+0,96*	*+4,11*

a) Pos. 1, Tab. 6. — b) Pos. 9 (Banken), Tab. 2. — c) Pos. 8, Tab. 2. — d) Pos. 1, Tab. 3. — e) Pos. 2, Tab. 6. — f) Pos. 4, Tab. 2 (umgek. Vorzeichen). — g) Pos. 2, Tab. 3. — h) Pos. 5 (Geldexport), Tab. 3. — i) Pos. 8, Tab. 3. — k) Pos. 9, Tab. 3.

ten, stieg der Anteil der Bundesbank an der gesamten Mittelbereitstellung an Nichtbanken auf ein Drittel. Bei den Kreditinstituten spielte neben der Kreditgewährung in den Jahren 1958 und 1959 auch die Mittelbereitstellung durch Übernahme von Wertpapieren eine größere Rolle.

Die zu den Nichtbanken fließenden Gelder wurden 1958 und 1960 nur ungefähr zu einem Viertel verfügbar gehalten, während der größere Teil die Geldkapitalbildung erhöhte, und zwar insbesondere die Spareinlagen und den Absatz von Bankschuldverschreibungen. Im Jahre 1959 war dagegen der Anteil der von der gesamten Mittelbereitstellung verfügbar gehaltenen Mittel mit 10 vH verhältnismäßig gering.

In dem hier behandelten Zeitraum von Anfang 1949 bis Ende 1960 wurden den Nichtbanken zum Auf- und Ausbau der Wirtschaft insgesamt 174 Mrd. DM zur Verfügung gestellt. Daran waren das Zentralbanksystem mit 37 Mrd. DM und die Kreditinstitute mit 137 Mrd. DM beteiligt. Von den Ausleihungen der Kreditinstitute entfielen allein 110 Mrd. DM auf Kredite, der Rest auf Wertpapiere, Beteiligungen, Ausgleichsforderungen und Deckungsforderungen. Von den gesamten 174 Mrd. DM, die den Nichtbanken zuflossen, wurden 134 Mrd. DM längerfristig gehalten, das waren also rund drei Viertel der gewährten Beträge.

Der Darstellung des Nichtbankenkreislaufes ($G_n = M_n$) müßte jetzt eigentlich eine entsprechende Skizzierung des Bankenkreislaufes ($G_b = M_b$) folgen. Dies ist jedoch nicht mehr notwendig, da die wichtigsten Teile des Bankenkreislaufes bereits besprochen worden sind. So wurden die Geldströme zwischen der Zentralbank und den Kreditinstituten im Zusammenhang mit dem Liquiditätsausgleich über die Zentralbank dargestellt[17], während die Geldströme zwischen den Geschäftsbanken im Abschnitt über den Liquiditätsausgleich am Geldmarkt besprochen wurden[18].

Noch nicht aufgezeigt wurden die gesamten Bank-zu-Bank-Beziehungen, also sowohl zwischen Geschäftsbanken als auch die zwischen den Kreditinstituten und der Notenbank. Es handelt sich dabei um die Darstellung des Ausdrucks $G_{bk} - M_{bk} = \pm d$. Die wichtigsten Entwicklungstendenzen dieser Interbanktransaktionen sind der Tabelle 9 oder den erwähnten vorangegangenen Abschnitten zu entnehmen.

e) Liquiditätsneigung — ihre Motive und ihre Messung

Im vorangegangenen Abschnitt wurde mehrmals davon gesprochen, daß die Nichtbanken einen Teil des ihnen zugeflossenen Geldes verfügbar gehalten haben oder für längere Zeit festlegten. Diese Neigung der

[17] Vgl. den Abschnitt „Liquiditätsausgleich über das Zentralbanksystem, vor allem durch Refinanzierung" dieser Arbeit.

[18] Vgl. den Abschnitt „Gleichmäßige Entwicklung beim Liquiditätsausgleich über den Geldmarkt" dieser Arbeit.

Nichtbanken, einen Teil des Mittelaufkommens zur sofortigen Disposition bereit zu halten (Liquiditätsneigung), ist eine wichtige Größe in einer Gesamtanalyse, da sie über Änderungen im Verhalten der am Wirtschaftsprozeß Beteiligten Auskunft zu geben vermag. Es ist daher notwendig, diese Liquiditätsneigung möglichst meßbar und damit sichtbar zu machen und die Ursachen ihrer Veränderung zu erfassen.

Die Bestimmungsgründe der Liquiditätsneigung liegen — wie die einer jeden Neigung — auf psychologischem Gebiet menschlicher Erwartungen und menschlichen Verhaltens. Die moderne Theorie hat versucht, die verschiedenen Neigungen der Menschen, einen Teil der ihnen zugeflossenen Mittel verfügbar zu halten und einen anderen Teil festzulegen, systematisch darzustellen, um durch Herausarbeitung unterschiedlicher Motive die Entwicklung des verfügbaren und nicht sofort verfügbaren Mittelaufkommens beurteilen zu können. Hierbei ist man zu folgenden Ergebnissen gekommen[19]:

Die Bestimmungsgründe der Neigung der Nichtbanken, einen Teil des Mittelaufkommens verfügbar zu halten, sind:

a) das Umsatzmotiv. Dieses schließt ein:

aa) das Einkommensmotiv, das den Teil des Geldvolumens erklärt, der von den Nichtbanken in dem Zeitraum zwischen dem Bezug des Einkommens und seiner Verausgabung gehalten wird, und

ab) das Geschäftsmotiv, das zur Haltung flüssiger Mittel führt, die der Überbrückung von Zeiträumen zwischen den Aufwendungen zur Durchführung des Geschäftsbetriebes und den Verkaufserlösen dienen;

b) das Finanzierungsmotiv, das die Bereitstellung von Geldmitteln für geplante, aber noch nicht angelaufene Investitionen erklärt, und

c) das Vorsichtsmotiv, das die Nichtbanken veranlaßt, einen Teil des Mittelaufkommens verfügbar zu halten, um unvorhergesehene Ausgaben bestreiten zu können;

d) das Spekulationsmotiv, das jenen Teil der verfügbaren Geldmenge erklärt, der nicht im Zusammenhang mit dem Wirtschaftsverlauf steht, sondern aus spekulativen Gründen als vorläufige Vermögensanlage gehalten wird[20].

Mit diesen vier Motiven ist der Umfang des Geldvolumens definiert. Keynes hat darauf hingewiesen, daß die Liquiditätsneigungen, die den einzelnen Motiven entsprechen, von verschiedenen Faktoren abhängen. Und zwar ist die Menge an verfügbarem Geld, die von den ersten drei Motiven bestimmt wird (M_a), eine Funktion des Einkommens, während die Menge verfügbaren Geldes, die vom Spekulationsmotiv bestimmt

---

[19] Vgl. *Keynes*, J. M.: „Allgemeine Theorie", Berlin, 1952, S. 163 ff.; Paulsen, A.: „Neue Wirtschaftslehre", 3. Aufl., Berlin und Frankfurt a. M., 1950, S. 189 ff.; *Jöhr*, W. A.: „Die Konjunkturschwankungen", Tübingen und Zürich, 1952, S. 472 ff.

[20] Vgl. *Paulsen*, A.: „Neue Wirtschaftslehre", 3. Aufl., Berlin und Frankfurt a. M., 1954, S. 191 ff.

wird (M_b), eine Funktion des Zinses ist. Das gesamte Geldvolumen M_1 wird somit also durch zwei verschiedene Liquiditätsfunktionen L_a und L_b bestimmt.

$$M_1 = M_a + M_b = L_a(y) + L_b(i) \tag{15}$$

Mit dieser Analyse des Geldvolumens ist aber nicht nur der Umfang der verfügbaren Geldmenge definiert, sondern gleichzeitig auch ein wichtiger Bestimmungsgrund für den Umfang des Geldkapitals gegeben, und zwar durch die Liquiditätsfunktion L_b. *Keynes* selbst, der diese Liquiditätsfunktion zwar in erster Linie zur Erklärung des Umfanges an Bargeld entwickelt hat, setzt sie aber bereits mit dem „Hang zur Hortung" gleich[21]. Unter diesem Begriff versteht Keynes „die Stärke der Vorliebe des Publikums für Spardepositen und andere Kapitalanlagen bei verschiedenen Preisen der letzten"[22]. Die Liquiditätsfunktion L_b erklärt somit einerseits, in welchem Umfange Geld verfügbar gehalten wird, gleichzeitig aber auch, in welchem Umfange es nicht verfügbar gehalten wird. Bei einem hohen Zins wäre das Halten von Kassenbeständen zu spekulativen Zwecken mit einem hohen Zinsverlust verbunden, da Kassenbestände ja im allgemeinen zinslos sind. In diesem Falle werden also die Nichtbanken eher geneigt sein, das Geld als Geldkapital, d. h. in Termineinlagen, Spareinlagen, Schuldverschreibungen usw., festzulegen. Umgekehrt ist die Neigung nicht so groß, wenn der Zins niedriger und damit der entgangene Zinsverlust bei einer Anlage in Kassenbeständen zu spekulativen Zwecken geringer ist. Eine besondere Bedeutung hat die Liquiditätsfunktion L_b für die Entscheidung der Nichtbanken, Geld bar zu halten oder in Wertpapieren anzulegen, da die Entscheidung, Geld in der Kasse zu halten, hier nicht nur von der Höhe des nominalen Zinses, sondern auch von den erwarteten Kursbewegungen der Wertpapiere abhängt. *Schneider* hat diesen Zusammenhang folgendermaßen beschrieben[23]: „Je höher der Zinssatz, d. h. je niedriger der Kurs der Forderungen ist, um so mehr werden Publikum und Banken geneigt sein, zinstragende Forderungen zu kaufen, d. h. aus spekulativen Gründen gehaltene Kasse gegen Wertpapiere umzutauschen. ... Bei niedrigem Zins, d. h. hohem Kurs, werden die Subjekte dagegen eine hohe Liquiditätspräferenz haben, nicht nur, weil der Zinsverlust, den sie durch das Halten eines Kassenbestandes erleiden, klein ist, sondern auch, weil sie mit einem Kursfall rechnen müssen, der den Zinsertrag unter Umständen mehr als aufwiegt."

---

[21] *Keynes,* J. M.: „Allgemeine Theorie der Beschäftigung, des Zinses und des Geldes", Berlin, 1952, S. 167.

[22] *Keynes,* J. M.: „Vom Gelde", Berlin, 1955, S. 118.

[23] *Schneider,* E.: „Einführung in die Wirtschaftstheorie", Teil III, Tübingen, 1952, S. 62.

Der Umfang des Geldkapitals ist allein durch das Spekulationsmotiv aber noch nicht erklärt. Denn in erster Linie dient es dazu, den Umfang der spekulativen Kassenbestände zu bestimmen, kann daher also auch nur etwas über die Verwendung von Geldern aussagen, deren Umfang das Maximum einer spekulativen Kasse bilden würde. Der Zufluß an Geld zu den Nichtbanken kann aber den Umfang der für die Abwicklung der Wirtschaftstätigkeit erforderlichen Kassenhaltung (Transaktionskasse) und den der gewünschten spekulativen Kasse übersteigen. Für diese nicht erklärte Restgröße muß ebenfalls ein Motiv vorhanden sein, das die Wirtschaftssubjekte veranlaßt, dieses Geld festzulegen.

Tritt der Fall ein, daß der Wirtschaft mehr Geld zufließt, als sie in bar für die Abwicklung der Wirtschaftstätigkeit oder aus spekulativen Gründen halten will, so wird sie versuchen, diesen Überschuß rentabel, d. h. zum möglichst hohen Zinsertrag (unter Berücksichtigung der beabsichtigten Festlegungszeit), anzulegen. Auch dieses Rentabilitätsmotiv ist eine Funktion des Zinses. Allerdings werden Zinsveränderungen keine Rückwirkung auf den Umfang des aus dem Rentabilitätsmotiv zu erklärenden Geldkapitals haben. Denn die dem Rentabilitätsmotiv zuzuordnenden Beträge bilden eine Restgröße, die unabhängig von der jeweiligen Zinshöhe die günstigste rentable Anlage suchen wird.

Zusammenfassend kann also gesagt werden: Der Umfang des Geldkapitals wird einmal bestimmt durch die jeweilige Höhe des Zinses und seiner Veränderung, und zwar werden dadurch die Beträge erklärt, die aus spekulativen Überlegungen zwischen Geldvolumen und Geldkapital vagabundieren. Der andere Teil des Geldkapitals wird allein durch das Vorhandensein eines positiven Zinses für längerfristige Anlagen bestimmt. Der Zins veranlaßt die Nichtbanken, die über die als wünschenswert erachtete Gesamtkassenhaltung hinausgehenden Beträge aus Rentabilitätsgründen als Geldkapital festzulegen.

Das Geldkapital selbst kann also, ähnlich wie *Keynes* das bei der Kassenhaltung getan hat, in zwei Teile aufgespalten werden[24]. Ein Teil umfaßt dann die spekulativen Beträge, die wegen der Zinshöhe als Geldkapital angelegt sind, und der andere Teil, der nicht für eine Zunahme der Kassenbestände gebraucht wird, wird Bestandteil des Geldkapitals, weil er verzinst wird. Für diese zweite Gruppe von Geldern sind Zinsveränderungen ohne Bedeutung.

Das gesamte Mittelaufkommen der Nichtbanken bei Banken (M_n), bestehend aus Geldvolumen (M_{n_1}) und Geldkapital (M_{n_2}) ist somit als Funktion des Einkommens und des Zinses definiert.

---

[24] Eine solche Aufteilung ist nur aus Gründen eines besseren Verständnisses vertretbar. Sachlich ist sie ungerechtfertigt. Schon die Trennung der Kassenbestände bei *Keynes* ist auf Kritik gestoßen. (Vgl. *Paulsen*, A.: „Neue Wirtschaftslehre“, Berlin und Frankfurt a. M., 1954, S. 209 f.).

(16) $$M_n = M_{n_1} + M_{n_2} = L_1(y,i) + L_2(i)$$

Anhand dieser Gleichung ist es möglich, die Beziehungen zwischen einer Veränderung des Mittelaufkommens und der Veränderung des Volkseinkommens einerseits bzw. zwischen Mittelaufkommen und den Zinssätzen andererseits aufzuzeigen. Für eine Quantifizierung der Liquiditätsneigung der Nichtbanken ist dagegen der vorliegende Ausdruck nicht geeignet, da die ihm zugrunde liegende Fragestellung auf die Ursachen der Liquiditätsneigung abzielt, nicht aber auf eine Messung des Verhaltens der Nichtbanken, ihr Geld verfügbar oder nicht verfügbar zu halten.

So schwierig eine Messung des menschlichen Verhaltens im allgemeinen auch sein mag, im Falle der Liquiditätsneigungen ist eine Lösung des Problems denkbar. Mit der Liquiditätsneigung geht nämlich eine dieser Neigung entsprechende Handlung simultan einher und wird sofort sichtbar. So drückt sich die Neigung der Nichtbanken, einen Teil der ihnen zugeflossenen Gelder verfügbar zu halten oder festzulegen, in dem jeweiligen Verhältnis zwischen dem Geldvolumen und dem Geldkapital aus. Dieses Verhältnis ist somit ein getreues Spiegelbild der Liquiditätsneigung der Nichtbanken.

Die Möglichkeit, die Liquiditätsneigung der Nichtbanken durch das Verhältnis zwischen Geldvolumen (M_{n_1}) und Geldkapital (M_{n_2}) auszudrücken, gestattet es, mit Hilfe einer Beziehungszahl diese Liquiditätsneigung zu errechnen:

(17) $$L = \frac{M_{n_1}}{M_{n_2}}$$

Diese Beziehungszahl gibt Aufschluß darüber, in welchem Umfang die Zunahme oder Abnahme des Mittelaufkommens zu einer Veränderung des Geldvolumens bzw. des Geldkapitals geführt haben, d. h. ob die Liquiditätsneigung größer oder kleiner geworden ist.

Grundsätzlich können drei Fälle unterschieden werden:

(18) $$L > 1; \quad L = 1; \quad L < 1$$

Im ersten Fall wird vom Mittelaufkommen bzw. seiner Veränderung der überwiegende Teil verfügbar gehalten. Die Liquiditätsneigung ist groß. Ist sie gleich 1, so würde eine Zunahme oder Abnahme des Mittelaufkommens das Geldvolumen und das Geldkapital je zur Hälfte verändern. Sinkt die Beziehungszahl der Liquiditätsneigung unter 1, so schlägt sich die Veränderung des Mittelaufkommens vor allem in der Geldkapitalbildung nieder.

In der Beziehungszahl der Liquiditätsneigung, dem Quotienten von Geldvolumen und Geldkapital, kommen alle die Einflüsse zum Ausdruck, die schon die Mittelbereitstellung an Nichtbanken und damit das Mittelaufkommen bestimmten. Diese Bestimmungsgründe lassen sich den Motiven, die die Literatur für die Liquiditätsneigungen zusammengestellt hat, zuordnen.

Der größte Einfluß auf die Liquiditätsneigung geht von der Umsatz- und Investitionstätigkeit aus. Zu der Umsatztätigkeit, die dem Einkommens- und Geschäftsmotiv zuzuordnen ist, können nicht nur die Umsätze der privaten Wirtschaft gerechnet werden, sondern müssen auch die der Öffentlichen Hand Berücksichtigung finden. Auch die Umsätze im Außenhandel beeinflussen als Teil der gesamten Umsatztätigkeit die Liquiditätsneigung und sind den Umsatzmotiven zuzuordnen. Die Investitionstätigkeit und ihr finanzieller Ablauf bzw. ihre finanziellen Vorbereitungen kommen ebenfalls in der Beziehungszahl zum Ausdruck (Finanzierungsmotiv).

Die Veränderung der Liquiditätsneigung auf Grund des Umsatz- und Finanzierungsmotivs ist also weitgehend von der konjunkturellen Situation abhängig. Die auf diesen Motiven beruhenden Einflüsse führen stets zu einem „Bodensatz“ an frei verfügbaren Geldern (Geldvolumen), die zur Durchführung der wirtschaftlichen Tätigkeit notwendig sind. Das Geldvolumen wird daher meist in einem bestimmten, relativ konstanten Verhältnis zum Sozialprodukt stehen.

Das Vorsichtsmotiv, als weiterer Bestimmungsgrund für die Liquiditätsneigung, wird von *Keynes* wie folgt definiert:

„Die Vorsorge für unvorhergesehene sofortige Ausgabe erfordernde Posten und für unvorhergesehene Gelegenheiten zu vorteilhaften Käufen sowie das Halten eines Vermögensbestandes, dessen Wert in Geld festgesetzt ist, zur Erfüllung einer späteren, in Geld festgelegten Verbindlichkeit, sind weitere Beweggründe für das Halten von Bargeld[25].“

Abgesehen davon, daß diese Beweggründe zum Teil eher den Umsatzmotiven zugeordnet werden sollten, dürften zum Vorsichtsmotiv noch alle die Einflüsse zählen, die aus Preisschwankungen herrühren. Diese Einflüsse berühren ebenfalls die Liquiditätsneigung und führen nicht selten zu erheblichen Umschichtungen zwischen Geldvolumen und Geldkapital. *Keynes* hat diese Preisbewegungen in seiner Erklärung der Liquiditätsneigung nicht behandelt, da seine Analyse statisch ist. Er hat in seinen Untersuchungen die Gründe herausgearbeitet, die für die Neigung der Wirtschaftssubjekte, Teile einer gegebenen Geldmenge verfügbar zu halten, bestimmend sind. *Keynes* hat daher Fragen, die sich im dynamischen Wirtschaftsprozeß für die Bestimmungsgründe der Liquiditätsneigung ergeben — wie z. B. Preisveränderungen — unberücksichtigt gelassen.

---

[25] *Keynes,* J. M.: „Allgemeine Theorie der Beschäftigung, des Zinses und des Geldes“, Berlin, 1952, S. 164.

Schwieriger zu erkennen sind in den Bewegungen der Beziehungszahl der Liquiditätsneigung die Einflüsse des Spekulationsmotivs. Zu erkennen sind sie unter Umständen bei einem Vergleich zwischen der Zinsentwicklung und der Entwicklung des Geldvolumens sowie bei Berücksichtigung der sonstigen Motive, die den Umfang des Geldvolumens erklären. Gegenwärtig sind jedoch die rein statistischen Schwierigkeiten zu groß, um eindeutige Aussagen machen zu können.

Dagegen ist der Einfluß des Rentabilitätsmotivs stets deutlich sichtbar. Die Entwicklung des den Banken von Nichtbanken zugeflossenen Mittelaufkommens (Geldvolumen und Geldkapital) läßt nämlich erkennen, daß die Nichtbanken bei einer starken Veränderung des Umfangs des Mittelaufkommens ihre Liquiditätsneigung spontan erhöhen oder verringern. Steigt das Mittelaufkommen z. B. durch Außenhandelsüberschüsse schnell an und werden die Nichtbanken dadurch liquider, so nimmt die Liquiditätsneigung in den meisten Fällen ab. Das beruht darauf, daß die den Nichtbanken zufließenden Gelder über den Bedarf an verfügbarem Geld für die Durchführung der Geschäftstätigkeit und für spekulative Zwecke hinausgehen. Da eine Anlage der überschüssigen Gelder im Geldvolumen unrentabel ist, denn sie werden dort nicht verzinst, finden sie im ertragreicheren Geldkapital ihren Niederschlag. Die Beziehungszahl der Liquiditätsneigung vermindert sich dadurch. Umgekehrt steigt sie, wenn der Zustrom flüssiger Mittel nachläßt, da sich in diesem Fall der verminderte Zuwachs des Mittelaufkommens, zur Aufrechterhaltung des Wirtschaftswachstums, meist voll im Geldvolumen niederschlägt.

Empirisch bestätigt sich, daß die Rückwirkungen des Umsatz-, Finanzierungs- und Vorsichtsmotivs auf die Liquiditätsneigung vom Wachsen des Sozialprodukts, d. h. von der Einkommensbildung, abhängt. Der Einfluß der Zinshöhe oder von Zinsschwankungen auf den Umfang des Geldvolumens ist dagegen nur schwer festzustellen. Für den Umfang des Geldkapitals sind sie zwar ohne Bedeutung, jedoch beeinflussen die Zinshöhe und die Zinsänderungen die Form der Anlage innerhalb des Geldkapitals. Der Zins, besser das Zinsgefüge, entscheidet, ob die überschüssigen Gelder als Termineinlagen, Spareinlagen, in Wertpapieren oder als aufgenommene Gelder gehalten werden. Die Veränderung des Geldkapitals insgesamt dürfte dagegen hauptsächlich eine einfache Restgröße zwischen der Veränderung des Mittelaufkommens und der des Geldvolumens sein, die psychologisch durch das Rentabilitätsmotiv zu erklären ist.

Mit Hilfe der beschriebenen Beziehungszahl wird es möglich, Änderungen im Verhalten der Nichtbanken im Hinblick auf ihre Bereitschaft, Ausgaben auszudehnen oder einzuschränken, sichtbar zu machen. Es kann zweckmäßig sein, eine solche Analyse noch dadurch zu verfeinern, daß man die Geldkapitalbildung, die in der Beziehungszahl als eine einheitliche Größe erscheint, aufteilt. Denn sie enthält ja Mittel, die mit sehr unterschiedlicher Frist festgelegt sind (z. B. Termineinlagen von 30 Tagen und Bankschuldverschreibungen von 20 Jahren und mehr). Dabei ist es eine Zweckmäßigkeitsfrage, wie man das Geldkapital aufteilt. Möglich ist z. B. eine Gliederung in kurzfristiges Geldkapital bis zu einem halben Jahr (M_{n_2k}), in mittelfristige Beträge bis zu vier Jahren (M_{n_2m}) und in langfristige Beträge über vier Jahre (M_{n_2l}). In einem solchen Fall wäre die Beziehungszahl (17) entsprechend aufzugliedern in Beziehungszahlen für kurzfristige Anlagen (L_k), für mittelfristige Anlagen (L_m) und für langfristige Anlagen (L_l):

(19) $$L = \frac{M_{n_1}}{M_{n_2}} = L_k + L_m + L_l$$ Dabei sind

(20) $$L_k = M_{n_2k} \cdot \frac{M_{n_1}}{M_{n_2}2}$$

(21) $$L_m = M_{n_2m} \cdot \frac{M_{n_1}}{M_{n_2}2}$$

(22) $$L_l = M_{n_2l} \cdot \frac{M_{n_1}}{M_{n_2}2}$$

Hierzu folgendes Beispiel: Beträgt der Zuwachs des Geldvolumens 5 und die Geldkapitalbildung 10, so ist die Beziehungszahl für die Liquiditätsneigung der Nichtbanken 0,5. Enthalten die als Geldkapital festgelegten Beträge kurzfristige Anlagen in Höhe von 2, mittelfristliche in Höhe von 5 und langfristige in Höhe von 3, so ergeben sich folgende „Teilbeziehungszahlen" der Liquiditätsneigung:

$$L_k = \frac{10}{100} = 0{,}1; \quad L_m = \frac{25}{100} = 0{,}25;$$

$$L_l = \frac{15}{100} = 0{,}15$$

Selbst bei unveränderter Gesamtliquiditätsneigung können Verschiebungen zwischen L_k, L_m und L_l schon gewisse Änderungen im Verhältnis der Nichtbanken ankündigen[26].

f) Sinkende Liquiditätsneigung bei steigendem Mittelaufkommen

Der Beginn des wirtschaftlichen Wachstums nach der Währungsreform in Westdeutschland wurde von einer extrem hohen Liquiditätsneigung begleitet. Die zuerst emittierten Geldbeträge, insbesondere für die Erstausstattung der Nichtbanken, wurden von den Nichtbanken fast aus-

[26] Über die Einflüsse von Zinsveränderungen auf die Zusammensetzung der Geldkapitalbildung vgl. den Abschnitt dieser Arbeit über „Langfristiges Mittelaufkommen unter dem Einfluß von Zinsänderungen".

schließlich frei verfügbar im Geldvolumen gehalten. Die Geldkapitalbildung war nur gering. Aber bereits im Jahre 1949 hatte sich der größte Teil der den Nichtbanken zugeflossenen Gelder im Geldkapital niedergeschlagen. Die Beziehungszahl sank zwar unter 1, war aber mit 0,66 noch verhältnismäßig hoch: Ein Drittel der 1949 den Banken von Nichtbanken zugeflossenen Gelder wurde also noch verfügbar gehalten. Der Anteil des Geldvolumens am Brutto-Sozialprodukt war daher mit 3,7 vH auch noch größer als in den folgenden Jahren.

Im Jahre 1950 hatte sich dieser Anteil bereits auf 2,7 vH verringert. Wahrscheinlich wäre er noch weiter zurückgegangen, wenn nicht in diesem Jahr die Korea-Hausse die verfügbare Geldmenge hochgehalten hätte und wenn nicht die Umlaufsgeschwindigkeit gestiegen wäre. Die Zunahme der Mittelbereitstellung der Banken an die Wirtschaft und damit auch die Zunahme des Mittelaufkommens war 1950 relativ höher als die Einkommensexpansion: Das Brutto-Sozialprodukt stieg nämlich „nur“ um über 20 vH an, die Mittelbereitstellung an Nichtbanken dagegen um über 40 vH. Das hatte zur Folge, daß der über 2,7 vH des Brutto-Sozialprodukts hinausgehende Mittelzustrom von Nichtbanken zu den Banken als Geldkapital festgelegt wurde. Das Rentabilitätsmotiv, das die Geldkapitalbildung als Restgröße zwischen gesamter Mittelbereitstellung und dem Geldvolumen erklärt, findet hier seine Bestätigung und in dem Rückgang der Beziehungszahl der Liquiditätsneigung auf 0,34 seinen sichtbaren Ausdruck.

Im Jahre 1951 führten die restriktive Kreditpolitik der Bank deutscher Länder[27], die teilweise abnehmenden Umsätze im Innern und der Preisverfall an den Weltrohstoffmärkten zu einer geringeren Mittelbereitstellung und zu einer Abnahme der 1950 gestiegenen Umlaufsgeschwindigkeit des Geldes. Der Anteil des Geldvolumens am Brutto-Sozialprodukt ging geringfügig auf 2,5 vH zurück. Das bedeutete, daß 2,94 Mrd. DM zusätzlicher Gelder auf Grund erhöhter Umsätze und Investitionen verfügbar gehalten wurden. Da die gesamte Mittelbereitstellung jedoch 8,46 Mrd. DM betrug, wurde der „Rest“ von 5,52 Mrd. DM als Geldkapital festgelegt. Das war allerdings erheblich weniger als 1950, so daß die Beziehungszahl der Liquiditätsneigung auf 0,53 anstieg.

In den folgenden Jahren von 1952 bis 1955 bot sich hinsichtlich der Liquiditätsneigung ein einheitliches Bild. In allen diesen Jahren beschränkte sich die Wirtschaft darauf, angesichts eines unterschiedlich wachsenden Sozialprodukts 2,1 bis 2,9 vH des Wertes der hergestellten Güter und Leistungen als Geldvolumen verfügbar zu halten. Auch die

[27] Im Oktober 1950 wurden der Diskontsatz, der Lombardsatz und die Mindestreservesätze erhöht. Später regte das Zentralbanksystem eine Rückführung des kurzfristigen Kreditvolumens um 1 Mrd. DM an. (Vgl. hierzu *Martell*, H., und *Wissler*, A.; „Konjunktur der deutschen Wirtschaft“ in: Deutschland-Jahrbuch 1953, S. 183).

gesamte Mittelbereitstellung und damit das Mittelaufkommen paßte sich dem jeweiligen Wachstumstempo an, so daß nach „Abzug“ der verfügbar gehaltenen Mittel der in das Geldkapital fließende Betrag relativ, wenn auch nicht absolut, ebenfalls ziemlich unverändert blieb. Das fand vor allem seinen Ausdruck in der Konstanz der Beziehungszahl für die Liquiditätsneigung, die 1952: 0,35, 1953: 0,33, 1954: 0,37 und 1955: 0,34 betrug. Diese Ziffern waren erheblich niedriger als 1949 und 1951. Das beruhte nicht zuletzt darauf, daß die Mittelbereitstellung 1952 bis 1955 erheblich höher war als 1949 und 1951, so daß nach „Abzug“ von 2 bis 3 vH für das Geldvolumen die Geldkapitalbildung beträchtlich anstieg. Die güterseitigen Ursachen dieser relativ hohen Mittelbereitstellung waren in den rasch wachsenden Außenhandelsüberschüssen und del dadurch ausgelösten Geld- und Devisenzufluß zu suchen.

MITTELAUFKOMMEN DES PUBLIKUMS BEI BANKEN UND DIE LIQUIDITÄTSNEIGUNG

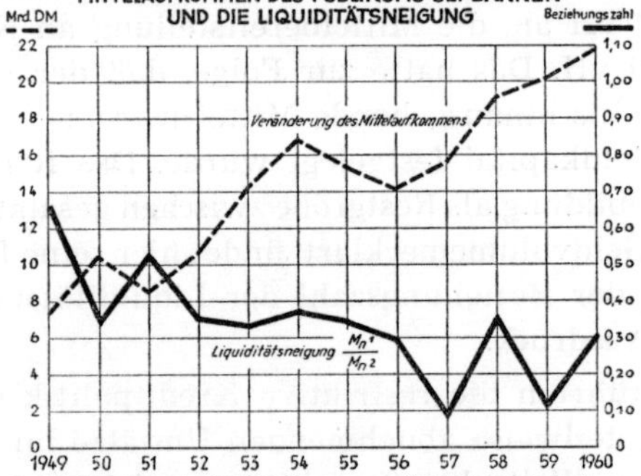

Graphische Darstellung der Position „Mittelaufkommen insgesamt“ aus Tabelle 8 und der Position „Liquiditätsneigung“ aus Tabelle 11

In den Jahren 1956 und 1957 traten zwei Änderungen im Wirtschaftsablauf ein, die für die Liquiditätsneigung von Bedeutung waren. Die wichtigere dürfte die anhaltende Verlangsamung des Wirtschaftswachstums gewesen sein. Diese Dämpfung der wirtschaftlichen Aktivität führte dazu, daß sich erstmals seit der Währungsreform der Anteil der von der Wirtschaft verfügbar gehaltenen Mittel am Brutto-Sozialprodukt merklich verringerte. Er betrug 1956 nur noch 1,6 vH und ging 1957 sogar auf 0,6 vH zurück. Das bedeutete, daß trotz eines noch immer befriedigten Wirtschaftswachstums der Zuwachs des Geldvolumens absolut recht scharf zurückging. Im Jahre 1956 hatte sich die gesamte Mittelbereitstellung und damit die Steigerung des Mittelaufkommens zwar auch etwas verlangsamt, jedoch relativ viel weniger als die Zunahme des Sozialprodukts. Im Jahre 1957 war die Mittelbereitstellung sogar wieder gestiegen, und zwar insbesondere infolge wachsender Gold- und Devisenzuflüsse. Hierin ist die zweite Änderung zu sehen, die Rückwirkungen auf die Liquiditätsneigung der Nichtbanken hatte, denn der weitaus überwiegende Teil des anschwellenden Geldstroms (1956: 14,13 Mrd. DM und 1957: 15,59 Mrd. DM) wurde von den Nichtbanken nicht für entsprechend erhöhte Umsätze oder Investitionen benötigt und floß daher als „Rest" in das Geldkapital (1956: 10,57 Mrd. DM und 1957: 14,30 Mrd. DM). Die Beziehungszahl der Liquiditätsneigung verringerte sich 1956 auf 0,29 und 1957 auf 0,09. Das nachlassende Wachstumstempo in den Jahren 1956 und 1957 war also von einer abnehmenden Liquiditätsneigung der Nichtbanken begleitet.

Obwohl diese Dämpfung des Wirtschaftsablaufs auch 1958 noch spürbar war, nahm des Geldvolumen rasch zu. Dadurch stieg die Beziehungszahl der Liquiditätsneigung wieder auf 0,35, und der Anteil der Geldvolumenerhöhung gemessen am Brutto-Sozialprodukt betrug 2,2 vH. Der danach 1959 einsetzende schnelle Wirtschaftsaufschwung beanspruchte offenbar wegen der vorangegangenen reichlichen Zunahme des Geldvolumens verhältnismäßig wenig zusätzlich verfügbares Geld (0,6 vH des Brutto-Sozialprodukts). Da andererseits aber die gesamte Mittelbereitstellung mit dem Wachstumsprozeß rasch stieg, nahm die Geldkapitalbildung erheblich zu, und die Beziehungszahl der Liquiditätsneigung sank noch einmal auf 0,11.

Im Jahre 1960 normalisierte sich das Bild wieder, d. h. die Beziehungszahl der Liquiditätsneigung stieg wieder auf 0,30 und kam damit dem am häufigsten anzutreffenden Wert wieder nahe. Entsprechend erhöhte sich der Anteil des Geldvolumenzuwachses am Brutto-Sozialprodukt auf 1,8 vH.

g) Langfristiges Mittelaufkommen unter dem Einfluß von Zinsänderungen

Im Abschnitt über die Liquiditätsneigung der Nichtbanken, ihre Motive und ihre Messung, wurde auf die Bedeutung des Zinses für die strukturelle Zusammensetzung des Geldkapitals hingewiesen. Dieses Problem wurde in der bisherigen Darstellung der Liquiditätsneigung noch ausgeklammert. Es bedarf jedoch einer Erwähnung, da das Geldkapital, das bei der Darstellung der Liquiditätsneigung dem verfügbaren Teil des Mittelaufkommens gegenübergestellt wird, keine einheitliche Größe ist, sondern die verschiedensten Bestandteile — von der Termineinlage, die eventuell nur einen Monat festgelegt ist, bis zur Schuldverschreibung mit einer Laufzeit von 20 Jahren und mehr — enthält. Bei einer Untersuchung dieser Bestandteile interessieren nicht so sehr die rechtlichen Unterschiede, z. B. zwischen Einlagen und aufgenommenen Geldern, sondern die ökonomischen Unterschiede, die sich aus der Fristigkeit dieser Gelder ergeben.

Auch wenn man unterstellt, daß Zinsveränderungen auf den Umfang der Geldkapitalbildung nur geringen Einfluß haben, so dürften sie aber wohl für die Entscheidungen der Nichtbanken von Bedeutung sein, ob sie „überschüssiges“ Geld nur zwei Monate festlegen oder Wertpapiere erwerben. In dem untenstehenden Schaubild ist die Geldreserve aufgeteilt in Mittel, die über einen mittelfristigen Zeitraum gehalten werden (bis zu vier Jahren), und die, die langfristig angelegt werden (über vier Jahre)[28]. Ihre prozentualen Anteile an dem gesamten Geldkapital wurden dabei für jedes Jahr einander gegenübergestellt. Etwas verfälscht wird das Bild dadurch, daß in den langfristigen Anlagen (insbesondere bei den langfristig aufgenommenen Darlehen) ein erheblicher Teil öffentlicher Mittel enthalten ist, der sich den Markteinflüssen weitgehend entzieht. Die allgemeinen Tendenzen sind jedoch trotzdem noch klar erkennbar.

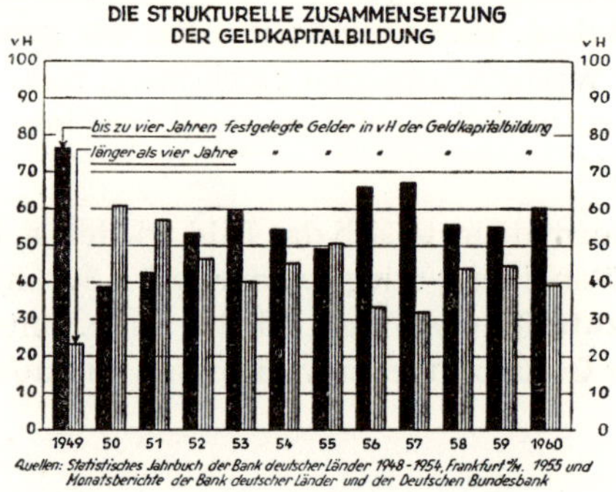

Vergleicht man diese Zusammenstellung mit der Zinsentwicklung, so sind zwei Erscheinungen besonders auffallend:

1. Eine grobe Korrelation zwischen der Veränderung des Zinsniveaus und der Veränderung des mittelfristigen Teils (bis zu vier Jahren) bzw. des langfristigen Teils (länger als vier Jahre) der Geldkapitalbildung und
2. Ausnahmen von dieser Regel, insbesondere in Zeiten hoher Liquidität.

Zu 1: Es wurde schon darauf hingewiesen, daß öffentliche Gelder das Bild etwas verfälschen. Das gilt insbesondere für die ersten Jahre nach der Währungsreform. Trotzdem ist bemerkenswert, daß bei sinkenden Zinssätzen im Jahre 1949 mehr Geld in die mittelfristige als in die langfristige Anlage floß. Ab 1950, nachdem die Zinssätze am Geld- und Kapi-

[28] Die Einteilung in eine mittelfristige Laufzeit bis zu vier Jahren und in eine langfristige Laufzeit von über vier Jahren entspricht der in Deutschland gebräuchlichen Unterscheidung. Vgl. hierzu die „Bankenstatistischen Richtlinien“ der Deutschen Bundesbank, August 1958, S. 3.

talmarkt stark anstiegen, nahm auch das langfristige Mittelaufkommen relativ stärker zu als das mittelfristige, und als der Zinstrend 1952 wieder nach unten gerichtet war, gingen auch die Anteile des langfristigen Mittelaufkommens zurück. Ähnliches wiederholte sich 1955: Zinssätze und langfristiges Mittelaufkommen stiegen wieder an.

Zu 2: Im Jahre 1956 hätte der Anteil langfristiger Mittel an der Geldkapitalbildung sich noch weiter erhöhen müssen, denn die Zinssätze zogen in diesem Jahr weiter an. Diese zu erwartende Entwicklung wurde jedoch durch die starke Verflüssigung in der Wirtschaft gestört. Offenbar war der Geldzustrom bei Nichtbanken so umfangreich, daß sie erst einmal den größten Teil auf Termineinlagen, also mittelfristig, anlegten, so daß sich der Anteil dieser Gelder erheblich erhöhte. Aber auch 1957, als die Anlage in langfristigen Titeln absolut zunahm, war der Liquiditätsstrom, der erst einmal die mittelfristige Geldkapitalbildung erhöhte, größer. Der Anteil der langfristigen Mittel an der Geldkapitalbildung nahm noch stärker ab. Aber eigentlich kann man die Entwicklung im Jahre 1957 gar nicht mehr als eine Ausnahme von der Regel betrachten, daß mit steigendem Zins die langfristige Anlage schneller wächst als die mittelfristige und mit sinkendem Zins das langfristige Mittelaufkommen langsamer zunimmt, denn im Laufe des Jahres 1957 setzte sich bereits deutlich ein sinkender Zinstrend durch. Eine erhebliche Rolle spielen dabei aber auch die Kursbewegungen an den Wertpapierbörsen. Als z. B. 1960 das Zinsniveau durch mehrmalige Diskonterhöhungen angehoben wurde, ging der Absatz an Bankschuldverschreibungen — die ja Bestandteil der Geldkapitalbildung sind — zurück, da die sinkenden Kurse die Käufer vom Erwerb dieser Papiere abhielten.

Diese Betrachtungen verdeutlichen erneut, daß die Liquiditätsneigung und die Form der Anlage in erster Linie durch den Grad der Verflüssigung in der Wirtschaft bestimmt werden, von dem auch die Zinsentwicklung, insbesondere die der langfristigen Sätze, abhängt.

h) Einflüsse veränderter Liquiditätsneigung

ha) Einflüsse auf die Mittelbereitstellung

Die Liquiditätsneigung, das wurde in den beiden voranstehenden Abschnitten festgestellt, bestimmt die Zusammensetzung des Mittelaufkommens, das mit der Mittelbereitstellung entsteht. Der Umfang dieser Mittelbereitstellung des Bankensystems an Nichtbanken hängt grundsätzlich vom güterseitigen Wachstumsprozeß ab, insbesondere von der Investitionstätigkeit. Das bedeutet jedoch nicht, daß in jeder Phase eines solchen Prozesses die Investitionsgüternachfrage für die konjunkturelle Entwicklung bestimmend ist; vielmehr kann die wirtschaftliche Tätigkeit in einigen Abschnitten des Konjunkturverlaufs auch überwiegend von der Konsumgüternachfrage getragen werden. Der Primat der Investitionstätigkeit für die Gesamtentwicklung liegt insbesondere darin, daß mit den Investitionen zusätzliche Einkommen geschaffen werden, die es den Konsumenten gestatten, durch vermehrte Nachfrage die erhöhten Kapazitäten auszunutzen. Das Wechselspiel zwischen Investitionen und Konsumtion als anregende Faktoren der konjunkturellen Entwicklung wird in der theoretischen Literatur am Multiplikator-Akzelleratormodell ausführlich dargestellt[29].

Einer wachsenden Gesamtnachfrage aber muß eine angemessene Geldversorgung entsprechen, d. h. mit der Zunahme des Sozialprodukts geht eine Erhöhung der Mittelbereitstellung und damit eine Steigerung des Mittelaufkommens einher, wobei die Liquiditätsneigung die Zusammensetzung dieses Mittelaufkommens bestimmt.

Es muß jedoch beachtet werden, daß die Festlegung von bereitgestellten Mitteln als Geldkapital ebenfalls auf den Wirtschaftsablauf einwirkt. Eine Ansammlung von Beträgen als Geldkapital besagt nämlich, daß Gelder, die in der Wirtschaft Zahlungsfunktionen ausübten, nun von Nichtbanken eine Zeit lang „stillgelegt" werden. Dieser Teil verschwindet also gleichsam aus der ursprünglich bereitgestellten Geldmenge und „fehlt" somit auch für die Aufrechterhaltung der Wirtschaftstätigkeit in der Zukunft. Sollen die davon ausgehenden kontraktiven Wirkungen nicht fühlbar werden, dann muß ein anderer Teil der Nichtbanken den sich infolge wachsenden Geldkapitals zeigenden Mangel an verfügbarem Geld durch Verschuldung beim Bankensystem (Kreditinanspruchnahme) ausgleichen.

Die Mittelbereitstellung des Bankensystems an die Wirtschaft braucht also nicht immer durch güterseitige Vorgänge ausgelöst zu werden, sondern kann auch auf Liquiditätsunterschieden innerhalb der Wirtschaft beruhen. Wie die tatsächliche Entwicklung zeigt, ist dies sogar die Regel. Die den Nichtbanken vom Bankensystem bereitgestellten Mittel schlagen sich keinesfalls gleichmäßig in allen Wirtschaftsbereichen nieder, sondern sammeln sich vielmehr je nach Art und Struktur des konjunkturellen

---

[29] Vgl. hierzu u. a.: *Bombach,* G.: „Zur Theorie des wirtschaftlichen Wachstums" in: Weltwirtschaftliches Archiv, Band 70, (1953), I, S. 110 ff.; *Harrod,* R. F.: „An Essay in Dynamic Theory" in: Readings in Business Cycles and National Income, New York, 1953, S. 200 ff.; *Hicks,* J. R.: „A Contribution to the Theory of the Trade Cycle" Oxford, 1951, S. 12 ff.; *Kauder,* E.: „Kritik und Umgestaltung des Keynes'schen Systems" in: Schmollers Jahrbuch für Gesetzgebung, Verwaltung und Volkswirtschaft, 75. Jg., Heft 5, S. 23 ff.; *Paulsen,* A.: „Neue Wirtschaftslehre", 3. Auflage, Berlin und Frankfurt, 1954, S. 300 f.; *Samuelson,* P. A.: „Interactions between the Multiplier Analysis and the Principle of Acceleration" in: Readings in Business Cycle Theory, Philadelphia, Toronto, 1944, S. 261 ff.

Prozesses in einzelnen Wirtschafts- und Industriezweigen in stärkerem Umfang an als in anderen. Soweit der Zufluß solcher Mittel den notwendigen Umfang verfügbarer Gelder übersteigt und das Geldkapital erhöht, bedarf es erst erneuter Mittelbereitstellung an jene Bereiche, deren Bestände an flüssigen Mitteln relativ zurückgeblieben sind[30].

Entsprechend diesen Zusammenhängen sollte man unterscheiden, ob eine gegebene Nachfrage nach Geld ihren Ursprung in derartigen Liquiditätsdifferenzen zwischen einzelnen Wirtschaftsbereichen bzw. Wirtschaftsunternehmungen hat oder das Spiegelbild des güterseitigen Wachstums des Sozialprodukts ist. Anders ausgedrückt: ob die Geldnachfrage liquiditäts- oder kreislaufbedingt ist.

Der Entzug von Geld aus dem Umlauf und seine „Neutralisierung" in dem nicht sofort verfügbaren Teil des Mittelaufkommens führen jedoch nur zu einer Erhöhung der Mittelbereitstellung, wenn dadurch Liquiditätsunterschiede bei Nichtbanken hervorgerufen werden. Sollten die bereitgestellten Mittel — was in der Wirklichkeit nur sehr selten anzutreffen sein wird — sich gleichmäßig auf alle Unternehmungen verteilen und die Liquiditätsbedürfnisse der am Wirtschaftsprozeß Beteiligten übersteigen, wird die dadurch verursachte Zunahme des Geldkapitals ohne Rückwirkungen auf die Mittelbereitstellung bleiben.

Bei der empirischen Darstellung dieser Zusammenhänge soll davon ausgegangen werden, daß die Geldkapitalbildung bei den Banken stets zu Lasten der Liquidität in anderen Wirtschaftsbereichen geht. Diese Voraussetzung bedeutet, daß das Geldkapital in vollem Umfang zu einer entsprechend hohen Mittelbereitstellung an Nichtbanken führt, um den Geldentzug infolge Geldkapitalbildung auszugleichen. Sicher ist diese Voraussetzung in Deutschland nicht immer ganz zutreffend gewesen, und man sollte daher die Aussagekraft der einzelnen Zahlen nicht überschätzen. Andererseits scheint ein solches Vorgehen jedoch deshalb zweckmäßig, weil es zumindest die tendenzielle Entwicklung der liquiditätsbedingten und der kreislaufbedingten Mittelbereitstellung zeigt, und auf die kommt es allein an. Eine exakte Berechnung des Teils der Mittelbereitstellung, der infolge einer Geldkapitalbildung entstanden ist, schei-

[30] *Gleske*, L.: „Die Liquidität in der Kreditwirtschaft", Frankfurt a. M., 1954, S. 64, stellt diese Zusammenhänge folgendermaßen dar: „Das Ansammeln liquider Mittel, die der Wirtschaft als Erlösüberschüsse zugeflossen und auf Depositenkonten ‚angelegt' worden sind, sowie die Ersparnisbildung der Produktionsfaktoren, soweit sie sich auf Sparkonten im Kreditsystem vollzieht, bedeuten zunächst die Stillegung von Geld, das bisher im Geldkreislauf gebunden war. Die Fortsetzung des Produktionsprozesses auf dem bisherigen Niveau ist bei einer solchen Geldstillegung nur durch eine ‚kompensatorische' Geldschöpfung des Bankensystems möglich, denn diese ist notwendig, um die ‚aktive', der Befriedigung des zirkulierenden Geldbedarfs dienende Geldmenge auf ihrem alten Stand zu halten."

tert an der Unvollständigkeit des statistischen Materials. In der folgenden Rechnung entspricht also die Höhe der liquiditätsbedingten Mittelbereitstellung an die Nichtbanken dem Umfang der jeweiligen Geldkapitalbildung. Die Mittelbereitstellung, die sich aus der güterseitigen Tätigkeit ergibt, bildet dann den Restposten gegenüber der gesamten Mittelbereitstellung.

Im gesamten Bankensystem ist dieser Restposten gleich dem Geldvolumen, denn wird von der gesamten Mittelbereitstellung der längerfristig gebundene Teil des Mittelaufkommens abgezogen, dann verbleibt ein Geldstrom, der den Umfang des Geldvolumens hat. Anders ausgedrückt heißt das: Würden die Nichtbanken von dem ihnen bereitgestellten Geld nichts festlegen, sondern alles frei verfügbar halten, dann brauchte — zur Sicherung des Zahlungsverkehrs — die Mittelbereitstellung nicht höher zu sein als der verfügbare Teil des Mittelaufkommens. Erst dadurch, daß ein Teil der bereitgestellten Gelder von Nichtbanken festgelegt wird, muß eine höhere Mittelbereitstellung die aus dem Geldvolumen ausgeschiedenen Gelder ersetzen. Andererseits bietet diese Stillegung von Geldern dem Bankensystem aber auch die Möglichkeit, längerfristige Mittel bereitzustellen, was für den Wachstumsprozeß (Investitionstätigkeit) von Bedeutung ist.

Wie stark der Einfluß der Geldkapitalbildung auf die Mittelbereitstellung ist, kann aus untenstehender Tabelle entnommen werden. In dieser Zusammenstellung wurde einmal das Geldkapital von der gesamten Mittelbereitstellung abgesetzt; zweitens wurde es von der Mittelbereitstellung der Kreditinstitute an Nichtbanken abgezogen. Dies geschah deshalb, weil die „Liquiditätsverluste" durch Geldkapitalbildung zum großen Teil über die Mittelbereitstellung der Kreditinstitute ausgeglichen werden und die sich ergebenden Tendenzen dort besonders deutlich hervortreten.

Vergleicht man die gesamte Mittelbereitstellung im Jahre 1949, dem ersten Jahr nach der Währungsreform, mit der in den folgenden Jahren, so erscheint sie relativ gering. Das ist aber nicht nur darauf zurückzuführen, daß in diesem Jahre der Wert der hergestellten Güter und Dienste geringer war als in späterer Zeit, sondern beruht in erster Linie auf der Tatsache, daß größere Beträge der bereitgestellten Mittel als später verfügbar gehalten wurden[31].

Im Jahre 1950 dagegen wurde ein kleinerer Teil der bereitgestellten Mittel verfügbar gehalten, obwohl die Korea-Hausse die Wirtschaftstätigkeit und den Geldbedarf rasch ansteigen ließ. Diese höhere Nach-

[31] Im Jahre 1949 war die gesamte Mittelbereitstellung kleiner als die durch Kreditinstitute, da die Zentralbank der Wirtschaft infolge des Einfuhrüberschusses und des daraus resultierenden Devisendefizits Mittel entzog.

Tabelle 10: **Die Entwicklung der liquiditätsbedingten und der kreislaufbedingten Geldnachfrage**

	1949	1950	1951	1952	1953	1954	1955	1956	1957	1958	1959	1960
Mittelbereitstellung an Nichtbanken insgesamt[a]	+7.37	+10,47	+8,46	+10,71	+14,31	+14,52	+15,26	+14,13	+15,59	+19,17	+20,13	+21,79
infolge von Liquiditätseinflüssen[b]	+4,43	+7,83	+5,52	+7,92	+10,75	+10,34	+11,37	+10,97	+14,30	+14,21	+18,13	+16,79
infolge des Warenkreislaufes[c]	+2,94	+2,64	+2,94	+2,79	+3,56	+4,51	+3,89	+3,16	+1,29	+4,96	+2,00	+5,00
Mittelbereitstellung der Kreditinstitute an Nichtbanken[d] ..	+8,15	+8,58	+6,73	+9,10	+11,30	+14,52	+14,92	+10,13	+9,39	+15,87	+21,98	+17,32
infolge von Liquiditätseinflüssen[b]	+4,43	+7,83	+5,52	+7,92	+10,75	+12,34	+11,37	+10,97	+14,30	+14,21	+18,13	+16,76
infolge des Warenkreislaufes[c]	+3,72	+0,75	+1,21	+1,18	+0,55	+2,18	+3,55	—0,84	—4,91	+1,66	+3,85	+0,56

a) Siehe Tab. 8. — b) Gleich der Veränderung des längerfristigen Mittelaufkommens (Geldkapitalbildung) Pos. 5 Tab. 8. — c) Gleich der Veränderung des Geldvolumens Pos. 4 Tab. 8. — d) Pos. 2 Tab. 8. — e) Restgröße.

frage wurde aber vor allem durch eine steigende Umlaufsgeschwindigkeit gedeckt. Wenn trotzdem die gesamte Mittelbereitstellung im Jahre 1950 um rund 3 Mrd. DM höher war als 1949, so beruhte dies vor allem darauf, daß von den neu gewährten Geldern ungefähr drei Viertel festgelegt wurden.

Im folgenden Jahre 1951 ging die Mittelbereitstellung der Banken wieder um 2 Mrd. DM zurück, obwohl das Wachstumstempo in beiden Jahren 1950 und 1951 fast gleich groß war (die Zuwachsraten des Brutto-Sozialprodukts betrugen in beiden Jahren über 20 vH)[32]. Im Jahre 1951 wurden aber bei weitem nicht mehr so hohe Beträge als Geldkapital festgelegt wie 1950. Mithin waren auch weniger Ausleihungen erforderlich, um die durch Geldkapitalbildung „stillgelegten" Gelder zu kompensieren.

Als 1952 das gesamtwirtschaftliche Wachstum etwas geringer wurde, stieg die Mittelbereitstellung erheblich an, und zwar nicht zuletzt deshalb, weil die Geldkapitalbildung zunahm. Diese Entwicklung verstärkte sich noch in den Jahren 1953 und 1954, als sich der wirtschaftliche Aufschwung fühlbar verlangsamte. Die wachsende Sparquote machte sich hier in einem Anstieg des Geldkapitals bemerkbar, was zu einer recht unterschiedlichen Liquiditätsausstattung innerhalb der Wirtschaft führte, so daß selbst bei relativ geringem Geldbedarf für den güterseitigen Wirtschaftsprozeß (insbesondere 1953) die Mittelbereitstellung stark anstieg.

Auch 1955 und 1956 war die Geldkapitalbildung umfangreich und löste daher eine hohe Mittelbereitstellung aus, die jedoch geringer war als in den beiden vorangegangenen Jahren. Erst 1957 — auch hier wieder begleitet von einer Verlangsamung des Wirtschaftswachstums — schwoll die Geldkapitalbildung und damit die Mittelbereitstellung an. Allerdings ist ab 1956, insbesondere aber 1957, nicht mehr allein das Geldkapital Bestimmungsgrund der höheren Mittelbereitstellung. Vielmehr ging die Mittelbereitstellung infolge rasch steigender Gold- und Devisenreserven weit über den abnehmenden Geldbedarf der Binnenwirtschaft hinaus und schlug sich daher als Geldkapital nieder. Die Verringerung des Geldbedarfs spiegelt sich in obiger Tabelle in der abnehmenden Mittelbereitstellung für den Warenkreislauf wider. Bei den Kreditinstituten ist diese Mittelbereitstellung ab 1956 sogar rückläufig.

Die weitere Dämpfung des Wirtschaftswachstums dürfte 1958 ein Grund gewesen sein, daß die Geldkapitalbildung wuchs. Denn infolge partieller Krisenerscheinungen auf der einen Seite und raschem Wachs-

---

[32] Vgl. „Wirtschaft und Statistik", herausgegeben vom Statistischen Bundesamt, Wiesbaden, Heft 5/1958, S. 267, und „Vierteljahresheft" des Deutschen Instituts für Wirtschaftsforschung, Berlin, Heft 2/1951, S. 117, und Heft 3/1957, S. 283.

tum in anderen Bereichen kamen die Einnahmen und Ausgaben zwischen den einzelnen Wirtschaftsgruppen aus ihrem gewohnten Rhythmus. Ein Teil der Wirtschaft bildete Guthaben, ein anderer mußte sich dagegen zusätzlich verschulden.

Der schnelle Wirtschaftsaufschwung 1959 ließ zwar auch wieder das Kreditvolumen wachsen; entgegen dem Vorjahre waren jedoch erheblich mehr Ausleihungen kreislaufbedingt. Im Jahre 1960 hat die kreislaufbedingte Mittelbereitstellung — trotz weiterer Beschleunigung des Wirtschaftswachstums — abgenommen, bei relativ geringerem Rückgang der liquiditätsbedingten Mittelbereitstellung. Aber auch 1960 kann, ebenso wie 1957, nicht angenommen werden, daß die Geldkapitalbildung in vollem Umfange eine liquiditätsbedingte Mittelbereitstellung auslöste, da die Geldschwemme dieses Jahres infolge der hohen Devisenankäufe der Bundesbank sich recht gleichmäßig zwischen den einzelnen Wirtschaftsbereichen verteilte.

hb) Einflüsse auf das Wirtschaftswachstum

Die Veränderung der Liquiditätsneigung, d. h. die unterschiedliche Anlage vom Bankensystem bereitgestellter Mittel entweder im Geldvolumen oder als Geldkapital, hat nicht nur Auswirkungen auf den monetären Bereich der Wirtschaft, sondern auch auf den güterseitigen Wachstumsprozeß. Die Liquiditätsneigung in Form der hier zugrundegelegten Beziehungszahl drückt nämlich in einem gewissen Umfang auch jene Größe aus, die man als Sparquote der privaten Haushalte bezeichnet und die die Differenz zwischen Masseneinkommen und Verbrauch als Vomhundert-Satz des Einkommens wiedergibt. Diese private Ersparnisbildung schlägt sich zum großen Teil als Geldkapital im Bankensystem nieder. Allerdings umfaßt dieses Geldkapital auch erhebliche Beträge von Unternehmungen und der Öffentlichen Hand, die u. U. die tendenzielle Entwicklung der privaten Ersparnisbildung nicht klar hervortreten lassen.

Die Bedeutung, aber auch die Problematik von Veränderungen der Liquiditätsneigung und somit die der Sparquote für das Wirtschaftswachstum ist äußerst vielschichtig. Auf der einen Seite wird behauptet: „Eine hohe Sparquote bildet die Voraussetzung für ein schnelles Wachstum des Realeinkommens“ ...; sie „behindert nicht den Fortschritt, sondern bedingt ihn“[33]. Und auf der anderen Seite heißt es: „Ändert sich die Sparquote innerhalb der Kundschaft, der Bank oder in der gesamten Volkswirtschaft, steigt sie z. B., so hört dies Gleichgewicht auf. Es wird plötzlich mehr Kaufkraft sterilisiert, als durch Neuinvestition (Kredit)

[33] *Kraus,* W.: „Wirtschaftswachstum und Gleichgewicht“, Frankfurt a. M., 1955, S. 142 und S. 276 f.

wieder aktiviert wird. Der Umsatz an Konsumgütern geht zurück, wovon ein kumulativer Krisenprozeß ausgehen kann (Arbeitslosigkeit und Absatzstockung)[34].“

Es ist hier nicht der Ort, die Problematik des Sparens abzuhandeln, andererseits aber kann bei der Darstellung des Problems der Liquiditätsneigung und ihrer Einflüsse an der Wachstumsproblematik nicht vorbeigegangen werden. Ausgangspunkt für die hier zu behandelnden Fragen kann die Untersuchung von *Keynes* über die Entwicklung des Sparens im Wachstumsprozeß sein. *Keynes* ist darin zu dem Ergebnis gekommen, daß die einer bestimmten Einkommenserhöhung entsprechende Zunahme der Sparung stets größer sei als die Einkommenserhöhung selbst[35]. Auch in neueren ökonometrischen Untersuchungen ist diese Erkenntnis bestätigt worden[36].

Für den Konjunkturverlauf bedeutet diese Feststellung, daß der Verbrauch relativ — im Verhältnis zum wachsenden Einkommen — zurückgeht. Das hat zur Folge, daß die Nachfrage der Konsumenten bei den Unternehmungen geringer wird und zumindest tendenziell die Gewinne der Gesellschaften und damit die Selbstfinanzierung abnehmen.

In dieser Phase der Entwicklung gibt es theoretisch zwei Möglichkeiten: Entweder die konjunkturelle Entwicklung geht rasch in eine ausgeprägte Mengenkonjunktur über oder aber die Wirtschaft wird in einen kontraktiven Prozeß gezogen. Die Verwirklichung der ersten Möglichkeit ist selten, denn sie setzt eine hohe Preiselastizität voraus, die in der Wirklichkeit kaum vorhanden ist. Nur wenn die Preise in gleichem Umfang zurückgehen, wie die nominelle Nachfrage abnimmt, und nur wenn der reale Ausstoß entsprechend ansteigt sowie das bisherige Investitionstempo beibehalten wird, verläuft das Wirtschaftswachstum ohne Störungen weiter. Aber nicht nur die hohe Preiselastizität, auch die Voraussetzung, daß der reale Ausstoß steigen muß, ist in einer Periode wachsenden realen Konsumverzichts unwahrscheinlich.

Bleibt also nur der kontraktive Prozeß. In der Tat muß man mit ihm rechnen, wenn die Liquiditätsneigung sinkt, d. h. die Sparquote steigt[37]. Wenn die Beobachtung richtig ist, daß mit wachsenden Einkommen die Ersparnisse schneller steigen, dann muß auch der Zeitpunkt erreicht

---

[34] *Rittershausen,* H.: „Bankpolitik“, Frankfurt, 1956, S. 84.

[35] *Keynes,* J. M.: „Allgemeine Theorie der Beschäftigung, des Zinses und des Geldes“, Berlin, 1952, S. 83: „Das grundlegende technische Gesetz, auf das wir uns von vornherein sowohl auf Grund unserer Kenntnis der menschlichen Natur als auch der einzelnen Erfahrungstatsachen mit großer Zuversicht stützen dürfen, ist, daß die Menschen in der Regel und im Durchschnitt geneigt sind, ihren Verbrauch mit der Zunahme in ihren Einkommen zu vermehren, aber nicht in vollem Maße dieser Zunahme.“

[36] *Schneider,* E.: „Einführung in die Wirtschaftstheorie“, Teil 2, Tübingen, 1949, S. 43 ff.

[37] Vgl. *Gestrich,* H.: „Kredit und Sparen“, Godesberg, 1947, S. 145 f.

werden, an dem die Nachfrage praktisch stagniert und die wirtschaftliche Entwicklung in einen Abschwung übergeht. Die tatsächliche Entwicklung nach dem Zweiten Weltkrieg hat nun aber gezeigt, daß die Keynes'sche These der wachsenden Sparquote im Aufschwung nicht uneingeschränkt zutrifft. Das liegt vor allem daran, daß immer stärker für Anschaffungen und weniger für die Altersversorgung zurückgelegt wird. In früheren Jahren mag das anders gewesen sein; damals stand die Alterssicherung im Vordergrund. Über die aus diesem Grunde zurückgelegten Gelder wurde praktisch nie verfügt. Sie bildeten einen wachsenden Grundstock des Geldkapitals. Gerade die Sparung für das Alter verliert aber in der modernen Gesellschaft immer mehr an Gewicht, da der Staat jetzt stärker als früher für die alten Bürger sorgt. Beträge, die von Privaten gespart werden, dienen also in wachsendem Umfang dem Zwecksparen, das dem Konsumenten ermöglichen soll, in eine „höhere Verbraucherstufe" — die der Auslandsreisenden, der Autobesitzer, der Bootseigner usw. — vorzustoßen.

Durch diese Feststellung soll die Gültigkeit der Keynes'schen These, daß die Ersparnisse schneller als die Einkommen steigen, nicht bestritten werden. Aber diese These gilt nur solange, bis die Konsumenten in die höhere Verbraucherstufe vorstoßen. Ist das der Fall, so kann durchaus eine Periode der Entsparung und des kräftigen Wirtschaftswachstums folgen, das erst später wieder mit einer langsam zunehmenden Sparquote — oder durch wirtschaftspolitische Eingriffe — gebremst wird[38]. Obwohl also vieles dafür spricht, daß im Wachstumsprozeß die Sparquote grundsätzlich steigt und kontraktiv wirkt, braucht dieser Prozeß jedoch keinesfalls zur Krise zu führen, sondern kann in unserer modernen Gesellschaft aus sich heraus — von wirtschaftspolitischen Interventionsmöglichkeiten sei hier abgesehen, durch einen neuen Konsumstoß überwunden werden.

Die wirtschaftliche Entwicklung in Deutschland gibt ein anschauliches Bild dieser Zusammenhänge. In Tabelle 11 sind die wichtigsten Indikatoren wiedergegeben, die von der monetären Seite her gesehen den güterseitigen Wirtschaftsprozeß beeinflussen können: die Beziehungszahl der Liquiditätsneigung, die Geldkapitalbildung, gemessen an der Veränderung des gesamten Mittelaufkommens, und die Sparquote der privaten

---

38 Die These einer sich ändernden Sparquote während des Wirtschaftsverlaufs ist ausführlich von *Modigliani*, F.: „Fluctuations in the Saving-Income Ratio: A Problem in Economic Forecasting" in: Studies in Income and Wealth, Vol. 11, Nat. Bureau of Economic Research, New York, 1949, S. 378 ff., behandelt worden. Dort wird darauf hingewiesen (S. 385), daß hauptsächlich zyklische Veränderungen der Einkommensverteilung, die Starrheit überkommener Konsumgewohnheiten und Veränderungen des Beschäftigungsgrades die Ursachen dieser Schwankungen der Sparquote sind. Vgl. ferner: *Duesenberry*, J. S.: „Income, Saving and the Theory of Consumer Behavior", Cambridge, 1949, S. 86 ff. und *Katona*, G.: „Psychological Analysis of Economic Behavior", New York, Toronto, London, 1951, S. 135 ff.

T a b e l l e 11: **Liquiditätsneigung, Ersparnisse und Wirtschaftswachstum**

	1949	1950	1951	1952	1953	1954	1955	1956	1957	1958	1959	1960
Liquiditätsneigung [a]	0,66	0,34	0,53	0,35	0,33	0,37	0,34	0,29	0,09	0,35	0,11	0,30
Geldkapitalbildung in vH der Veränderung des gesamten Mittelaufkommens [b]	60,1	74,8	65,2	73,9	75,1	73,2	74,5	77,6	91,7	74,3	90,2	77,1
Ersparnisse der privaten Haushalte in vH der verfügbaren Nettoeinkommen [c]	3,6	3,7	4,0	5,6	7,1	8,5	7,0	6,3	7,7	7,3	8,7	8,3
Wachstumsrate des Bruttosozialprodukts [d]		21,5	23,0	12,2	7,1	7,1	14,1	10,1	8,1	6,4	8,5	11,3

a) Veränderung des Geldvolumens: Veränderung der Geldkapitalbildung (Vergleiche Pos. 4 und 5 der Tab. 8). — b) Vergleiche Tab. 8. — c) Berechnet unter Zugrundelegung der Gesamtrechnung des Deutschen Instituts für Wirtschaftsforschung, Berlin. Ersparnisse = verfügbare Nettoeinkommen ⁒ privaten Verbrauch. Verfügbare Nettolöhne und -gehälter + Sozialeinkommen (einschließlich freiwillige soziale Aufwendungen) + verteilte Gewinne. — d) *Quellen:* Für 1950: Dt. Institut f. Wirtschaftsforschung, Berlin, für 1951 bis 1957: Statistisches Bundesamt, Wiesbaden, „Wirtschaft und Statistik" H. 5/1958, S. 267 und für 1958 bis 1960 Geschäftsberichte der Deutschen Bundesbank für das Jahr 1959, S. 16 und für das Jahr 1960, S. 13.

Haushalte. Ausgangspunkt ist die Liquiditätsneigung, also die Entscheidung der Nichtbanken, ihr Geld verfügbar oder nicht verfügbar zu halten. Die Entwicklung der Liquiditätsneigung wird widergespiegelt durch den Anteilssatz der Geldkapitalbildung an der Veränderung des gesamten Mittelaufkommens. Die Verbindung zwischen der Geldkapitalbildung und der privaten Sparquote kommt nicht immer klar zum Ausdruck, da öffentliche Kapitalströme und das „Unternehmersparen" das Bild verwischen. Aber gerade in den Jahren bis 1954 führten diese Störungen nur zu einer zeitlichen Verschiebung, tendenziell ist die Parallelbewegung klar erkennbar. Besonders deutlich wird das, wenn man jeweils zwei Jahre zusammenfaßt. In den Jahren 1949/50 betrug z. B. der Durchschnittssatz der Geldkapitalbildung gemessen an der Veränderung des gesamten Mittelaufkommens 67,5 vH, die Sparquote 3,7 vH. In den folgenden zwei Jahren 1951/52 stieg die Rate der Geldkapitalbildung auf 69,5 vH und die Sparquote auf 4,8 vH, und 1953/54 erhöhte sich der Satz der Geldkapitalbildung weiter auf 74,2 vH und dic Sparquote auf 7,8 vII.

Die Tabelle läßt ferner erkennen, daß mit dieser relativen Zunahme der längerfristigen Mittel und der Ersparnis das Wirtschaftswachstum geringer wurde. Es wäre nicht ausgeschlossen gewesen, daß sich dieser Prozeß nach 1954 noch weiter fortgesetzt hätte. Das war aber nicht der Fall. Vielmehr entsparten die Konsumenten in den Jahren 1955 und 1956 recht erheblich: Die Sparquote ging zurück, und das Wirtschaftswachstum belebte sich wieder. In der Geldkapitalbildung und in der Beziehungszahl der Liquiditätsneigung wird dieser Vorgang nicht deutlich, da die Banken in beiden Jahren in größerem Umfange von der Öffentlichen Hand längerfristige Gelder aufnahmen, die das Bild verfälschen. Eliminiert man diese öffentlichen Gelder aus der Geldkapitalbildung und mißt den dann verbleibenden Betrag am gesamten Mittelaufkommen von Wirtschaftsunternehmen und Privaten, so zeigt sich von 1953/54 auf 1955/56 eine deutliche Abnahme des Anteils. Ab 1957 nimmt dann die Sparquote wieder zu, und das Wirtschaftswachstum wird langsamer. Dieser Vorgang kommt auch wieder in dem Anteilssatz der Geldkapitalbildung an der Veränderung des gesamten Mittelaufkommens und in der Beziehungszahl der Liquiditätsneigung zum Ausdruck.

Die erneute konjunkturelle Belebung ab 1959 bis zum Ende des Berichtzeitraums kündigte sich monetär bereits 1958 an, als die Sparquote und die Rate der Geldkapitalbildung zurückgingen. Diese Initialzündung war stark genug, die bremsenden Auswirkungen zeitweise steigender Sparquote und steigender Rate der Geldkapitalbildung (1959) mehr als zu kompensieren. Im Jahre 1960 erhielt der Aufschwung von dem erneuten Rückgang der Sparquote wieder neue Impulse.

Es sind also nicht nur monetäre Entwicklungstendenzen, die mit dieser Analyse beleuchtet werden können, sondern auch der güterseitige Wachstumsprozeß selbst. Der besondere Wert einer solchen monetären Analyse liegt darin, daß die Ergebnisse schneller vorliegen als die der volkswirtschaftlichen Gesamtrechnung und daher schon frühzeitig Schlüsse auf die gesamte Wirtschaftsentwicklung zulassen.

Anhang

Die Bedeutung der Fristen bei der Geldversorgung

1. Der ideale Finanzierungsverlauf und die Wirklichkeit

Die im voranstehenden Hauptteil vorgenommene Betrachtung geldtheoretischer Probleme in einem geschlossenen Geldkreislauf beschränkte sich in erster Linie auf die quantitativen Fragen einer dem Wirtschaftswachstum angemessenen Geldversorgung. Dabei kamen die qualitativen Geldprobleme nicht zur Sprache; das soll hier nachgeholt werden. Um was es sich bei den qualitativen Geldproblemen handelt, wird von E. *Schmalenbach* besonders deutlich gesagt[1]. Er leitet das Kapitel „Unterschied der Kreditfristen" mit den Worten ein: „Auf Seite der Kapitalgeber besteht ein großer Drang zur kurzfristigen Kapitalanlage" und fügt später hinzu: „Nun sind aber auf der Seite der Kapitalnehmer die Verhältnisse ganz anders." Das Problem besteht also in einer wachsenden Wirtschaft darin, daß für die notwendigen Investitionen langfristige Mittel nachgefragt werden, das Bankensystem aber — obwohl es rein quantitativ diese Nachfrage befriedigen könnte — nicht über die ausreichenden Bestände entsprechend lange festgelegter Gelder verfügt. Die Kreditinstitute können also oft nicht, auch nicht bei quantitativ ausreichendem Mittelaufkommen, die langfristigen Kreditwünsche ihrer Kunden erfüllen, wenn sie nicht Gefahr laufen wollen, ihre aktuelle und potentielle Liquidität[2] zu gefährden. Da die stetige Zahlungsbereitschaft der Kreditinstitute im Vordergrund aller Überlegungen im Kreditwesen steht, wurde zur Abwendung einer solchen Gefahr die Regel aufgestellt, daß die Kreditfristen, die die Banken gewähren, den Fristen ihrer Einlagen entsprechen sollten („Goldene Bankregel")[3]. In einem solchen Ideal-

[1] *Schmalenbach,* E.: „Kapital, Kredit und Zins", Köln und Opladen, 1951, S. 114 und 116.

[2] *Veit,* O.: „Volkswirtschaftliche Theorie der Liquidität", Frankfurt a. M., 1948, S. 69: „Die aktuelle Liquidität einer Bank ist die Bereitschaft zu laufenden Zahlungen in Zentralbankgeld auf Grund der täglichen Eingänge und Ausgänge. Demgegenüber betrifft die potentielle Liquidität die Fähigkeit der Bank zu außergewöhnlichen Zahlungen, die irgendwann gefordert werden können."

[3] *Veit,* O.: „Volkswirtschaftliche Theorie der Liquidität", Frankfurt a. M., 1948, S. 73: „Sie besagt, daß alle Aktiven hinsichtlich der Möglichkeit einer Umwandlung in Zentralbankgeld entsprechend den aus dem Chrakter der Passiven erwartbaren Zahlungsforderungen gewählt sein sollen. Hinter der

fall werden die für eine wirtschaftliche Belebung notwendigen Investitionen durch langfristige Mittel finanziert. Unter Zugrundelegung der Möglichkeiten, die in der Wirtschaft den Unternehmungen offenstehen, — Kapitalmarkt und Bankkredit — ergeben sich drei Wege:

a) Der Investor wendet sich an den Kapitalmarkt und nimmt Geld durch Emission von Wertpapieren auf. Durch diese Form der Investitionsfinanzierung ist die Schuld konsolidiert, d. h. das zur Verfügung gestellte Geld kann vor Beendigung der vorgesehenen Laufzeit der Wertpapiere nicht zurückverlangt werden. Dabei ist es notwendig, daß der Investor das Vertrauen der Sparer besitzt, was im allgemeinen nur größere, am Kapitalmarkt gut eingeführte Unternehmen besitzen. Ferner setzt diese Form der Investitionsfinanzierung voraus, daß zu Beginn der wirtschaftlichen Belebung genügend Sparkapital vorhanden ist, das in Wertpapieren angelegt werden kann. Die Kreditinstitute fungieren in der Regel hierbei nur als Vermittler.

b) Auch im zweiten Fall wird die Investition durch Kapitalmarktmittel finanziert. Der Unterschied gegenüber a) besteht nur darin, daß sich nicht ein einzelnes Unternehmen an den Kapitalmarkt wendet, sondern daß Banken (Realkreditinstitute) durch Ausgabe eigener Schuldverschreibungen Gelder aufnehmen und sie an Nichtbanken als langfristige Kredite weitergeben. Dadurch erhalten auch Gesellschaften, die nicht selbst an den Kapitalmarkt herantreten können, die Möglichkeit, ihre Investitionen mit „konsolidiertem Geld" zu finanzieren. Die Kreditinstitute haben damit durch ihren größeren „good will" die Rolle der Emittenten übernommen und sich aktiv in den Kapitalmarkt eingeschaltet. Auch hier ist Wertpapiersparen Voraussetzung[4].

c) Sofern die Vorbedingungen für ein Wertpapiersparen nicht gegeben sind, müssen die Investitionen durch andere langfristige Mittel, Einlagen oder aufgenommene Gelder, finanziert werden. Bei dieser Form der Finanzierung kann nicht mehr von einer Konsolidierung gesprochen werden, da die Kreditinstitute nicht immer die Gewähr besitzen, daß die Einlagen, die sie zur langfristigen Kreditgewährung benutzt haben, über die gesamte Kreditlaufzeit verfügbar sind. Um die Liquidität zu sichern, kann daher auch nur ein Teil dieser Mittel langfristig ausgelie-

---

simplen Fassade dieser Regel verbergen sich die schwierigsten bankpolitischen Urteilsprobleme."

Vgl. auch die Darstellung der Geschichte der „Goldenen Bankregel" bei *Stucken,* R.: „Geld und Kredit", Tübingen, 1957, S. 106 f.

[4] Die größte Bedeutung hat diese Finanzierungsform für die Bauwirtschaft, die von Hypothekenbanken und Pfandbriefanstalten gepflegt wird. Entsprechende Spezialkreditinstitute für die gewerbliche Wirtschaft — wie die früher in Deutschland bestehende Deutsche Industriebank, ursprünglich Bank für deutsche Industrieobligationen — sind nach dem Kriege bis Ende 1960 noch nicht wieder entstanden.

hen werden[5]. Ein großer Teil der von den Nichtbanken ersparten Geldbeträge geht bei dieser Form der Investitionsfinanzierung für langfristige Ausleihungen „verloren".

Nur bei Verwendung langfristig aufgenommener Mittel ist die Garantie für die Übereinstimmung der Zeiträume der Zurverfügungstellung des Geldes mit dem der Mittelbereitstellung gegeben. Die Hergabe solcher Mittel ist jedoch im allgemeinen mit einem bestimmten Verwendungswunsch verbunden. Aufgenommene Mittel sind daher für die Banken meist ein zweckbestimmtes, längerfristiges Mittelaufkommen, wodurch es an Bedeutung für die allgemeine langfristige Finanzierung verliert. Kann der Kapitalmarkt den Bedarf an langfristigen Mitteln nicht decken, so gewinnt die Investitionsfinanzierung mit Hilfe von Einlagen und aufgenommenen langfristigen Mitteln an Bedeutung.

Die genannten drei Fälle langfristiger Finanzierung schließen grundsätzlich auch den mittelfristigen Geldbedarf für Betriebsmittel — soweit er nicht aus eigenen Mitteln der Unternehmungen gedeckt werden kann — mit ein.

Das Problem der Fristigkeiten ist in erster Linie ein Problem des Kapitalmarktes. Die Kreditbanken[6], also die außerhalb des Kapitalmarktes tätigen Geldinstitute, sollten eigentlich von dem Problem der Fristen unberührt bleiben, da ihnen, entsprechend der Organisation des Kreditwesens in Deutschland, grundsätzlich nur die kurzfristige Finanzierung der Umsatztätigkeit der Wirtschaft obliegt. Hierzu können alle von Nichtbanken zur Verfügung gestellten Mittel verwendet werden.

In der Wirklichkeit weichen die Finanzierungsvorgänge jedoch erheblich von dem idealen Schema ab, und das hat auch seinen berechtigten Grund: Zusätzliche Investitionen können grundsätzlich nicht sofort mit fristgerechten Mitteln finanziert werden. Denn selbst bei günstigster Konstellation werden nur die bereits durchgeführten Investitionen konsolidiert werden können, nicht dagegen auch die in Angriff genommenen. Hierzu folgendes Beispiel: Von der gesamten Aktivseite der Banken (100) wurden 12 in bar gehalten, 58 kurzfristig zur Finanzierung der Umsätze in der Wirtschaft und 30 langfristig zur Investitionsfinanzierung ausgeliehen.

---

[5] Nach der im Bundesgebiet geltenden Sparkassenordnung (Verordnung über die Verwaltung und den Betrieb der Sparkassen vom 6. 12. 1956 — Bayer. GVBl. S. 32 — § 38) haben die Sparkassen 30 vH der Spareinlagen und 50 vH der sonstigen Einlagen in flüssigen Werten anzulegen.

[6] Nach der Definition der Deutschen Bundesbank zählen zu den Kreditbanken die Großbanken, Staats-, Regional- und Lokalbanken, Privatbankiers und die Spezial-, Haus- und Branchebanken. Daneben werden unterschieden: Sparkassen, Girozentralen, Zentralkassen, Kreditgenossenschaften, Hypothekenbanken, öffentlich-rechtliche Grundkreditanstalten, Kreditinstitute mit Sonderaufgaben und Teilzahlungskreditinstitute. Postscheckämter und Postsparkassen werden zusammen mit den eben genannten Kreditinstituten unter dem Oberbegriff „Geldinstitute" zusammengefaßt.

Diesem Finanzierungsvorgang sollen auf den Passivseiten der Banken 30 langfristige und 70 kurzfristige Mittel gegenüberstehen. Die Fristen stimmen also überein. Bei einer Bardeckung der Einlagen von 10 vH bestehen in dem angenommenen Fall Überschußreserven in Höhe von 2. Die Wirtschaft soll nun für weitere Investitionen zusätzliche langfristige Kredite in Höhe von 10 nachfragen. Da kein langfristiges Mittelaufkommen vorhanden ist, greift das kreditgewährende Institut auf seine Überschußreserve zurück (2) und refinanziert sich bei der Notenbank (8)[7]. Erst in dem Augenblick, in dem die Kreditinstitute die 10 an die Investoren langfristig ausleihen, entsteht simultan auf der Passivseite ein gleich hohes Mittelaufkommen, von dem allerdings keinesfalls feststeht, ob es sich dabei um kurzfristige oder langfristige Einlagen handelt. Nur wenn sie langfristig sind, stimmen die Fristen überein, und die Investition ist „konsolidiert". Das ist jedoch meist nicht in vollem Umfange gegeben[8].

In den meisten Fällen wird also die goldene Bankregel durchbrochen. Je stärker dabei die Aufschwungkräfte der Wirtschaft sind, um so mehr müssen die Banken von ihr abweichen. Desto größer wird dann aber auch ihr Wunsch nach erhöhter Sicherung der Ausleihungen sein. Da zum Zeitpunkt der Mittelbereitstellung die Investitionen selbst als Sicherheit noch nicht in Betracht kommen, wird bei zunehmendem Sicherheitsbedürfnis der Banken ein Punkt erreicht, an dem die Kreditgewährung eingeschränkt wird, wodurch das Wirtschaftswachstum gehemmt werden kann[9]. Bei zu starkem nominellen Wachstumstempo muß notfalls die Zentralbank durch Kreditrestriktionen stoppen.

Die Finanzierung von Investitionen mit Geldern, die nicht der Fristigkeit der Mittelbereitstellung entsprechen, wird jedoch im allgemeinen nur den Charakter einer Vorfinanzierung haben. Die Konsolidierung tritt später meist automatisch ein, sei es auf dem Wege der Selbstfinan-

---

[7] Die Banken brauchten sich grundsätzlich nicht zu refinanzieren, sofern sie den Kredit nicht sofort in voller Höhe gewähren, sondern nur 2 ausleihen. Diese 2 schlagen sich — eventuell vermindert um den Betrag erhöhter Kassenhaltung und zusätzlicher Mindestreserven — wieder als Überschußreserve nieder. Nach mehrmaligen Ausleihungen zwischen 1 und 2 wäre die Kreditnachfrage auch ohne Refinanzierung gedeckt. Über den Kreditspielraum und seine Erweiterung durch Refinanzierung vgl. E. *Schneider:* „Einführung in die Wirtschaftstheorie", Teil III, Tübingen, 1952, S. 33 ff.

[8] *Gestrich,* Hans: „Kredit und Sparen", 2. Auflage, Godesberg, 1947, S. 45: „Da aber, wie die moderne Theorie erwiesen hat, zwischen der Gewährung von Kredit und dem Verzicht des Sparers, einen Teil seines Geldeinkommens zur unmittelbaren Güternachfrage zu verwenden, kein direkter Zusammenhang besteht, können sich hier langandauernde Gleichgewichtsstörungen ergeben."

[9] *Stucken,* R.: „Geld und Kredit", Tübingen, 1957, S. 111, weist darauf hin, „daß mangels Ausübung der Fristverlängerungsfunktion der Banken große Beträge auf Bankkonten stillgelegt werden, ohne daß kompensatorische Kredite genommen und gegeben werden. Soviel Sicherheit zu verlangen, hieße vor Angst vor dem Tode Selbstmord zu begehen."

zierung oder sei es, daß im weiteren Verlauf mit anhaltend zunehmender Mittelbereitstellung ein Teil dieses ausgeliehenen Geldes längerfristig festgelegt und dann zur Konsolidierung verwendet wird. Selbst wenn es zu einer echten Konsolidierung nicht kommt, werden aber doch meist Teile des Mittelaufkommens aus langfristigen Geldern bestehen. Es zeigt sich immer wieder, daß die Banken, wenn Wünsche nach längerfristigen Ausleihungen an sie herangetragen werden, auf diesen Automatismus vertrauen, der ihre infolge langfristiger Bindung der ausgeliehenen Gelder stark angespannte Liquiditätsposition wieder verbessert. In diesem dem Bankensystem immanenten Automatismus eines wachsenden längerfristigen Mittelaufkommens bei vorangegangener erhöhter Mittelbereitstellung liegt die Rechtfertigung für die kurzfristige Vorfinanzierung von Investitionen. Es würde sicher zu weit führen, wollte man jede einzelne Bank dazu anhalten, sich zu vergewissern, daß der von ihr mit kurzfristigen Mitteln längerfristig gewährte Kredit später auch konsolidiert wird[10]. Eine solche „Sicherung" würde wahrscheinlich die Vorfinanzierung von Investitionen erheblich erschweren.

Diese Form der Investitionsfinanzierung mit kurzfristigen Mitteln, d.h. die Transformation kurzfristiger Gelder in ihrem Charakter nach langfristige Mittel, ist eine Notwendigkeit unserer modernen Wirtschaft, ohne die das Bankensystem nicht mehr auskommt. Man mag noch dagegen einwenden, daß die kurzfristigen Mittel u. U. abgezogen werden könnten, ähnlich wie das 1930 der Fall war, und die Banken dann in Schwierigkeiten kommen würden, da ein Teil der kurzfristigen Gelder langfristig ausgeliehen wurde. *Schmalenbach* kommt gerade bei diesem Problem zu dem Ergebnis[11]: „Aber diese Mißerfolge berechtigen nicht zu dem Urteil, daß das Transformationsgeschäft an sich ungesund sei." Diese Schwierigkeiten befreien die Kreditinstitute keinesfalls von ihrer volkswirtschaftlich so wichtigen Aufgabe, Geld in einem dem Wachstumsprozeß angepaßten Umfang und mit den dafür notwendigen Fristen der Wirtschaft bereitzustellen. Bei Auftreten unvorhersehbarer Schwierigkeiten sollte die Notenbank helfend einspringen[12].

---

[10] *Rittershausen,* H.: „Bankpolitik", Frankfurt a. M., 1956, S. 84 f.: „Die Bank darf vielmehr einen solchen Schritt nur tun, wenn sie die hochprozentige Sicherheit dafür gegeben sieht, derartige Kurzkredite zu Investitionszwecken eines Tages in Börsenpapiere umzuwandeln, die ihr Schuldner ausgibt (Obligationen oder Aktien), und die sie an die Anleger einige Monate vorher oder später verkauft, nachdem die aus dem anfänglichen verstärkten Sparprozeß hervorgegangenen Geldstillegungen nach langfristiger Anlage suchen."

[11] *Schmalenbach,* E.: „Kapital, Kredit und Zins", Köln und Opladen, 1951, S. 147.

[12] *Stucken,* R.: „Geld und Kredit", Tübingen, 1957, S. 111: „Zur Erfüllung dieser Fristigkeitsverlängerungsfunktion bedürfen die Kreditbanken dann allerdings notfalls eines Rückhalts bei der Notenbank."

2. Investitionsfinanzierung in Deutschland fast ohne Kapitalmarktmittel

Die Entwicklung in Deutschland — und, wie ein Blick auf die ausländischen Statistiken zeigt, nicht nur hier — weicht erheblich von den beiden aufgezeigten Finanzierungswegen ab. In Deutschland kann man weder davon sprechen, daß die Finanzierung über den Kapitalmarkt, also die Konsolidierung der vorgenommenen Investitionen, stets von entscheidender Bedeutung gewesen ist, noch wäre es richtig zu behaupten, die Kreditinstitute hätten mangels ausreichender Kapitalmarktmittel und eines langfristigen Mittelaufkommens die Hauptlast der Investititionsfinanzierung zu tragen gehabt.

Die Antwort auf die Frage, wer denn nun eigentlich die nicht geringen Investitionen seit der Währungsreform in erster Linie finanziert hat, muß lauten: Der Konsument, und zwar ohne daß ihm dadurch — wie beispielweise bei der Finanzierung über den Kapitalmarkt — Vermögen oder Vermögensrechte zugewachsen wären. Bei der bisherigen Erörterung der Frage der Investitionsfinanzierung ging es ja ausschließlich darum, welche Rückwirkungen ein zu geringes Kapitalmarktaufkommen auf die Banken, insbesondere unter dem Gesichtspunkt der Fristen, hat. Unberücksichtigt blieb, daß der größte Teil der Investitionen nach dem Zweiten Weltkrieg ohne Kapitalmarkt und ohne Banken finanziert wurde. Wichtigste Finanzierungsquelle war in den vergangenen Jahren die sogenannte Selbstfinanzierung der Unternehmungen und die Investitionsfinanzierung durch die Öffentliche Hand[13]. Von 1949 bis 1960 flossen nicht weniger als ungefähr zwei Drittel der für Investitionen benötigten Mittel über diese Kanäle. Das ökonomische Problem der Konsolidierung wurde auf diesen Wegen gelöst. Bei dieser Form der Investitionsfinanzierung entstanden keine Spannungen bei den Fristen und auch keine Schulden, die sich drückend auf die Geschäftstätigkeit hätten auswirken können. Dafür ist dieser Weg der Selbstfinanzierung und der öffentlichen Finanzierung sozialpolitisch wenig befriedigend. Denn die privaten Haushalte, die Konsumenten, stellen zwar die Mittel über hohe Preise und Steuern zur Verfügung, das Sachvermögen wächst aber als Eigentum den Unternehmungen und der Öffentlichen Hand zu. Der Prozeß der Kapitalkonzentration wird dadurch beschleunigt. Wünschenswert wäre es, daß mindestens der größere Teil der Finanzierungsmittel über den Kapitalmarkt geleitet würde, um eine breitere Eigentumstreuung zu ermöglichen.

Jene Bereiche, die im Rahmen dieser Arbeit besonders interessieren, der Kapitalmarkt und die Banken, brachten also nur ein Drittel aller Finanzierungsmittel für Investitionen auf. Kapitalmarktmittel waren

[13] Vgl. hierzu *Thiess*, Erich: „Kurz- und mittelfristige Finanzierung“, Wiesbaden, 1958, S. 11 ff.

hieran mit 16 vH, sonstige nicht konsolidierte Mittel, von den Kreditinstituten bereitgestellt, mit 15 vH beteiligt. Allerdings ist der absolute Betrag, der dem Satz von 15 vH entspricht, mit 47,9 Mrd. DM recht umfangreich. Das sind 35 vH der Ende 1960 bei den Kreditinstituten ausstehenden Kredite gegenüber Nichtbanken. In den einzelnen Jahren konnten die Banken keinesfalls immer die Nachfrage nach langfristigen Krediten aus vorhandenen längerfristigen Mitteln decken und mußten in diesen Fällen — das war insbesondere in den ersten beiden Jahren nach der Währungsreform der Fall — mit kurzfristigen Krediten aushelfen, die wiederholt prolongiert wurden.

Der Kapitalmarkt hat sich von dem Niedergang im Kriege nur sehr langsam erholt. Realkreditinstitute und ähnliche Banken waren die ersten, die auf dem Kapitalmarkt in der Nachkriegszeit Fuß faßten. Der Absatz von festverzinslichen Wertpapieren hielt sich jedoch in bescheidenem Rahmen, da neben dem Mangel an Kapitalmarktmitteln der Absatz der Schuldverschreibungen infolge zu niedriger Zinssätze der Papiere, also nicht marktgerechter Ausstattung, erschwert wurde. Für die Realkreditinstitute hat sich die Zinsfestsetzung ihrer Schuldverschreibungen nicht allein nach dem Angebot an langfristigem Kapital, sondern auch nach der Nachfrage nach Krediten zu richten. Diese Nachfrage jedoch setzte der Zinsausstattung eine Grenze, die sich nach der vor allem für den Wohnungsbau noch tragbaren Zinsbelastung bei größtenteils gestopptem Mietenniveau bestimmte. Diesem Tatbestand Rechnung tragend, boten die Realkreditinstitute und ähnliche Banken in den ersten Jahren nach der Währungsreform ihrer Kundschaft 5prozentige Pfandbriefe und Kommunalobligationen mit einem Ausgabekurs von 98 an. Diese Dotierung, die nicht den damaligen Marktverhältnissen entsprach, barg die Gefahr der Verringerung des Kursniveaus dieser Papiere und damit von Verlusten für die Zeichner in sich, die ihre Papiere vor Ende der Laufzeit verkaufen wollten. Die privaten Haushalte wurden daher von der Zeichnung solcher Papiere abgehalten und wählten, soweit es ihnen möglich war, die liquidere Anlage in Spareinlagen.

Ende 1952 begünstigte der Gesetzgeber in Deutschland den Erwerb von Wertpapieren steuerlich und ließ den Zinsertrag aus solchen Wertpapieren steuerfrei[14]. Infolge dieser Steuervorteile ergaben sich Real-

---

[14] Vgl. 1. Gesetz zur Förderung des Kapitalmarktes vom 15. 12. 1952 (BGBl. I 1952, S. 793 ff.). Das Gesetz wurde Bestandteil des Einkommensteuergesetzes 1953 (BGBl. I 1953, S. 1355). Der Sinn des Kapitalmarktförderungsgesetzes war es, durch Steuerersparnisse, also durch finanzielle „Zuschüsse", die Anlage in Kapitalmarkttiteln anzuregen. Mit Einführung einer steuerlichen Kapitalmarktförderung wurde ferner der bis dahin gültige Dividendenstop aufgehoben (Gesetz zur Aufhebung der Dividenden-Abgabeverordnung, BGBl. I 1952, S. 801). Außerdem: *Stucken*, R.: „Deutsche Geld- und Kreditpolitik 1914—1953", 2. Aufl., Tübingen, 1953, S. 237 ff.

zinsen, die nicht nur weit über den vor der Steuergesetzgebung zur Förderung des Kapitalmarktes erzielbaren lagen, sondern bei Einkommensempfängern mit hoher Steuerprogression — die in erster Linie für eine Zeichnung in Frage kamen — sogar die der Marktlage entsprechenden Sätze überstiegen. Die Nachfrage nach solchen steuerbegünstigten Papieren war daher auch besonders groß und führte 1953 und 1954 zu beträchtlichen Steigerungen des Absatzes an Schuldverschreibungen der Kreditinstitute. Erst nachdem die Sparkapitalbildung größere Fortschritte gemacht hatte und das Zinsniveau vor allem infolge der Verflüssigung des Geldmarktes im Zusammenhang mit den Außenhandelsüberschüssen Westdeutschlands von 1951 bis in das Jahr 1955 hinein sich ermäßigte, wurden die Steuerbegünstigungen mit Ablauf des Jahres 1954 aufgehoben[15]. Der Absatz von Bankschuldverschreibungen, der ja in erster Linie von den Kapitalmarktförderungsgesetzen profitiert hatte, ging 1955 und 1956 zurück, was aber nicht nur mit den Steuergesetzen, sondern auch mit der in diesen Jahren von der Deutschen Bundesbank betriebenen restriktiven Kreditpolitik zusammenhing, die durch Zinserhöhungen die Finanzierung insbesondere des Wohnungsbaues erschwerte.

Die Placierung öffentlicher Anleihen nach der Währungsreform bis 1952 war, hauptsächlich infolge des Mangels an Kapitalangebot, verhältnismäßig gering. Die Emission von 0,4 Mrd. DM im Jahre 1949, die im Verhältnis zu den folgenden Jahren relativ hoch erscheint, enthielt eine größere Summe an Papieren, die von der Öffentlichen Hand selbst gezeichnet worden sein dürften (wie z. B. die Emissionen der Bundesbahn). Der Bund hat dagegen erst 1952 nach Verabschiedung des Kapitalmarktförderungsgesetzes eine Anleihe emittiert. Diese Ende 1952 aufgelegte steuerbegünstigte Bundesanleihe von 0,50 Mrd. DM wurde allerdings erst 1953 abgesetzt. Weitere Anleihen des Bundes wurden erst 1959 und 1960 emittiert. Darüber hinaus beschränkte sich die öffentliche Emissionstätigkeit auf die Ausgabe von kleineren Anleihen einzelner Bundesländer, des Lastenausgleichsfonds, der Bundesbahn und der Bundespost. Insgesamt blieb in allen Jahren die Emissionstätigkeit relativ gering, was nicht zuletzt darauf zurückzuführen war, daß der Bund vor allem ab 1952 erhebliche Einnahmeüberschüsse bildete und daher nicht auch noch Kapitalmarkttitel aufzunehmen brauchte.

Die Aufnahme von Kapitalmarktmitteln durch die Industrie mit Hilfe von Industrieobligationen stieß in den ersten Jahren nach der Währungsreform auf ähnliche Schwierigkeiten wie der Absatz von Pfandbriefen

---

[15] Vgl. Gesetz zur Neuordnung von Steuern vom 16. 12. 1954 (BGBl. I 1954, S. 373). Die im Kapitalmarktförderungsgesetz enthaltenen steuerlichen Vergünstigungen bei dem Erwerb und der Verzinsung von Wertpapieren wurden durch dieses Gesetz auf Emissionen beschränkt, die vor dem 1. 1. 1955 genehmigt waren.

und Kommunalobligationen. Die Ausstattung der Industrieobligationen war zwar mit 6½ vH günstiger als die der mündelsicheren Bankschuldverschreibungen; die höhere Verzinsung bot aber keinen besonderen Anreiz für die Zeichnung solcher Papiere. Auch hier bestand die Gefahr von Kursverlusten, die den Erwerb dieser Wertpapiere uninteressant machte, jedenfalls soweit der Wunsch der privaten Haushalte nach liquider Anlage bestand, d. h. in diesem Fall der Wunsch, die Wertpapiere noch vor Ende der Laufzeit zumindest ohne Verlust zu veräußern. Die im Jahre 1949 emittierten Industrieobligationen in Höhe von 0,14 Mrd. DM wurden fast ausschließlich von öffentlich-rechtlichen Unternehmen (Elektrizitätswerken) aufgelegt und fanden überwiegend bei der Öffentlichen Hand Absatz. Auch in den folgenden Jahren blieb der Absatz gering.

Die Steuergesetzgebung Ende 1952 brachte für die Emission von Industrieobligationen mehr Nachteile als Vorteile. Steuerfrei blieben nur Zinserträge von Wertpapieren, die vor Erlaß des Gesetzes emittiert waren und deren Zinsen auf 5,5 vH herunterkonvertiert wurden. Wollte die Industrie, nachdem das Gesetz in Kraft war, mit den steuerfreien Schuldverschreibungen der Kreditinstitute und den Anleihen der Öffentlichen Hand konkurrieren, mußte sie die Ausstattung ihrer Obligationen den Realzinsen der steuerbegünstigten Papiere anpassen. Die Zinssätze von Industrieobligationen betrugen daher in dieser Zeit bis 8 vH[16], bei steuerfreien Schuldverschreibungen dagegen 5 vH. Die Ausstattung der Industrieobligationen lag aber trotzdem immer noch in vielen Fällen unter den Realzinsen der steuerbegünstigten Wertpapiere. Für die Industrie wurde dadurch die Mittelbeschaffung am Kapitalmarkt durch Ausgabe von Industrieobligationen unwirtschaftlich. Erst die Aufhebung der Steuerbegünstigungen für Schuldverschreibungen und öffentliche Anleihen Ende 1954 gestattete der Industrie, sich zu günstigeren Bedingungen an den Kapitalmarkt zu wenden.

Auch der zweite Weg, auf dem sich die Industrie Mittel zur Konsolidierung ihrer Investitionen beschaffen kann, die Aktienausgabe, hatte bis 1954 nur eine geringe Bedeutung. Bis 1953 lag das Kursniveau der Aktien unter Pari[17], so daß sich Kapitalerhöhungen von selbst verboten. Später wurden Kapitalerhöhungen dadurch gehemmt, daß man die auf das Kapital gezahlten Dividenden stärker besteuerte. Mit der Ende 1954 durchgeführten großen Steuerreform sind diese Hemmnisse teil-

[16] Die sich ab 1951 in Westdeutschland zeigende sinkende Zinstendenz kam dem freien Kapitalmarkt angesichts der durch steuerliche Vorteile hochgehaltenen Renditen begünstigter Wertpapiere nicht zugute. Nachdem der Diskontsatz bereits von 6 % auf 3 % vermindert war, wurden erst 1954 7½ prozentige Industrieobligationen aufgelegt.

[17] Der Kursdurchschnitt der Aktien betrug in Westdeutschland (vgl. Monatsberichte der Bank deutscher Länder) für das zweite Halbjahr 1948: 26,1 vH, für das Jahr 1949: 30,4 vH, für 1950: 52,1 vH, für 1951: 73,8 vH, für 1952: 93,9 vH, für 1953: 88,0 vH und für das Jahr 1954: 125,1 vH.

Tabelle: 12: **Die Finanzierung der Nettoinvestition in Deutschland**

	1949	1950	1951	1952	1953	1954	1955	1956	1957	1958	1959	1960	1949—1960
	Beträge in Mrd. DM												
1. Selbstfinanzierung[a)]	5,4	6,5	9,8	9,1	6,4	6,5	13,3	13,5	14,9	15,1	15,8	18,7	135,0
2. Kapitalmarktmittel	0,8	0,7	0,9	1,8	3,0	4,7	4,8	4,4	5,7	8,5	9,6	6,2	51,1
von Kreditinstituten aufgenommen[b)]	0,3	0,4	0,6	1,1	1,7	3,3	2,7	1,7	2,5	4,1	5,7	3,5	27,6
von der Wirtschaft aufgenommen[c)]	0,1	0,1	0,2	0,3	0,5	0,8	1,5	2,4	2,5	2,7	2,0	1,5	14,6
von der öffentlichen Hand aufgenommen[d)]	0,4	0,2	0,1	0,4	0,8	0,6	0,6	0,3	0,7	1,7	1,9	1,2	8,9
3. Öffentliche Mittel[e)]	3,2	2,0	4,3	5,3	5,6	6,3	7,6	8,1	8,1	7,0	8,9	10,2	76,6
4. Sonstige nicht konsolidierte Verschuldung[f)]	2,2	2,9	0,5	1,1	2,3	2,4	4,0	3,1	2,4	3,3	7,1	15,8	47,9
5. Nettoinvestitionen	11,6	12,1	15,5	17,3	17,3	19,9	29,7	29,9	31,1	33,9	41,4	50,9	310,6
darunter Lagerbildung	2,0	3,7	5,2	5,1	2,1	1,7	5,3	2,6	3,3	3,4	4,5	6,3	45,2
	Anteile in vH der Nettoinvestition												
1. Selbstfinanzierung	46	54	63	53	37	33	45	45	48	44	38	37	44
2. Kapitalmarktmittel	7	6	6	10	17	23	16	15	18	25	23	12	16
3. Öffentliche Mittel	28	16	28	31	33	32	26	27	26	21	22	20	25
4. Sonstige nicht konsolidierte Verschuldung	19	24	3	6	13	12	13	13	8	10	17	31	15

Quellen: Für Pos. 1, 3 und 5 Deutsches Institut für Wirtschaftsforschung, Berlin. Für Pos. 2 Bank deutscher Länder und Deutsche Bundesbank.

a) Nicht entnommene Gewinne (einschließlich 50 vH der freiwilligen sozialen Leistungen der Unternehmungen). — b) Bankschuldverschreibungen. — c) Industrieobligationen und Kapitalerhöhungen. — d) Öffentliche Anleihen. — e) Von 1949 bis 1957: Investitionsausgaben der Öffentlichen Hand minus Erlös aus öffentlichen Anleihen. Von 1958 bis 1960: Beitrag der Öffentlichen Hand zur Nettofinanzierung der Vermögensbildung. — f) Als Rest ermittelt. Insbesondere Kredite, die nicht aus Kapitalmarktmitteln vergeben wurden.

weise beseitigt worden[18]. Dementsprechend haben auch in den Jahren 1955 bis 1957 die Kapitalerhöhungen zugenommen. Im Herbst 1958 ist die steuerliche Belastung ausgeschütteter Gewinne weiter gemildert worden, so daß ein Anreiz für weitere Kapitalerhöhungen bestehen blieb.

Die unterschiedliche Entwicklung der für die Nettoinvestition in Deutschland bereitstehenden Finanzierungsströme ist aus der Tabelle 12 zu entnehmen. Auch in dieser Zusammenstellung heben sich die hier schon verschiedentlich skizzierten Konjunkturphasen deutlich ab. In den ersten Jahren nach der Währungsreform bis 1952, als die Aufwärtsbewegung recht stürmisch war und für die notwendigen Investitionen keine Kapitalmarktmittel zur Verfügung standen, dominierte eindeutig die Selbstfinanzierung. In den Jahren 1949 und 1950 hatte auch die nichtkonsolidierte Verschuldung, also die nicht fristgerechte Mittelbereitstellung der Banken, eine große Bedeutung. In den beiden Jahren 1953 und 1954 ging dann die Selbstfinanzierung zurück, und neben den öffentlichen Mitteln erlangte erstmals der Kapitalmarkt — wenn auch vor allem nur für die Bauinvestitionen — stärkeres Gewicht. Danach stieg die Selbstfinanzierungsquote zwar wieder an, verharrte dann aber auch ohne größere Schwankungen auf dem erreichten Niveau. Demgegenüber ging der Anteil der öffentlichen Mittel etwas zurück. Die Bedeutung des Kapitalmarktes für die Investitionsfinanzierung, die auch nach Aufhebung des Kapitalmarktförderungsgesetzes Ende 1954 in den beiden folgenden Jahren noch gering blieb, nahm insbesondere 1958 und 1959 zu. Mit dieser Kräftigung des Kapitalmarktes verlor die nicht fristgerechte Vorfinanzierung an Gewicht. Dies gilt jedenfalls bis 1958. Als in den Jahren 1959 und 1960 der Anteil der Selbstfinanzierung und 1960 auch noch der Anteil der Kapitalmarktmittel zurückgingen, mußte der notwendige Finanzbedarf zur Finanzierung der Nettoinvestitionen in verstärktem Umfange durch nichtkonsolidierte Mittel, also hauptsächlich durch Bankkredite, aufgebracht werden.

3. Das Problem der Fristen im Konjunkturverlauf

In den bisherigen Ausführungen über die Notwendigkeit einer Fristenverlängerung *(Stucken)* bzw. einer Transformation *(Schmalenbach)* war davon die Rede, daß die Banken den längerfristigen Kreditbedarf der Wirtschaft auch dann decken müßten, wenn ihnen kein „fristgerechtes“ Mittelaufkommen zur Verfügung steht. Ausgangspunkt dieser Betrachtungen war die Feststellung *Schmalenbachs*, daß auf seiten der Kreditgeber ein großer Drang zur kurzfristigen Kapitalanlage bestünde,

[18] Vgl. hierzu auch Berliner Bank: „Die Krankheit des deutschen Kapitalmarktes“, Wirtschaftsbericht Heft 2, 1957, S. 7 ff.

während auf seiten der Kapitalnehmer die Verhältnisse ganz anders seien. In der Tat trifft diese allgemeine Feststellung in der Wirklichkeit in den meisten Fällen zu, aber nicht immer. Betrachtet man die Ausnahmen etwas näher, dann kommt man zu dem Ergebnis, daß das Problem der Fristen stark von der konjunkturellen Entwicklung bestimmt wird. Die Schmalenbach'sche Feststellung bestätigt sich nämlich meist nur in den Jahren eines kräftigen Wirtschaftswachstums, während sie bei einer starken Verlangsamung der konjunkturellen Kräfte sich nicht bewahrheitet. Dabei ist festzuhalten, daß bei einer Verlangsamung des Aufschwungs nicht nur die Fristen besser übereinstimmen, sondern daß u. U. das langfristige Mittelaufkommen die langfristige Kreditnachfrage übersteigt.

Im Aufschwung, bei steigenden Wachstumsraten, wird die Investitionstätigkeit in der Wirtschaft die Nachfrage nach längerfristigen Mitteln ständig anregen, ohne daß in dieser Zeitperiode bereits ein fristgerechtes Mittelaufkommen zur Verfügung steht. Umgekehrt wird mit verringerter Investitionstätigkeit die Nachfrage nach langfristigen Mitteln zurückgehen[19]. Der Mangel an einem fristgerechten Mittelaufkommen wird sich dann verringern und schließlich zu Überschüssen an langfristigem Geld bei den Banken führen. Es ist in dieser Periode sogar mit einer raschen Zunahme des längerfristigen Mittelaufkommens zu rechnen, da die Unternehmungen ihre flüssigen Mittel ceteris paribus nicht mehr im vorherigen Umfang investieren, sondern jetzt meist längerfristig im Bankensystem anlegen. Eine völlige Übereinstimmung der Fristen bei der Mittelbereitstellung und im Mittelaufkommen kann in der Wirklichkeit nur als Grenzfall angesehen werden, der bei einer Änderung des Trends der konjunkturellen Entwicklung vorübergehend eintritt.

Mit der Investitionsfinanzierung aus nicht fristgerechten Mittelaufkommen erhöhen die Kreditinstitute ihr Risiko. Man kann nun einwenden, daß ein solches Vorgehen die Kreditinstitute in Zahlungsschwierigkeiten bringen könnte, wenn die kurzfristigen Einlagen einmal abgerufen werden sollten. Eine solche Ansicht, wie sie insbesondere in Deutschland oft anzutreffen ist, überschätzt aber offensichtlich die Gefahr einer langfristigen Bindung der Banken mit kurzfristigen Geldern. Tritt wirklich einmal der Fall ein, daß kurzfristige Gelder in größerem Umfang abgehoben werden, so kommen keinesfalls nur die Banken in Gefahr, die ihre Gelder längerfristig ausgeliehen haben. Denn auch die Kredit-

[19] Der Rückgang der Nachfrage nach längerfristigem Geld folgt der Abnahme der Investitionstätigkeit mit einem zeitlichen Abstand, da nach beendeten Investitionen in vielen Fällen langfristige Mittel zur Umschuldung der vorerst kurzfristig finanzierten Anlagen benötigt werden. Diese langfristigen Kredite werden dann aber meist schon aus den in dieser Periode sich ansammelnden längerfristigen Mittelaufkommen gewährt.

institute, die sich strikt an die goldene Bankregel gehalten haben, werden in Schwierigkeiten geraten, da erfahrungsgemäß die Liquidation auch kurzfristiger Buchdebitoren nicht so schnell möglich ist, wie es die Verringerung der Kreditoren in einer solchen Situation erfordern würde[20]. In diesem Zusammenhang weist R. *Stucken* auf das größere Verständnis für diese Probleme im Ausland hin und erklärt unter Hinweis auf Albert *Hahn*[21]: „Charakteristisch für die Lage im Ausland ist wohl die Äußerung von L. Albert *Hahn*, in gleicher Weise Banktheoretiker und Bankpraktiker und Kenner der Verhältnisse in den Vereinigten Staaten von Amerika, er könne sich nicht vorstellen, daß eine Bank wegen Illiquidität in Schwierigkeiten käme, sofern ihre Aktiva zwar wenig liquide, aber im übrigen gut seien, wenn sie also an sich gute Schuldner habe." Gerade in der Auswahl der Schuldner liegt das Problem, und zwar sowohl im kurzfristigen wie auch im langfristigen Kreditgeschäft[22]. Vorübergehend auftretende Liquiditätsengpässe können notfalls durch notenbankpolitische Interventionen überwunden werden.

Die Ausübung der Fristverlängerungsfunktion durch die Banken hat nun allerdings auch einen Einfluß auf den Konjunkturverlauf. Das liegt daran, daß die Banken zwar kurzfristig hereingenommene Gelder längerfristig ausleihen, jedoch, wie im nächsten Abschnitt noch gezeigt wird, in der Form kurzfristiger Kredite mit entsprechend hoher Verzinsung, wobei diese Kredite dann jeweils bei Fälligkeit prolongiert werden. In Deutschland wird dadurch die Expansion erschwert. Denn hier sind die Zinssätze für langfristige Kredite niedriger als die für kurzfristige Ausleihungen[23]. Allerdings kann in Zeiten der Vollbeschäftigung eine

---

20 *Stucken*, R.: „Liquidität der Banken", Berlin, 1940, S. 134: „Das Maß, in dem von der goldenen Bankregel abgewichen werden kann, bestimmt die Erfahrung. Die Erfahrung lehrt uns auch, daß für einzelne Arten von Bankverbindlichkeiten besonders geartete Liquiditätsreserven gehalten werden müssen, zum Beispiel für Auslandsverpflichtungen solche, welche Devisenbestände repräsentieren."

21 *Stucken*, R.: „Geld und Kredit", 2. Aufl., Tübingen, 1957, S. 112.

22 In seinem Buch „Liquidität der Banken", Berlin, 1940, S. 134, weist R. *Stucken* darauf hin, daß nicht nur die Fristenunterschiede zu beachten sind, sondern vor allem die Art der Bankverbindlichkeiten: „Wir können die goldene Bankregel nicht einmal in dem Sinne als richtig anerkennen, daß die Bankverbindlichkeiten, je kurzfristiger sie fällig sind, durch um so kurzfristiger verwertbare Aktiva gedeckt sein müssen. Das Entscheidende für das Ausmaß der Vorsorgebedürftigkeit ist eben nicht die Frist, innerhalb deren die Bankverbindlichkeit formell fällig ist, sondern die Art der Verbindlichkeit, ob Einlage oder Akzept, ob Inlands- oder Auslands-, Kundschafts- oder Bankeinlage usw. Mit dieser Feststellung scheint uns die goldene Bankregel restlos erschüttert zu sein."

23 Im Herbst 1958 belief sich zum Beispiel in Deutschland die Rendite für langfristiges Geld (Pfandbriefe, Industrieobligationen usw.) entsprechend der Marktkonstellation auf 5—6$^1/_2$ vH. Für kurzfristige Buchdebitoren mußten dagegen entsprechend den Sollzinsbestimmungen der Banken 7$^1/_2$ vH gezahlt werden. Die administrative Festsetzung der Zinssätze für kurzfristige Kredite dürfte der entscheidende Grund für die höhere Verzinsung kurzfristiger Ausleihungen sein.

solche Bremsung des Aufschwungs durchaus erwünscht sein, da den dann leicht möglichen Übersteigerungen „automatisch“ durch die hohen Zinssätze entgegengewirkt wird.

Ein solcher Automatismus ist auch im umgekehrten Fall wirksam, wenn der konjunkturelle Aufschwung geringer wird und das längerfristige Mittelaufkommen die längerfristige Kreditnachfrage übersteigt. Der Überschuß an längerfristigen Mitteln wird nämlich den Zins für langfristige Ausleihungen herabdrücken und somit neue Investitionen anregen.

Der Zinsautomatismus trägt im Falle wachsender Wirtschaft aber gleichzeitig auch wieder zu einer Konsolidierung bei. Denn wenn die langfristigen Zinssätze steigen, während die Einlagenzinsen unverändert bleiben, wird es für die Einleger interessant, ihre Guthaben abzuziehen und direkt in höher verzinslichen Kapitalmarkttiteln anzulegen. Mit anderen Worten: Die Zinsdifferenzen zwischen Kapitalmarktanlagen und Bankeinlagen sorgen — wiederum mit einem gewissen Automatismus — für die notwendige Konsolidierung[24]. Umgekehrt ist es nicht ausgeschlossen, daß bei sinkendem Kapitalzins die Gelder eher in die „zinsstabileren“ Einlagen fließen.

4. Zur Darstellung von Unterschieden in den Kredit- und Einlagenfristen

Das Erkennen von Fristunterschieden in der Geldversorgung ist notwendig, um die verschiedenen monetären Konstellationen beurteilen zu können. Daher soll hier der Versuch gemacht werden, die Unterschiede in den Fristen des Mittelaufkommens und der Mittelbereitstellung bei den Kreditinstituten sichtbar und meßbar zu machen. Grundsätzlich ist der Weg, solche Fristunterschiede darzustellen, recht einfach: Es muß nämlich nur der langfristige Teil des Geldkapitals den langfristigen Ausleihungen gegenübergestellt werden; entscheidend ist also die Trennung der langfristigen Positionen von den übrigen Geld-

[24] A. *Kruse* hebt in „Das Wesen des langfristigen Kredits“ in: Zeitschrift für den deutschen Kapitalmarkt, Folge 21/22, 6. Jg., München, 1955, S. 306, die Bedeutung dieser Zinsbewegungen für die Überbrückung der Fristen hervor: „Das Mißverhältnis der Fristigkeiten bei Kreditangebot und Kreditnachfrage findet seinen Ausdruck in der Zinsdifferenz zwischen Geldmarkt und Kapitalmarkt. Dieser Zinsunterschied ist aber zugleich ein Anreiz, das volkswirtschaftlich unerwünschte Mißverhältnis zu mildern. Je größer der Unterschied zwischen Kapitalmarktzins (z. B. Verzinsung einer Hypothekenschuld) und Geldmarktzins (z. B. Verzinsung eines Sparguthabens), um so größer ist der Anreiz für den Anleger, seine Sparmittel vom Geldmarkt auf den Kapitalmarkt zu lenken. Damit ist bei genügend großem Unterschied zwischen beiden Zinssätzen — d. h. genügend groß, um die Liquiditätsvorliebe zu kompensieren — eine stete Tendenz vorhanden, Mittel von der Anlage auf dem Geldmarkt zur Anlage auf dem Kapitalmarkt zu übertragen.“

strömen. Es wäre nicht korrekt, das gesamte Geldkapital in die Rechnung einzubeziehen, da ein großer Teil nicht für eine fristgerechte langfristige Mittelbereitstellung verwendbar ist. So sind in den Termineinlagen, die einen wesentlichen Bestandteil des Geldkapitals bilden, überwiegend Gelder enthalten, die weniger als ein Jahr bei Kreditinstituten eingelegt sind[25]. Da sich die langfristige Mittelbereitstellung mindestens über vier Jahre erstreckt[26], können diese Einlagen nicht als fristgerechte Mittel für eine langfristige Investitionsfinanzierung angesehen werden. Auch die Spareinlagen dürfen nicht in voller Höhe der langfristigen Mittelbereitstellung gegenübergestellt werden, da ein Teil dieser Gelder von den Kreditinstituten zur Aufrechterhaltung ihrer ständigen Zahlungsbereitschaft liquide gehalten werden muß[27]. Für die Anlage der Spargelder im Kreditgeschäft bestehen darüber hinaus erhebliche Beschränkungen. Abgesehen von Ausleihungen an Gemeinden und andere öffentliche Institutionen, von Geldmarktgeschäften und dem kurzfristigen Kreditgeschäft dürfen die Sparkassen nur 50 vH ihrer Spareinlagen in Hypotheken, Schiffshypotheken, Grundschulden und Rentenschulden anlegen[28]. In Anlehnung an diese Vorschriften sollen dem Vergleich zwischen langfristigem Mittelaufkommen und langfristigen Ausleihungen nur 50 vH der jeweils vorhandenen Sparkapitalien zugrundegelegt werden. Die eigenen Mittel der Banken — das Aktienkapital und die Rücklagen —, die ebenfalls dem langfristigen Mittelaufkommen zuzurechnen sind, dienen in größerem Umfang der Deckung von festen Anlagewerten, wie Grundstücken, Gebäuden, Geschäftsausstattung usw., so daß auch hiervon bei der Gegenüberstellung nur 50 vH dem langfristigen Mittelaufkommen hinzugeschlagen werden sollen[29].

---

[25] Ende 1960 entfielen von den Termineinlagen bei den westdeutschen Kreditinstituten 62 vH auf Fest- und Kündigungsgelder mit Laufzeiten bzw. Kündigungsfristen von weniger als einem Jahr.

[26] Vgl. „Bilanzstatistische Richtlinien" der Deutschen Bundesbank, Ausgabe Juli 1958, S. 3: „Langfristig: Vereinbarte Laufzeit oder Kündigungsfrist von vier Jahren und mehr; als langfristig gelten auch Darlehen, deren regelmäßige Tilgung sich über mindestens vier Jahre erstreckt, und zwar ungeachtet einer zwischenzeitlichen Kündigungsmöglichkeit."

[27] In der Verordnung über die Verwaltung und den Betrieb der Sparkassen vom 6. 12. 1956 (Bayer. GVBl., S. 321) § 38 heißt es: „Die Sparkasse hat 30 vH der Spareinlagen und 50 vH der sonstigen Einlagen in flüssigen Werten anzulegen."

[28] Vgl. hierzu § 28 der Verordnung über die Verwaltung und den Betrieb der Sparkassen vom 6. 12. 1956 (Bayer. GVBl., S. 321) und *Rittershausen,* H.: „Bankpolitik", Frankfurt a. M., 1956, S. 92.

[29] Ende 1960 waren nur 25 vH des Grundkapitals und der Rücklagen nach § 11 „Kreditwesengesetz" in Grundstücken und Gebäuden angelegt. Da im langfristigen Mittelaufkommen aber nur 50 vH des Grundkapitals und der Rücklagen als langfristiges Mittelaufkommen berücksichtigt werden sollen, erscheint der Abzug „zweckgebundener Mittel" von 50 vH zu hoch. Dabei sei darauf hingewiesen, daß das langfristige Mittelaufkommen aber sämtliche sogenannten durchlaufenden Mittel enthält. Die veröffentlichten

Stellt man die dem Bankensystem von Nichtbankenseite zufließenden langfristigen Mittel (50 vH der Spareinlagen, die langfristig aufgenommenen Darlehen, die durchlaufenden Mittel von Nichtbanken, die Bankschuldverschreibungen sowie 50 vH der eigenen Mittel) der langfristigen Mittelbereitstellung (langfristige Kredite, Wertpapiere und Beteiligungen) gegenüber, so kann durch Division beider Größen eine Beziehungszahl F als Quotient ermittelt werden.

$$F = \frac{\text{langfristiges Mittelaufkommen von Nichtbanken}}{\text{langfristige Mittelbereitstellung}} \qquad (23)$$

Theoretisch kann diese Beziehungszahl im Wirtschaftsablauf kleiner, größer oder gleich 1 sein. Überwiegt das längerfristige Mittelaufkommen die entsprechende Bereitstellung, so übersteigt sie 1. Ein solcher Wert gibt zu erkennen, daß bei den Kreditinstituten ein Überschuß langfristiger Mittel gegenüber der langfristigen Mittelbereitstellung vorhanden ist. Die Nachfrage nach langfristigem Geld durch Nichtbanken ist hier geringer als das entsprechende Angebot.

Die umgekehrte Situation, wenn die Beziehungszahl kleiner als 1 ist, bedeutet, daß die langfristige Mittelbereitstellung auf Grund erhöhter Nachfrage umfangreicher als das langfristige Mittelaufkommen ist.

Im Bankensystem würden sich die Fristen im Aktiv- und Passivgeschäft gerade ausgleichen, wenn die Beziehungszahl gleich 1 wäre.

Mit Hilfe dieser Methode lassen sich jedoch nur Fristunterschiede darstellen, die sich aus einem Überschuß an langfristigen Mitteln über die entsprechende Mittelbereitstellung ergeben. Dem empirischen Nachweis von unterschiedlichen Fristen, die durch einen Mangel an langfristigem Mittelaufkommen hervorgerufen werden, stehen Hindernisse im Wege, die in der Art der Bilanzierung der Kreditinstitute liegen. Da jedes Kreditinstitut darauf achtet, daß das optische Bild der goldenen Bankregel gewahrt bleibt, kommt es praktisch nicht vor, daß der Wert F unter 1 fällt[30]. Sobald sich bei den Geschäftsbanken die Beziehungszahl 1 nähert oder diesen Wert erreicht und das langfristige Mittelaufkommen nicht mehr ausreicht, die zusätzliche Nachfrage nach langfristigen Krediten zu decken, gehen die Banken dazu über, Kredite über längere Zeiträume zu gewähren, die kurzfristig verbucht werden, um mit der goldenen Bankregel wenigstens formal nicht brechen zu müssen.

Statistiken gestatten hier keine Trennung in kurzfristige und langfristige Mittel. Es ist aber bekannt, daß erhebliche Beträge dieser durchlaufenden Gelder Laufzeiten von weniger als vier Jahren haben. Die bei der Berücksichtigung von nur 50 vH der eigenen Mittel im langfristigen Mittelaufkommen entstandene Fehlerquelle dürfte durch die volle Einbeziehung der durchlaufenden Gelder kompensiert werden.

[30] Das gilt hauptsächlich für die Kreditbanken. Bei den Sparkassen, Hypothekenbanken und anderen Realkreditinstituten kann die Beziehungszahl nicht unter 1 sinken, da das Mittelaufkommen dort fast ausschließlich langfristig ist und auch langfristig ausgeliehen wird.

Dieses „Verbergen" einer volkswirtschaftlich notwendigen Funktion hat in der Literatur heftige Kritik hervorgerufen. So führt zum Beispiel *Schmalenbach* aus:[31]

„Die Besonderheit der Kreditbanken im Gegensatz zu Sparkassen bestand ursprünglich darin, daß Kreditbanken ihre tatsächlichen Transformationsfunktionen vor anderen und vor sich selbst sozusagen verbargen. Sie gaben auf der Aktivseite das Geld offiziell nicht langfristig, sondern ebenfalls kurzfristig aus, und man gewöhnte sich allmählich daran, die Kontokorrentkredite der Banken als kurzfristige Kredite anzusehen; auch in Statistik und Literatur werden sie so genannt; tatsächlich hat sich die Sache aber ganz anders gestaltet. Als man sich allmählich davon überzeugte, daß die angeblich kurzen Kredite auf der Aktivseite langfristig waren, sah man es zuerst so an, als ob hier eine Art Fehlleitung des Kredits eingetreten sei; man sprach und spricht auch heute noch von „eingefrorenen Krediten". In Wirklichkeit ist dieses Einfrieren nicht als ein ungewolltes Malheur, sondern als notwendige Folge einer an sich vernünftigen Kapitalwirtschaft zu betrachten ... Übrigens ist es ein Zeichen dafür, daß die Kreditbanken die wesentlichste Basis ihrer Existenz nicht richtig würdigen, wenn sie über ihre eigentliche und wesentlichste Aufgabe sozusagen nur errötend zu sprechen vermögen."

Eigentliche Ursache für dieses Versteckspiel ist aber wohl doch die Tatsache, daß diese Zusammenhänge insbesondere in Deutschland noch keinesfalls allgemein erkannt werden. So meint *Stucken*[32]: „Es ist charakteristisch, daß in der Bundesrepublik noch jegliches Verständnis für diese Problemwandlung fehlt; ... So sind in der Bundesrepublik trotz der Bemühungen des Verfassers Dinge noch nicht als diskutabel anerkannt, die in anderen Ländern längst in positivem Sinne entschieden sind." Wie tief die Vorstellungen der goldenen Bankregel in Deutschland verwurzelt sind, wird deutlich, wenn man über die kritischen Ausführungen *Schmalenbachs* und *Stuckens* bei *Rittershausen* folgendes liest[33]: „Die Autoren jener Vorschläge mußten daher logische Brücken konstruieren, um den Verstoß gegen jene Grundregel der Liquidität, die allgemein für Banken, Handel und Industrie gilt, plausibel zu machen." Nach *Rittershausen* hätten es die Banken nicht mehr nötig, sich ein zweifelhaftes „aus kurz mach lang" empfehlen zu lassen, wenn der Kapitalmarkt von administrativen Eingriffen befreit würde und es zugleich der mittleren Industrie ermöglicht würde, Zugang zur Börse zu finden. Ob allerdings dann die goldene Bankregel einzuhalten sein würde, bleibt trotzdem fraglich. Denn zusätzliche Investitionen werden in einer wachsenden Wirtschaft im allgemeinen nur mit zusätzlichen Krediten zu finanzieren sein, die nur dann langfristig sein können, wenn das gleichzeitig zunehmende Mittelaufkommen ebenfalls langfristig ist. Das ist jedoch meist nur bei einem Teil des zusätzlichen Mittelaufkommens der

---

[31] *Schmalenbach*, E.: „Kapital, Kredit und Zins", 3. Aufl., Köln und Opladen, 1951, S. 144.

[32] *Stucken*, R.: „Geld und Kredit", 2. Aufl., Tübingen, 1957, S. 111 f.

[33] *Rittershausen*, H.: „Bankpolitik", Frankfurt a. M., 1956, S. 86.

Fall. Die Fristverlängerungsfunktion — unter Umgehung der goldenen Bankregel — dürfte daher, wie Schmalenbach betont, eine wesentliche Aufgabe der Banken sein.

Solange aus diesen Erkenntnissen jedoch für die Bilanzierung keine Konsequenzen gezogen werden und die Kreditinstitute sich formal an die goldene Bankregel halten, sind Unterschiede im Volumen der tatsächlich langfristig ausgeliehenen Mittel gegenüber dem langfristigen Mittelaufkommen nicht ohne weiteres aus der Beziehungszahl zu ersehen[34]. Eine empirische Darstellung derartiger Fristunterschiede kann nur auf dem Umweg einer Strukturanalyse der langfristigen Mittelbereitstellung vorgenommen werden. Das dann gewonnene Ergebnis ermöglicht es zwar, auf das Vorhandensein solcher Fristunterschiede zu schließen, ohne daß sich dadurch allerdings eine quantitative Bestimmung dieser Differenzen erreichen ließe.

Die der Berechnung von Fristunterschieden zugrunde liegende langfristige Mittelbereitstellung setzt sich aus den langfristigen Krediten, den Beteiligungen und den Wertpapieren bei den Kreditinstituten zusammen. Zwischen den Bestandteilen dieser Bereitstellung, insbesondere zwischen der Gewährung von langfristigen Krediten und den Beteiligungen einerseits sowie dem Wertpapiererwerb andererseits, bestehen Motivunterschiede. Während langfristige Kredite gegeben und Beteiligungen erworben werden, um einem Unternehmen die Finanzierung von Investitionen zu ermöglichen, werden Wertpapiere zum überwiegenden Teil bei Flüssigkeit der Kreditinstitute angekauft und bei angespannter Liquiditätsposition von den Banken auf dem Wertpapiermarkt angeboten, d. h. die Wertpapiertransaktionen der Banken haben weitgehend Geldmarktcharakter[35].

Eine Analyse der Mittelbereitstellung zeigt, daß zwischen der Beziehungszahl der Fristunterschiede und den Relationen zwischen langfristigen Krediten und Beteiligungen bzw. dem Wertpapiererwerb zur gesamten Mittelbereitstellung im zeitlichen Verlauf bestimmte Zusammenhänge bestehen. Die Banken, insbesondere die Kreditbanken, verringern

---

[34] Diese Tatsache ist auch bei der Beurteilung der Liquidität der Banken zu berücksichtigen. Bei zwei Kreditinstituten mit dem gleichen äußeren Bilanzbild und damit der gleichen rechnungsmäßigen Liquidität kann die immanente Liquidität unterschiedlich sein, wenn bei der einen Bank die ausgewiesenen kurzfristigen Ausleihungen tatsächlich auch kurzfristig sind, während sie bei dem anderen Institut tatsächlich langfristig gewährt wurden. Vgl. *Gestrich,* H.: „Kredit und Sparen", Godesberg, 1947, S. 117 ff.

[35] Dies ändert nichts daran, daß der Erwerb von Wertpapieren durch Kreditinstitute immer mit einer langfristigen Finanzierung der Emittenten gleichzusetzen ist. Das Motiv des Erwerbs, das für die Bestimmung der Fristunterschiede wesentlich ist, hat für den Tatbestand der Finanzierung keine Bedeutung. Wertpapiere, die nicht aus dem Motiv der Geldanlage, sondern in der Absicht einer Beteiligung von Banken erworben werden, erscheinen in der Bilanz unter der Position „Beteiligungen" (vgl. hierzu „Bilanzstatistische Richtlinien" der Deutschen Bundesbank, Ausgabe Juli 1958, S. 9).

nämlich in Zeiten eines Aufschwungs, d. h. wachsender Nachfrage nach langfristigem Kredit, ihren Geldmarktcharakter tragenden Bestand an Wertpapieren auf ein Minimum, um Mittel freizumachen, die zwar formal kurzfristig, tatsächlich jedoch langfristig gewährt werden. Eine Verringerung der Wertpapierbestände bei den Kreditbanken legt also den Schluß nahe, daß in einer solchen Periode durch Kurzkreditgewährung verdeckte Fristunterschiede vorhanden sind.

Eine Verringerung des Geldmarktcharakter tragenden Wertpapierbestandes der Kreditinstitute ist grundsätzlich immer bei einem Mangel an liquiden Mitteln denkbar. Der Einwand, daß die Verringerung der Wertpapierbestände durch erhöhte Nachfrage der Nichtbanken nach kurzfristigen Krediten für die Umsatztätigkeit verursacht sein könnte und somit eine Veränderung der Relation zwischen langfristigen Krediten sowie Beteiligungen einerseits und Wertpapieren andererseits keinen Schluß auf Fristunterschiede zuläßt, ist nicht stichhaltig: Zwar wird sowohl die steigende Nachfrage nach Geld infolge erhöhter Umsatztätigkeit (kurzfristige Finanzierung) als auch die Kreditnachfrage infolge zunehmender Investitionstätigkeit (langfristige Finanzierung) mit Hilfe kurzfristiger Mittel gedeckt, wenn langfristiges Geld nicht zur Verfügung steht, jedoch brauchen sich die Banken bei erhöhter kurzfristiger Finanzierung und angespannter Liquiditätslage nicht von ihren Wertpapieren zu trennen, da ihnen andere Rückgriffsmöglichkeiten offen stehen. So können sie die erhöhte Nachfrage nach kurzfristigem Kredit allein dadurch relativ leicht befriedigen, daß sie die Ausleihungen gegen Handelswechsel vornehmen und diese Papiere zum Rediskont an die Notenbank weitergeben[36]. Sie werden dies auch aus Rentabilitätsgründen tun. Wenn z. B. die Rendite der festverzinslichen Wertpapiere 5 vH beträgt, während Wechselkredite 6 vH und Buchkredite 7¹/₂ vH erbringen[37], so wäre es bei einer zusätzlichen Gewährung kurzfristiger Kredite unwirtschaftlich, Wertpapiere zu verkaufen, um den Kredit zu gewähren. Einem Zinsertrag von 7¹/₂ vH würde nämlich eine Zinseinbuße von 5 vH gegenüberstehen. Der zusätzliche Nutzen würde also nur 2¹/₂ vH betragen. Gibt die Bank dagegen einen Wechselkredit (6 vH), den sie bei der Notenbank rediskontiert (Diskontsatz 3 vH), so beträgt der zusätzliche Nutzen 3 vH.

Die Geldnachfrage für neue Investitionen kann dagegen nicht ohne weiteres mit Krediten gedeckt werden, die einen Rückgriff auf die Notenbank ermöglichen. Für diese Zwecke müssen die Kreditbanken fast aus-

---

36 Voraussetzung ist hierbei, daß die Notenbank gewillt ist, eine monetäre Expansion zuzulasssen, und nicht die Refinanzierungsmöglichkeiten durch Rediskontkontingente oder andere Maßnahmen ausschaltet.

37 Renditen und Zinssätze entsprechen der Situation Mitte 1958. Vgl. hierzu Monatsbericht der Deutschen Bundesbank August 1958, S. 72 und 78.

schließlich Buchkredite einräumen. Ist die Liquidität der Banken angespannt, d. h. stehen in diesem Fall keine fristgerechten Mittel zur Finanzierung der langfristigen Projekte zur Verfügung, dann müssen die notwendigen Gelder durch Liquidisierung von solchen Aktivpositionen (Wertpapieren) beschafft werden, die bisher schon eine langfristige Finanzierung bedeuten und deren Verkauf nicht zu einer Kündigung des mit diesem Papier gewährten langfristigen Kredites führt. Denn anstelle der verkaufenden Bank übernimmt jetzt der Käufer den bisherigen Kredit[38].

Im umgekehrten Fall, wenn das langfristige Mittelaufkommen die langfristige Geldnachfrage übersteigt, erhöhen die Kreditinstitute erfahrungsgemäß ihre Wertpapierbestände, da diese Anlage für die nicht im Kreditgeschäft ausgeliehenen Beträge die günstigsten Renditen gewährt. Es ist immer wieder zu beobachten, daß die Wertpapierbestände erst dann merklich zunehmen, wenn den Banken langfristige Gelder zur Verfügung stehen[39]. Ein Überwiegen des kurzfristigen Geldaufkommens bei den Kreditinstituten führt in erster Linie zu einem Abbau der Verschuldung der Kreditinstitute bei der Notenbank, und sobald dieser vollzogen ist, werden die Gelder am Geldmarkt angelegt.

Es gibt Perioden in der Wirtschaft, in denen man den Eindruck hat, als würden die Wertpapierbestände schon bei einer Zunahme der kurzfristigen Gelder erhöht. Ein Beispiel dafür war in Deutschland das Jahr 1957. Neben der Mittelbereitstellung durch die Banken in Höhe von 10 Mrd. DM wurden die Wirtschaft und die Kreditinstitute mit weiteren 5 Mrd. DM Zentralbankgeld als Folge der hohen Gold- und Devisenüberschüsse förmlich überschwemmt. Während dieser Zeit legten die Kreditinstitute über 1 Mrd. DM in Wertpapieren an. Man ginge jedoch fehl, wollte man annehmen, daß dieser Zentralbankgeldstrom die Kreditinstitute zur Wertpapieranlage veranlaßt hätte. Vielmehr hatte sich — und das ist stets bei einer Geldschwemme zu beobachten — der größte Teil dieser 15 Mrd. DM, nämlich in diesem Fall 14 Mrd. DM, im Geldkapital niedergeschlagen, davon nicht weniger als 9 Mrd. DM langfristig[40].

---

[38] *Schmalenbach,* E.: „Kapital, Kredit und Zins", Köln und Opladen, 1951, S. 146, bemerkt hierzu einschränkend: „Die Liquidierungsmöglichkeit bei Effekten und Effekten-Krediten beruht auf der Voraussetzung, daß sich beim Effektenverkauf ein Käufer, also ein substituierter Gläubiger, findet. Ist die Kapitalknappheit im ganzen groß, dann erleiden die Effekten einen Kursfall."

[39] Eine Veränderung des langfristigen Mittelaufkommens im Konjunkturverlauf tritt zuerst weniger bei den Kreditbanken in Erscheinung als bei den Sparkassen und Realkreditinstituten, hauptsächlich in Form erhöhter Sparkapitalbildung und Kapitalmarktmittel. Da diese Institute diese Gelder zu einem Teil im Nostrogeschäft anlegen, haben die Kreditbanken die Möglichkeit, auch langfristiges Geld am Geldmarkt aufzunehmen.

[40] Diesen Vorgang, daß von der Notenbank oder von den Banken bereitgestellte Gelder im Geldkreislauf sich langfristig niederschlagen und zur Wertpapieranlage verwendet werden, hat offenbar auch *Schmalenbach,* E.: „Kapital, Kredit und Zins", Köln und Opladen, 1951, S. 146, im Auge, wenn er zum Wertpapierkauf und zur Wertpapierbeleihung sagt: „In beiden Fäl-

Die Erhöhung der Wertpapierbestände als Folge überwiegenden, insbesondere langfristigen Mittelaufkommens findet allerdings in den Zinsveränderungen am Kapitalmarkt einerseits und am Geldmarkt andererseits eine gewisse Grenze. Wertpapiere werden nämlich nur solange erworben, wie die Zinssätze am Geldmarkt unter den Wertpapierrenditen liegen. Die Käufe finden ihr Ende, wenn das Renditenniveau das Zinsniveau der Geldmärkte erreicht und es für die Kreditinstitute nicht mehr vorteilhaft ist, Wertpapiere zu erwerben. Ein plötzlicher Umbruch am Wertpapiermarkt kann — wie das in Deutschland im Spätsommer 1955 der Fall war — dadurch ausgelöst werden, daß die Notenbank durch Erhöhung des Diskontsatzes die Geldmarktsätze über das Renditenniveau hebt, wodurch die Nachfrage der Banken nach Wertpapieren verringert wird, der Nachfrageausfall zur Unsicherheit an der Börse führt und im allgemeinen umfangreiche Glattstellungen zur Folge hat.

Um diese Zusammenhänge, die für das Erkennen von Fristunterschieden wesentlich sind, deutlich zu machen, soll neben der bereits dargestellten Beziehungszahl (F=F') eine zweite Beziehungszahl berechnet werden (F''), die die langfristige Mittelbereitstellung der Kreditinstitute ohne den Erwerb von Wertpapieren wiedergibt.

$$(24) \qquad F' = \frac{\text{langfristiges Mittelaufkommen}}{\text{langfristige Kredite + Beteiligungen + Wertpapiere}} = \frac{\alpha}{\beta}$$

$$(25) \qquad F'' = \frac{\alpha}{\beta - \text{Wertpapiere}}$$

Da bei der Berechnung der Beziehungszahl F'' ein Teil der langfristigen Mittelbereitstellung — die durch Erwerb von Wertpapieren — unberücksichtigt geblieben ist, wird ihr Wert immer größer sein als der von F' zum gleichen Zeitpunkt bzw. im gleichen Zeitraum.

Für das Erkennen und die Beurteilung von Fristunterschieden sind jedoch nicht die gewonnenen Beziehungszahlen entscheidend, sondern deren Differenz

$$(26) \qquad \varrho = F'' - F'$$

Im Wert ϱ kommt nicht nur das Verhältnis des langfristigen Mittelaufkommens zur langfristigen Mittelbereitstellung zum Ausdruck, sondern auch die Schwankungen des Geldmarktcharakter tragenden Wertpapierbestandes bei den Kreditinstituten. Da der Wertpapierzyklus bei den Kreditinstituten grundsätzlich die Folge eines Mangels oder Überflusses des langfristigen Mittelaufkommens ist, deutet die Veränderung des Wertes ϱ auf eine mehr oder weniger starke Ausübung der Fristverlängerungsfunktion durch die Banken hin.

---

len findet eine Vereinigung der Transformation mit der Mobilisation statt, und zwar zeigt hier die Mobilisation über die Transformation eine nicht unbeträchtliche Überlegenheit."

Eine Verringerung von ϱ, also die Annäherung des Wertes F' an F'', besagt, daß die Kreditinstitute ihren Geldmarktcharakter tragenden Wertpapierbestand als Folge relativ zu geringen langfristigen Mittelaufkommens abbauen, um den Bedarf der Wirtschaft an langfristigem Geld dekken zu können. Eine Abnahme des Wertes ϱ deutet also auf eine verstärkte Ausübung der Fristverlängerungsfunktion bei den Kreditinstituten hin.

Zur Feststellung von Fristunterschieden im Falle eines Überschusses des langfristigen Mittelaufkommens über die langfristige Mittelbereitstellung ist grundsätzlich der Umweg über die Errechnung des Wertes ϱ nicht notwendig, da diese Fristunterschiede aus den Bilanzen der Kreditinstitute abgelesen werden können, also auch bereits von der Beziehungszahl F' widergespiegelt werden. Da ein solcher Überschuß an langfristigem Geld auch zu einer Erhöhung der Wertpapierbestände führen dürfte, nimmt gleichzeitig auch der Wert ϱ zu[41].

5. Fristunterschiede zwischen Mittelaufkommen und Mittelbereitstellung in Deutschland

Für die umfangreichen Neuinvestitionen, die zum Aufbau der deutschen Wirtschaft erforderlich waren, standen insbesondere in den ersten Jahren nach der Währungsreform nur in geringem Umfang langfristige Mittel zur Verfügung. Die Anlagefinanzierung mußte daher zu einem Teil mit kurzfristigen Geldern durchgeführt werden, was zwar aus den Bankbilanzen nicht ersichtlich ist, aber von den Beziehungszahlen abgelesen werden kann.

Das Verhältnis zwischen langfristigem Mittelaufkommen und langfristiger Mittelbereitstellung (F') lag in den meisten Jahren — mit Ausnahme von 1955, 1958 und 1959 — über dem Wert 1. In den Bilanzen überwog also rein optisch das langfristige Mittelaufkommen die langfristigen Ausleihungen. Die starken Schwankungen des Wertes ϱ zeigen jedoch, daß tatsächlich das Angebot an langfristigen Mitteln nicht immer ausreichend gewesen ist, die Nachfrage nach langfristigen Krediten zu decken.

Ein absoluter Mangel an langfristigen Mitteln dürfte insbesondere in den ersten drei Jahren nach der Währungsreform — von 1949 bis 1951

[41] Allerdings ist bei einem zunehmenden Wert F' ein Vergleich mit dem Wert ϱ zweckmäßig. F' braucht nämlich nicht nur zu steigen, wenn das langfristige Mittelaufkommen zunimmt, sondern kann auch zunehmen, wenn bei unverändertem oder sogar sinkendem langfristigen Mittelaufkommen die Wertpapierbestände schneller abnehmen. Ob das zunehmende F' auf steigende langfristige Mittelaufkommen oder sinkende Wertpapierbestände zurückzuführen ist, zeigt der Wert ϱ, der sich im ersten Fall erhöhen, im zweiten verringern würde.

Tabelle 13: **Beziehungszahlen zur Bestimmung von Fristunterschieden**

	1949	1950	1951	1952	1953	1954	1955	1956	1957	1958	1959	1960
Langfristiges Mittelaufkommen im Verhältnis zur:												
Langfristigen Mittelbereitstellung F′	1,24	1,36	1,15	1,52	1,09	1,25	0,99	1,08	1,18	0,78	0,83	1,11
dto. aber ohne Wertpapiere F″	1,35	1,41	1,21	1,79	1,34	1,61	1,16	1,11	1,40	1,18	1,15	1,24
F″ ⁒ F′ = σ	0,09	0,05	0,06	0,27	0,25	0,36	0,17	0,03	0,22	0,40	0,27	0,13

Berechnet unter Zugrundelegung der Bankenstatistik der Bank deutscher Länder und der Deutschen Bundesbank.

— geherrscht haben. In diesem Zeitraum lag der Wert ϱ sehr niedrig. Die Liquidität der Kreditinstitute war damals also so angespannt, daß kein Raum dafür blieb, Geldmarktcharakter tragende Werte zu erwerben.

Die in den allgemeinen Ausführungen gewonnene Erkenntnis, daß die Kreditinstitute in einer solchen Zeitperiode ihre Wertpapierbestände verringern oder doch zumindest ihren Ankauf einschränken, um dadurch notwendige Mittel für eine formal kurzfristige, tatsächlich jedoch längerfristige Investitionsvorfinanzierung freizumachen, traf in diesem speziellen Fall nicht zu, da die westdeutschen Kreditinstitute am Ausgangspunkt des Aufschwungs nach der Währungsreform nur über einen sehr niedrigen Wertpapierbestand verfügten und auch das angebotene Material noch gering war. Aber neben dem Mangel an Wertpapieren, der darauf zurückging, daß vielen Unternehmungen die Voraussetzungen fehlten, Wertpapiere zu emittieren, war doch entscheidend, daß die Kreditinstitute sich eine größere Nachfrage nach Wertpapieren versagen mußten, da die Deckung der an sie herangetragenen Nachfrage nach Geld zur Vorfinanzierung von Investitionen eine darüber hinausgehende Anlage in Wertpapieren, die bei Banken immer Geldmarktcharakter trägt, nicht gestattete.

Eine Änderung trat hier erst 1952 ein, als die gegenüber dem Vorjahre gestiegene kurz- und längerfristige Mittelbereitstellung an Nichtbanken sich nur in geringem Umfang im Geldvolumen niederschlug und der überwiegende Teil in das Geldkapital floß, wodurch sich bei den Kreditinstituten auch das langfristige Mittelaufkommen erhöhte[42]. Dieser Zustrom hat die bis zu diesem Zeitpunkt bestehenden erheblichen Unterschiede in den Fristen des Mittelaufkommens und der Mittelbereitstellung teilweise beseitigt. Diese Verbesserung kommt in der Zunahme des Wertes ϱ zum Ausdruck: Er hatte 1949 bis 1951 0,05—0,09 betragen und stieg nun 1952 auf 0,27 an.

Auf diesem Niveau hielt er sich auch 1953 (0,25). Wenn in dieser Zeit keine neuen Erschwernisse in der langfristigen Finanzierung auftraten, so lag das hauptsächlich daran, daß das wirtschaftliche Wachstumstempo bereits nachgelassen hatte und damit auch der Bedarf an langfristigen Krediten — nicht dagegen an kurzfristigen — relativ geringer geworden war. Diese Tendenzen hielten aber auch 1954 an, da im Zusammenhang mit der zunehmenden Mengenkonjunktur die wachsende Mittelbereitstellung sich hauptsächlich in längerfristigem Mittelaufkommen niederschlug. Das langfristige Mittelaufkommen nahm also zu, und das Verhältnis der Fristen verbesserte sich weiter. Dementsprechend stieg der Wert ϱ auf 0,36 an.

---

[42] Von 1952 ab sind insbesondere die Spareinlagen erheblich stärker gestiegen als in der davorliegenden Zeit.

Dieses Bild änderte sich jedoch im Jahre 1955 und besonders radikal 1956. In diesen Jahren stand die Wirtschaft nämlich wieder im Zeichen der Preiskonjunktur, in deren Verlauf die Investitionen erneut anstiegen. Die verstärkte Nachfrage nach langfristigen Krediten konnte 1955 noch weitgehend aus fristgerechten Mitteln bereitgestellt werden. Aller-

BEZIEHUNGSZAHLEN
ZUR DARSTELLUNG VON FRISTUNTERSCHIEDEN

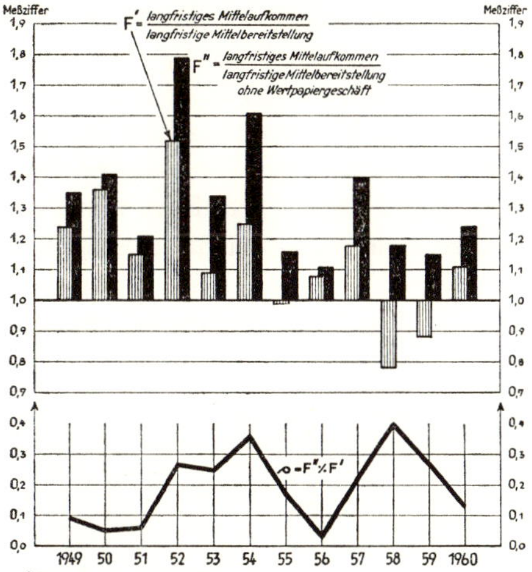

1) Graphische Wiedergabe der Tabelle 13

dings verringerte sich der Wert ϱ schon auf 0,17. Im Jahre 1956 war die Nachfrage angesichts sich schon wieder abzeichnender Verlangsamungserscheinungen im Konjunkturverlauf nicht mehr ganz so groß wie 1955, sie konnte aber kaum mit fristgerechten Mitteln gedeckt werden. Die Überbrückung der langfristigen Kreditnachfrage mit kurzfristigen Geldern verringerte den Wert ϱ auf 0,03.

Im Jahre 1957 verlangsamte sich der Wirtschaftsaufschwung weiter. Die langfristige Kreditnachfrage nahm ab. Gleichzeitig führte aber der Zustrom insbesondere an Zentralbankgeld im Zusammenhang mit erheblichen Gold- und Devisenzuflüssen dem langfristigen Mittelaufkommen erhebliche Beträge zu. Dadurch verbesserte sich das Verhältnis zwischen den Fristen im Aktiv- und Passivgeschäft. Seinen Ausdruck fand dieser Vorgang in dem erneuten Anstieg des Wertes ϱ auf 0,22.

Der anhaltende Zufluß liquider Mittel aus dem Devisenankauf der Bundesbank und umfangreiche Wertpapieremissionen der Banken, der Industrie und der Öffentlichen Hand, ließen in den folgenden Jahren einerseits das langfristige Mittelaufkommen schnell ansteigen und erhöhten andererseits bei den Banken die Bereitschaft, Wertpapiere zu erwerben. Diese Geldmarktcharakter tragenden Wertpapierkäufe waren

1958 und auch 1959 so umfangreich, daß der Wert F' unter 1 fiel. Er blieb jedoch über 1, wenn man die langfristige Kreditgewährung und die Beteiligungen berücksichtigt, aber die Wertpapierkäufe außer Ansatz läßt (Wert F''). Die Zunahme des Wertes ϱ auf 0,40 im Jahre 1958 ist ein deutliches Zeichen des nur langsamen Wirtschaftsaufschwungs bei hoher langfristiger Geldkapitalbildung. Mit zunehmendem Wachstumstempo nahm 1959 und 1960 dieser Wert wieder ab.

Als Ergänzung zu der im Hauptteil dieser Arbeit vorgenommenen quantitativen Analyse von Geldströmen wurde im Anhang versucht, Wege zu finden, die bisher noch in den Bilanzen der Kreditinstitute versteckten Unterschiede in den Fristen zwischen Mittelbereitstellung und Mittelaufkommen sichtbar zu machen. Die meisten der hierbei angestellten Überlegungen brauchten kaum vertieft zu werden, wenn die Kreditinstitute auch in Deutschland sich von der Fessel der goldenen Bankregel nicht nur de facto, sondern auch in ihrem äußeren Bilanzbilde lösen und Mittel, die sie langfristig bereitstellen, auch als solche ausweisen würden.

Literaturverzeichnis

Amberg, Josef: „Die Politik der Schweizerischen Nationalbank. Kritische Würdigung auf Grund der modernen Kredit- und Konjunkturtheorie", F. G. Keller, Winterthur, 1954.

Amonn, Alfred: „Volkswirtschaftliche Theorie der Liquidität" zu Otto Veit's Buch mit demselben Titel. In: ORDO, Jahrbuch für die Ordnung von Wirtschaft und Gesellschaft, Bd. VIII. Helmut Küpper vorm. Georg Bondi, Düsseldorf und München, 1952.

Andreae, Wilhelm: „Geld und Geldschöpfung", Humboldt-Verlag, Stuttgart und Wien, 1953.

Bank deutscher Länder: „Die Vermögensbildung und ihre Finanzierung" in: Monatsberichte der Bank deutscher Länder, Sept. 1955.

Binder, Paul: „Die Geldkapitalbildung", J. C. B. Mohr, Tübingen, 1952.

Board of Governors of the Federal Reserve System: „A Flow of Funds System of National Account", Annual Estimates, 1939—1954. In: Federal Reserve Bulletin, October 1955, S. 1085 ff.

Böhler, Eugen: „Nationalökonomie, Grundlagen und Grundlehren". Polygraphischer Verlag AG, Zürich, 1957.

Bombach, G.: „Zur Theorie des wirtschaftlichen Wachstums" in: Weltwirtschaftliches Archiv, Band 70 (1953) I.

Bos, H. C.: „A discussion on methods of monetary analysis and norms for monetary policy". Royal Netherlands Printing-Office M. A. M. Roelants, Schiedam, 1956.

Boulding, Kenneth E.: „A Reconstruction of Economic" John Willey & Sons, Inc., New York, und Chapman & Hell, Ltd., London, 1950.

Brehmer, E.: „Struktur und Funktionsweise des Geldmarktes der Deutschen Bundesrepublik", Beiträge zur reinen und angewandten Wirtschaftstheorie aus dem Wirtschaftswissenschaftlichen Seminar der Universität Kiel. Herausgegeben von Prof. E. Schneider, Nr. 1, Tübingen, 1956.

Büchner, Richard: „Die Ordnung der Geldwirtschaft" in: Finanzarchiv NF, Bd. 18 (1958) H. 2, S. 326 ff.

Burgess, R.: „Reserve Banks and the Money Market". Harper and Brother, New York und London, 1946.

Burns, Arthur F.: „Prosperity without Inflation", Fordham University Press, New York, 1952.

Chandler, Lester V.: „The Economics of Money and Banking", Harper & Brother, New York und London, 1953.

Copeland, Morris A.: „A Study of Money Flows in the United States", National Bureau of Economic Research, Inc., New York, 1952.

Coulborn, W. A. L.: „A Discussion of Money", Longmans, Green & Co., London, New York und Toronto, 1950.

Day, A. C. L.: „Outline of Monetary Economics", Oxford at the Clarendon Press, 1957.

Deutsche Bundesbank: „Monetäre Gesamtanalyse" in: Monatsbericht Oktober 1957, S. 13 ff.

Deutsche Bundesbank: „Bilanzstatistische Richtlinien" (Frankfurt), Juli 1958.

Duesenberry, James S.: „Income, Saving and the Theory of Consumer Behavior“, Harvard University Press, Cambridge, Massachusetts, 1949.

Einkommensteuergesetz: 1953 (BGBl. I 1953 S. 1355).

Eucken, Walter: „Die Grundlagen der Nationalökonomie“ 6. Aufl., Springer-Verlag, Berlin, Göttingen, Heidelberg, 1950.

First International Credit Conference: Band I—V Assoziatione Bancaria Italiana, Roma, 1954.

Fischer, Werner: „Die Mindestreservepolitik der Zentralbanken, H. Pflaum Verlag, München, 1949.

Föhl, Carl: „Geldschöpfung im Wirtschaftskreislauf“, Duncker & Humblot, Berlin, 1955.

Forstmann, Albrecht: „Geld und Kredit“, Teil I und II, Vandenhoek & Ruprecht, Göttingen, 1952.

— „Kurzfristiger Bankkredit und langfristige Investitionen mit besonderer Berücksichtigung der gegenwärtigen Situation“ in: Ad. Weber: „Bankkredit und langfristige Investition“, Duncker & Humblot, Berlin, 1954.

— „Vom Paradoxon der Ausschließlichkeit der Kreditschöpfung“ in: Zeitschrift für die gesamte Staatswissenschaft, Band III (1955).

Fousek, Peter G.: „Foreign Central Banking: The instruments of monetary policy“, Federal Reserve Bank of New York, November 1957.

Frei, Rudolf: „Die theoretischen Grundlagen der deutschen Währungspolitik unter dem Nationalsozialismus“, A. Francke AG Verlag, Bern, 1947.

Gervy, George: „The Development of Bank Debets and Clearing and their Use in Economic Analysis“ Board of Governors of the Federal Reserve System, Washington, 1952.

Gesetz (Erstes) zur Förderung des Kapitalmarkts vom 15. 12. 1952 (BGBl. I, 1952, S. 793).

Gesetz über das Kreditwesen in der Fassung vom 1. 10. 1939 (BGBl. I, 1939, S. 1955 ff.).

Gesetz über die Deutsche Bundesbank vom 26. 7. 1957 (BGBl. I, S. 747).

Gesetz über einen Währungsausgleich für Sparguthaben Vertriebener in der Fassung vom 14. 8. 1952. (BGBl. I, S. 446).

Gesetz zur Aufhebung der Dividenden-Abgabeverordnung (BGBl. I, 1952, S. 801).

Gesetz zur Milderung von Härten der Währungsreform (Altsparergesetz) vom 14. 7. 1952. (BGBl. I, S. 495).

Gesetz zur Neuordnung von Steuern vom 16. 12. 1954 (BGBl. I, 1954, S. 373).

Gestrich, Hans: „Kredit und Sparen“, 2. Auflage, Helmut Küpper, Godesberg, 1947.

Gleske, Leonhard: „Die Liquidität in der Kreditwirtschaft“, Fritz Knapp, Frankfurt a. M. (1954).

Goldenweiser, E. A.: „American Monetary Policy“, Mc-Graw-Hill Company Inc., New York, Toronto, London, 1951.

Grünig, Ferdinand: „Die Geldvermögensrechnung im Rahmen der volkswirtschaftlichen Gesamtrechnung für die Bundesrepublik, Methodik und Ergebnisse für 1950—1954“ mit Zahlenanhang, in: Vierteljahreshefte des Deutschen Instituts für Wirtschaftsforschung, Berlin, Jg. 1955, S. 224 ff.

Haberler, Gottfried: „Prosperität und Depression“, A. Francke AG Verlag, Bern, 1948.

Hahn, L. Albert: „Geld und Kredit“, J. C. B. Mohr, Tübingen, 1924.

— „Volkswirtschaftliche Theorie des Bankkredits“, 3. Auflage, J. C. B. Mohr, Tübingen, 1930.

— „Wirtschaftswissenschaft des gesunden Menschenverstandes", Fritz Knapp, Frankfurt a. M., 1954.

Hahn, Paul: „Das Gesetz über die Deutsche Bundesbank", Stollfuß-Verlag, Bonn, Juli 1957.

Halm, George N.: „Geld, Außenhandel und Beschäftigung", Richard Pflaum Verlag, 2. Auflage, München, 1954 und 3. Auflage, München, 1957.

Hansen, Alvin H.: „Fiscal Policy and Business Cycles", W. W. Norton & Company Inc., New York, 1941.

— „Monetary Theory and Fiscal Policy", Mc-Graw-Hill Book Company Inc., New York, Toronto, London, 1949.

Harrod, R. F.: „An Essay in Dynamic Theory" in: Readings in Business Cycles and National Income, W. W. Norton & Company Inc., New York, 1953.

Hart, Albert, Gailord: „Money, Debt and Economic Activity", Prentice-Hall, Inc., New York, 1952.

Hawtrey, R. G.: „Währung und Kredit" übersetzt nach der 2. englischen Auflage, Gustav Fischer, Jena, 1926.

Hellwig, Hans: „Kreditschöpfung und Kreditvermittlung", Curt E. Schwab, Stuttgart, 1958.

Hicks, J. R.: „A Contribution to the Theory of the Trade Cycle", Oxford, At the Clarendon Press, 1951.

Höpker-Aschoff, Hermann: „Geld und Gold", Gustav Fischer, Jena, 1939.

— „Geld und Währungen", W. Kohlhammer Verlag, Stuttgart, 1948.

Hofmann, Werner: „Die volkswirtschaftliche Gesamtrechnung", Duncker & Humblot, Berlin, 1954.

Holtrop, N. W.: „Über die Deutung monetärer Erscheinungen" in: Weltwirtschaftliches Archiv, Bd. II/1957.

Hunscha, Kurt: (Diskussionsbeitrag) in: Ad. Weber: „Bankkredit und langfristige Investitionen", Duncker & Humblot, Berlin, 1954.

Institut für das Kreditwesen — Prof. Dr. Veit: „Die veränderte Währungspolitik und ihre Folgen", Fritz Knapp Verlag, Frankfurt a. M., 1957.

Institut für Wirtschaftsforschung, München: „Fünf Jahre Deutsche Mark", Duncker & Humblot, Berlin/München, 1953.

Jöhr, Walter Adolf: „Die Konjunkturschwankungen", J. C. B. Mohr, Tübingen, und Polygraphischer Verlag AG, Zürich, 1952.

Jome, Hiram L.: „Principles of Money and Banking", Richard D. Irwin, Inc., Homewood, Illinois, 1957.

Katona, George: „Analysis of Economic Behavior", Mc-Graw-Hill Book Company Inc., New York, Toronto, London, First Edition 1951.

Kauder, Emil: „Kritik und Umgestaltung des Keynes'schen Systems" in: Schmollers Jahrbuch für Gesetzgebung, Verwaltung und Volkswirtschaft, 75. Jahrgang, 1955, Heft 5.

Keynes, John Maynard: „Allgemeine Theorie der Beschäftigung, des Zinses und des Geldes", Duncker & Humblot, Berlin, 1952.

— „Vom Gelde", Duncker & Humblot, Berlin, 1955.

De Kock, M. H.: „Central Banking", Staple Press, London, New York, 1950.

Kolms, Heinz: „Vollbeschäftigung und ihre Mittel in neueren Veröffentlichungen" in: Jahrbuch für Sozialwissenschaft, Band 1/1950, Vandenhoeck & Ruprecht, Göttingen, 1950.

— „Volkswirtschaftliche Gesamtrechnungen, Nationalbudgets und ökonometrische Gesamtmodelle" in: Weltwirtschaftliches Archiv, Band 71 (1953 II), Hoffmann und Campe Verlag, Hamburg, 1953.

Kraus, Otto: „Kreislauf und Entwicklung der Volkswirtschaft", Duncker & Humblot, Berlin, 1953.

Kraus, Willy: „Wirtschaftswachstum und Gleichgewicht", Fritz Knapp Verlag, Frankfurt a. M., 1955.

Kruse, Alfred: „Geschichte der volkswirtschaftlichen Theorien", Richard Pflaum Verlag, München, 1948.

— „Wo steht die Nationalökonomie heute?", Richard Pflaum Verlag, München, 1951.

— „Das Wesen des langfristigen Kredits" in: Zeitschrift für den deutschen Kapitalmarkt, Folge 21/22, 6. Jg., München, November 1955, S. 305 ff.

Kurihara, Kenneth K.: „Monetary Theory and Public Policy", George Allen & Unwin Ltd., London, 1951.

Lahn, J. J. O. (Nikolaus Johannsen): „Der Kreislauf des Geldes und Mechanismus des Soziallebens", Puttkammer u. Mühlbrecht, Berlin, 1903.

Lautenbach, W.: „Zins, Kredit und Produktion", herausgegeben von W. Stützel, J. C. B. Mohr, Tübingen, 1952.

Lerner, Abba P.: „The Economics of Control. Principles of Welfare Economics", Mac Millan Company, New York, 1952.

Lewis, W. Arthur: „The Principles of Economic Planning", Dennis Dobson Ltd., London, 1949.

Lukas, Eduard: „Aufgaben des Geldes, W. Kohlhammer, Stuttgart und Berlin, 1937.

— „Geld und Kredit", Quelle und Meyer, Heidelberg, 1951.

— „Geld und Währung" in: Die Bank, Lehrbuch und Nachschlagewerk des Bank- und Sparkassenwesens, Bd. I, Betriebswirtschaftlicher Verlag Dr. Th. Gabler, Wiesbaden, 1952.

Lütolf, Franz: „Die Theorie der monetären Kreislaufsphären", A. Francke AG Verlag, Bern, 1952.

Mann, Fritz Karl: „Finanztheorie und Finanzsoziologie", Vandenhoek & Ruprecht, Göttingen, 1952.

Mantelvertrag zwischen den Spitzenverbänden, Wirtschaftsgruppen und Fachgruppen der Kreditinstitute vom 22. 12. 1936, DR Anz. Nr. 299/36 — Habenzinsabkommen —

Martell, Herbert, und *Rieckenberg*, Ingeborg: „Zur konjunkturellen Situation" in: Vierteljahreshefte des Deutschen Institutes für Wirtschaftsforschung, Duncker & Humblot, Berlin, Jg. 1953, Heft 3.

— und *Wissler*, Albert: „Konjunktur der deutschen Wirtschaft" in: Deutschland-Jahrbuch 1953, 2. Folge, herausgegeben von Dr. Klaus Mehnert und Dr. Heinrich Schulte, Rheinisch-Westfälisches Verlagskontor GmbH, 1953.

Meade, J. E.: „The amount of money and the banking system" in: Readings in Monetary Theory, George Allen and Unwin Ltd., London, 1952.

Mellerowicz, Konrad: „Liquidität" in: Die Deutsche Bankwirtschaft, 3. Band, Der Betriebswirt Francke & Co. KG, Berlin, 1935—1938.

— „Der Zahlungsverkehr in Deutschland", Betriebswirtschaftlicher Verlag Dr. Th. Gabler, Wiesbaden, 1952.

Miksch, Leonhard: „Die Geldschöpfung in der Gleichgewichtstheorie" in: ORDO-Jahrbuch, Band 2 (1949).

Mises, Ludwig v.: „The Theory of Money and Credit", Jonathan Cape, Thirty Bredford Square, London, 1953.

Modigliani, Franco: „Fluctuations in the Saving-Income Ratio: A Problem in Economic Forecasting" in: Studies in Income and Wealth, Vol. eleven, National Bureau of Economic Research, New York, 1949.

Moeller, Hero: „Schacht als Geld- und Finanzpolitiker", Bemerkungen zu einer Selbstdarstellung in: Finanzarchiv, Band II, 1949.

— „Gleichschritt der Banken" in: Weltwirtschaftliches Archiv, Band 70 (1953 I).

Mueller, F. W.: „Money and Banking", Mc-Graw-Hill Book Company Inc., New York, Toronto, London, 1951.

Musgrave, R. A.: „Money, Liquidity and the Valuation of Assets" in: Money, Trade and Economic Growth — in honor of John Henry Williams, The MacMillan Co., New York, 1951.

Neuhauser, Gertrud: „Kritische Untersuchungen zur Kreditschöpfungslehre" in: Zeitschrift für die gesamte Staatswissenschaft, Band 108 (1952).

OEEC: „Financial Stability and the Fight against Inflation", Paris, 1951.

Paulsen, Andreas: „Liquidität und Risiko in der wirtschaftlichen Entwicklung", Verlag für Sozialwissenschaft, Frankfurt a. M. — Berlin, 1950.

— „Neue Wirtschaftslehre", 3. Auflage, Franz Vahlen GmbH, Berlin und Frankfurt a. M., 1954.

— „Allgemeine Volkswirtschaftslehre", Band 1, Walter de Gruyter & Co., Berlin, 1956.

Pedersen, Jørgen: „The Creation of Money Income" in: Weltwirtschaftliches Archiv, Band 72 (1954 I).

Peter, Hans: „Einführung in die politische Ökonomie", W. Kohlhammer Verlag, Stuttgart und Köln, 1950.

Readings in Monetary Theory (selected by a Committee of the American Economic Association), George Allen and Unwin Ltd., London, 1952.

Readings in Money and Banking (herausgegeben von Whittlesey, Charles R.), W. W. Norton Co. Inc., New York, 1952.

Rhein-Main Bank (Dresdner Bank): „Wirtschaftsbericht", Dezember 1953.

Reisch, R.: „Die neue Geld- und Kreditpolitik" in: Zeitschrift für Nationalökonomie, Wien, Bd. 8 (1937).

Rittershausen, Heinrich: „Bankpolitik", Fritz Knapp Verlag, Frankfurt a. M., 1956.

Röpke, Wilhelm: „Die Lehre von der Wirtschaft", 5. Auflage, Eugen Rentsch Verlag, Erlenbach-Zürich, 1949.

Roosa, Robert V.: „Federal Reserve Operations in the Money and Government Security Markets", Federal Reserve Bank of New York, Juli 1956.

Samuelson, Paul A.: „Interactions between the Multiplier Analysis and the Principle of Acceleration" in: Readings in Business Cycle Theory, The Blakiston Company, Philadelphia, Toronto, 1944.

— „Volkswirtschaftslehre — Eine Einführung", Bund Verlag, Köln-Deutz, 1955.

Sayers, R. S.: „Modern Banking", Oxford at the Clarendon Press, 1958.

Schilcher, Rudolf: „Geldfunktionen und Buchgeldschöpfung — Beitrag zur Geldtheorie —", Duncker & Humblot, Berlin, 1958.

Schmalenbach, Eugen: „Kapital, Kredit und Zins in betriebswirtschaftlicher Beleuchtung", Westdeutscher Verlag, Köln und Opladen, 1951.

Schnack, H. W.: „Die Depressionstheorie bei N. A. L. J. Johannsen und J. M. Keynes" in: Jahrbücher für Sozialwissenschaft, Bd. II — 1951.

Schneider, Erich: „Einführung in die Wirtschaftstheorie", J. C. B. Mohr, Tübingen, 1949 (Teil II), 1952 (Teil III).

Schweizer, Beat: „Die Liquidität in Bank und Industrie", Paul Haupt, Bern, 1949.

Segré, Claudio: „Monetary Surveys and Monetary Analysis" in: The Quarterly Journal of Economics, Februar 1958.

Seitz, Otto: „Die Barliquidität der Kreditbanken“, Robert Noske, Borna Bez. Leipzig, 1930.

Stiegler, George J.: „The kinky oligopoly demand curve and riged prices“ in: Readings in Price Theory, selected by a Committee of the American Economic Association, George Allen and Unwin Ltd., London, 1953.

Strigl, Richard von: „Kapital und Produktion“, Julius Springer, Wien, 1934.

Strobel, Arno: „Die Liquidität“, 2. Auflage, C. E. Poeschel Verlag, Stuttgart, 1953.

Stucken, Rudolf: „Liquidität der Banken“, Duncker & Humblot, Berlin, 1940.

— „Deutsche Geld- und Kreditpolitik 1914—1953“, 2. Auflage, J. C. B. Mohr, Tübingen, 1949.

— „Geld und Kredit“, 1. Auflage, J. C. B. Mohr, Tübingen, 1949.

— „Geld und Kredit“, 2. Auflage, J. C. B. Mohr, Tübingen, 1957.

Stuebel, H.: „Die Finanzierung der Aufrüstung im Dritten Reich“ in: Europa-Archiv, 6. Jahrgang (1951).

Stützel, Wolfgang: „Volkswirtschaftliche Saldenmechanik — Ein Beitrag zur Geldtheorie —“, J. C. B. Mohr, Tübingen, 1958.

Terhalle, Fritz: „Die Finanzwirtschaft des Staates und der Gemeinden“, Duncker & Humblot, Berlin, 1948.

Thiess, Erich: „Kurz- und mittelfristige Finanzierung“, Betriebswirtschaftlicher Verlag Dr. Th. Gabler, Wiesbaden, 1958.

Tinbergen, Jan: „On the Theory of Economic Policy“, sec. ed., North-Holland Publishing Company, 1955.

— „Prognose der niederländischen Wirtschaftslage für das Jahr 1954“ in: Zeitschrift für die gesamte Staatswissenschaft, Band 110 (1954).

Veit, Otto: „Volkswirtschaftliche Theorie der Liquidität“, Vittorio Klostermann, Frankfurt a. M., 1948.

— „Deutsche Geldpolitik“, Vittorio Klostermann, Frankfurt a. M., 1950.

— „Folgerungen aus der volkswirtschaftlichen Theorie der Liquidität im Anschluß an die Stellungnahme von Alfred Amonn“ in: ORDO-Jahrbuch für die Ordnung von Wirtschaft und Gesellschaft, Bd. VIII, Helmut Küpper vorm. Georg Bondi, Düsseldorf und München, 1956.

Verordnung über die Verwaltung und den Betrieb der Sparkassen vom 6. 12. 1956 — Bayer. GVBl. S. 32.

Wagemann, Ernst: „Wo kommt das viele Geld her?“, Völkischer Verlag GmbH, Düsseldorf, 1940.

Walker, Karl: „Das Buchgeld, ein Beitrag zur theoretischen Klärung“, Vita-Verlag, Heidelberg-Ziegelhausen, 1951.

Weber, Adolf: „Depositen- und Spekulationsbanken“, 4. Auflage, Duncker & Humblot, München und Leipzig, 1938.

— „Allgemeine Volkswirtschaftslehre“, Duncker & Humblot, Berlin, 1953.

— „Bankkredit und langfristige Investition — Bericht über eine Aussprache führender Sachkundiger“, Duncker & Humblot, Berlin, 1954.

Weddingen, W.: „Theoretische Volkswirtschaftslehre — als System der Wirtschaftstheorie“, Westkultur Verlag Anton Hein, Meisenheim am Glan, 1948.

Whittlesey, Charles R.: „Principles on Practices of Money and Banking“, The McMillan Company, New York, 1948.

Woodworth, George Walter: „The Monetary and Banking System“, McGraw-Hill Book Company Inc., New York, Toronto, London, 1950.

Statistische Quellen

Bank deutscher Länder: Statistisches Handbuch 1948—1954, Frankfurt a. M., September 1955.
Bank deutscher Länder: Geschäftsbericht 1957.
Bank deutscher Länder: Monatsberichte.
Deutsche Bundesbank: Bilanztechnische Richtlinien, Ausgabe Juli 1958.
Deutsche Bundesbank: Monatsberichte.
Deutsches Institut für Wirtschaftsforschung, Berlin: Vierteljahreshefte — Zahlenanhang.
Statistisches Bundesamt: Wirtschaft und Statistik.

Personenregister

Sachregister